NIEMAND UND NICHTS VERGESSEN

© Sachsenhausenkomitee Westberlin und VAS Verlag für Ausbildung und Studium in der Elefanten Press, Berlin (West) 1984.
Alle Nachdrucke sowie Verwendung in Funk und Fernsehen nur mit Genehmigung des Verlages.

Redaktion: Wolfgang Szepansky und Gabriele Schnorrenberg
Satz: Silvia Zulauf
Lithografie: Spönemann
Druck: Colordruck, Berlin
Printed in Berlin (West)

ISBN 3-88290-021-0

VAS in der Elefanten Press, Zossener Str. 32, 1000 Berlin (West) 61

CIP-Kurztitelaufnahme der Deutschen Bibliothek

Niemand und nichts vergessen: ehem. Häftlinge aus verschiedenen Ländern berichten über d. KZ Sachsenhausen / hrsg. vom Sachsenhausenkomitee West- ıitee Westberlin u.d. Arbeitskreis Sachsenhausenkomitee Berlin (West) in Zusammenarbeit mit d. Vereinigung d. Verfolgten d. Naziregimes, Verb. d. Antifaschisten (VVN/VdA).
(Red.: Wolfgang Szepansky u. Gabriele Schnorrenberg).
Berlin: Verlag für Ausbildung u. Studium in d. Elefanten Press, 1984.
(VAS ; 21)
ISBN 3-88290-021-0
NE: Szepansky Wolfgang (Red.); Sachsenhausenkomitee Westberlin; GT

Niemand und nichts vergessen

Ehemalige Häftlinge aus verschiedenen Ländern berichten über das KZ Sachsenhausen

herausgegeben vom *Sachsenhausenkomitee Westberlin*
und dem
Arbeitskreis Sachsenhausenkomitee Berlin (West)
in Zusammenarbeit mit der Vereinigung der Verfolgten
des Naziregimes/Verband der Antifaschisten (VVN/VdA)

VAS 21
Verlag für Ausbildung und Studium
in der Elefanten Press

Inhalt

5 Statt eines Geleitworts

6 Einleitung

10 Willi Bierhals
Meine Erlebnisse in Sachsenhausen

16 Werner Koch
Überleben in Sachsenhausen

26 Emil Ackermann
Sachsenhausen 1937-39

35 Josef Berg
Bunter Abend am "Alex"

39 Witold Zegarski
Das Krankenrevier in Sachsenhausen 1940-45

54 Hein Meyn
Damals in Sachsenhausen

58 Josef Polivka
Heinz

60 Franz Fragner
Weihnachten im KZ

62 Christian Smit
Sie kämpften um das nackte Leben

65 Richard Mohaupt / Oskar Sahlberg
Ein Nachmittag in Sachsenhausen
Erinnerungen und Überlegungen, vor allem zum Thema Angst

78 Georg Rosef
Begegnung mit Mathias Thesen

81 Bohdan Rossa
    Meine Begegnung mit Musik und Gesang im KZ Sachsenhausen

86 Karel Štancl
    Es klingt immer noch....

88 Wilhelm Girnus
    Eine Scheibe Brot

93 L.I. Nikol'skij
    Vom Regen in die Traufe

117 Charles Louis Désirat / Pierre Goufault
    Französische Lagergemeinschaft
    22 Monate lang täglich ein Informationsblatt!

129 Franz Primus
    Meine Flucht aus dem KZ

134 Peder Søegård
    Ich erlebte Furchtbares

138 Arthur Schinnagel
    Erlebnisse im Nazi-Konzentrationslager Sachsenhausen

144 Jan Telling
    Mein Freund Paul Rakow

147 Wolfgang Szepansky
    "Schutzhaftlager" Sachsenhausen

165 Ulrike Bukowski / Jürgen Rülicke
    Die Mörder sind noch immer unter uns

186 Rainer Venzke
    Außenlager des KZ Sachsenhausen auf dem heutigen
    Territorium von Berlin (West)

195 Die Nationale Mahn- und Gedenkstätte Sachsenhausen

196 Regina Szepansky
    Ein Besuch in der Mahn- und Gedenkstätte Sachsenhausen

197 Nachwort

198 Zeittafel

STATT EINES GELEITWORTES

Um eines bitte ich: Ihr, die ihr diese Zeit überlebt, vergeßt nicht. Vergeßt die Guten nicht und nicht die Schlechten. Sammelt geduldig die Zeugnisse über die Gefallenen. Eines Tages wird das Heute Vergangenheit sein, wird man von der großen Zeit und von den namenlosen Helden sprechen, die Geschichte gemacht haben. Ich möchte, daß man weiß, daß es keine namenlosen Helden gegeben hat. Daß es Menschen waren, die ihren Namen, ihr Gesicht, ihre Sehnsucht und ihre Hoffnungen hatten, und daß deshalb der Schmerz auch des letzten unter ihnen nicht kleiner war als der Schmerz des ersten, dessen Namen erhalten bleibt. Ich möchte, daß sie alle euch immer nahe bleiben, wie Bekannte, wie Verwandte, wie ihr selbst.

Julius Fučik

Einleitung

Im Jahre 1936 wurde in der Nähe der Reichshauptstadt Berlin eines der sogenannten "Stammkonzentrationslager", das Konzentrationslager Sachsenhausen bei Oranienburg, errichtet.
200.000 Menschen verschiedener Nationalitäten und weltanschaulicher Überzeugungen waren in den kommenden neun Jahren der faschistischen Herrschaft dort inhaftiert. Sie wurden grausamsten Bedingungen unterworfen; mehr als 100.000 Menschen fanden den Tod.
Die KZs gehörten zum Herrschaftssystem der deutschen Faschisten. Die dort verübten menschenverachtenden Grausamkeiten waren keine Entartung einzelner Personen, sondern geplante Methoden, um die Macht der Faschisten zu stabilisieren und auszubauen.
Stammkonzentrationslager waren zum Beispiel:
Dachau (1933),
Buchenwald bei Weimar (1937),
Frauenlager Ravensbrück bei Fürstenberg (1938).
Ein Netz von vielen Konzentrationslagern, Haupt- und Nebenlagern, überzog Deutschland und später auch die von Hitler annektierten Gebiete Europas.
Alle diese Lager waren nach dem gleichen Prinzip aufgebaut:
1. Einsatz der SS-Totenkopfverbände als Wachmannschaften
2. Militärische Beherrschung der KZs
3. Erweiterung des Lagers in Vorbereitung des Krieges
4. Verwendung der Häftlinge als Arbeitssklaven für die SS-eigenen Betriebe und in Konzern- und Monopolbetrieben der Kriegsindustrie
5. Erlaß einer Disziplinar- und Strafordnung, die die Sanktionierung des Terrors, die Ausbeutung und Vernichtung der Häftlinge zum Inhalt hatte.

Wir wollen mit den folgenden Berichten das Leben im Lager, Ausbeutung und Vernichtung, Widerstand und Solidarität anhand von Erlebnisberichten ehemaliger Häftlinge aus 14 Nationen dokumentieren. Es sind Überlebende dieses Terrors, Überlebende, die durch die internationale Solidarität und die Befreiung des KZ Sachsenhausen im Mai 1945 von der sowjetischen Armee gerettet wurden.
Sie alle berichten, daß sie nicht nur die faschistischen Henker fürchten und hassen gelernt haben.
In der Hölle, die das KZ für sie bedeutete, entdeckten sie Deutsche, die sie schätzen lernten. Und noch heute, nach so vielen Jahren, sprechen

sie mit Hochachtung von den Antifaschisten, mit denen sie Schulter an Schulter gegen den Faschismus kämpften. Durch dieses Bekenntnis wird den deutschen Widerstandskämpfern eine Ehre zuteil, die sie von maßgebenden Politikern der Bundesrepublik und Berlin (West) nicht erhalten.

Die Berichte haben unterschiedliche Schwerpunkte:

Bohdan Rossa, Karel Štancl, Wolfgang Szepansky schildern, wie die Häftlinge trotz Terror und strengster Überwachung Kulturarbeit im Lager leisteten.

Französische und russische Kameraden berichten von der Sabotage-Tätigkeit der Häftlinge in den Heinkel-Werken.

Pfarrer Werner Koch und Professor Wilhelm Girnus beschreiben Leiden und Sterben im Lager - aber auch die Erfahrung von Solidarität.

Der Bericht von Witold Zegarski handelt von der Widerstandstätigkeit der Häftlinge im Krankenrevier.

In den Berichten wird der Leser Begriffe finden, die er auf den ersten Blick vielleicht nicht in ihrer ganzen Bedeutung erfassen kann.

Was verbirgt sich hinter den Worten "Politische Abteilung"? Wenn es hieß: "Häftling Nr. Sowieso zur Politischen Abteilung ans Tor!" überfiel den Betreffenden ein Zittern. Um was mochte es gehen? War er denunziert worden? Sollte er auf Transport? Kam er in den Bunker? Oder würden die Henkersknechte über ihn herfallen, um Geständnisse zu erpressen?

Was bedeuten die Worte: "Wir wurden kahlgeschoren und kamen unter die kalte Dusche". Mit dem Verlust des Haarschmucks verlor der Mensch sein individuelles Aussehen und sein Ansehen. Die kalte Dusche war eine Tortur, die mancher nicht überlebte.

Was heißt: "Am Tor stehen, Sachsengruß, Bock, Pfahl, Appell, Strafkompanie, Bunker?" Eine Kette von Demütigungen, Quälereien, Folterungen, Krankheit, Furcht, Elend, Not und Verzweiflung.

Und das immer wieder über lange Jahre!

Und was sagt das Wort Solidarität? Es steht für viele Begriffe, für Kameradschaft, Brüderlichkeit, Lebensrettung, Hoffnung, Mut, Stärke, Zuversicht, Unbesiegtheit, Triumph über den Faschismus!

Der dornenvolle Weg durch die Hölle der KZs ist versinnbildlicht durch die Schuhläuferstrecke, die jeder Neuzugang und jeder zur Strafkompanie Verurteilte mit schwerem Gepäck auf dem Rücken, mit schlechten Schuhen, wunden Füßen und krankem Herzen zu gehen hatte.

Der Leser dieser Berichte wird sich immer wieder die Frage stellen: Wie konnten Menschen soviel Leid ertragen und überleben? Die Quelle ihrer Kraft war ihr gemeinsames Wissen um die Ursachen des Faschismus und gemeinsames Kämpfen für ein menschliches Leben.

Zwei Fragen drängen sich noch auf:

Warum diese Form der Erinnerungen von Betroffenen und *warum heute* - 1984 - erst oder noch solche Berichte?

An der Darstellung in Form persönlicher Erinnerung liegt uns, weil "KZ-Opfer" und "Widerstand gegen den Faschismus" - gerade für junge Menschen - oft nur Worte sind. Lebendig werden sie erst durch das Erfassen der Einzelschicksale.

Konzentrationslager Sachsenhausen (2. Halbjahr 1944)

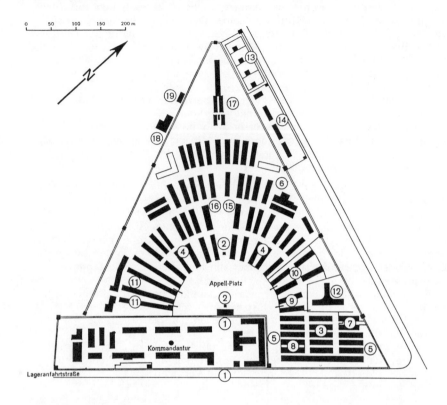

① Eingänge des KZ
② Standorte des Galgens
③ Baracken 38 und 39 (jüdische Häftlinge)
④ Fächerförmige Lage der Baracken
⑤ Baracken des „Kleinen Lagers"
⑥ Desinfektion/Entlausung
⑦ Baracke 58 (Isolierung der Verhafteten; Häftlinge durch die Sonderkommission des Reichskriminalamtes und des Reichssicherheitshauptamtes, 1944)
⑧ Fälscherwerkstatt (Baracken 18 und 19; streng isoliert und bewacht)
⑨ Strafkompanie (Baracken 13 und 14)
⑩ Kriegsgefangenenarbeitslager für sowjetische Soldaten und Offiziere (Baracken 11, 12, 35, 36)
⑪ Revier bzw. Krankenbau und Pathologie
⑫ Zellenbau (Gefängnis der Gestapo)
⑬ Sonderhäuser für Gefangene „besonderer Art"
⑭ Sonderlager für kriegsgefangene Offiziere und Soldaten der westlichen Alliierten
⑮ Häftlingsküche (jetzt Lagermuseum)
⑯ Wäscherei (jetzt Kino und Ehrensaal der Nationen)
⑰ Gärtnerei der SS und Schweinestall
⑱ Krematorium und Station „Z"
⑲ Erschießungsgraben

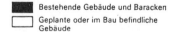 Bestehende Gebäude und Baracken
☐ Geplante oder im Bau befindliche Gebäude

100.000 Tote in Sachsenhausen - das bleibt eine unvorstellbare Zahl. Die Geschichte Einzelner aber, die qualvoll starben - oder durch die Solidarität ihrer Kameraden davor bewahrt wurden - kann diese Anonymität aufheben.

Auch für uns stand die Begegnung mit ehemaligen Häftlingen des KZ Sachsenhausen und der Besuch des zur Nationalen Mahn- und Gedenkstätte umgewandelten Konzentrationslagers Sachsenhausen am Anfang unserer Tätigkeit. Bei unserem Studium der damaligen Geschehnisse im KZ berührten uns vor allem die Aussagen der ehemaligen Häftlinge.

Eine Gruppe Interessierter bildete den Arbeitskreis Sachsenhausenkomitee und beschloß, die gesammelten Berichte zu veröffentlichen, weil sie Mahnungen enthalten, die wir Nachgeborenen zu unserem Nutzen beherzigen wollen.

Und warum heute noch - Jahrzehnte später?

Diese Berichte enthalten eine Warnung vor einem neuen Faschismus. Die faschistische Diktatur brach am 30. Januar 1933 nicht "über Nacht" herein. Hitler hatte 1929 im Ulmer Reichswehrprozeß vor dem Reichsgericht seine künftigen Verbrechen angekündigt: "Köpfe werden rollen!" Das Gericht hat ihn dafür nicht gerügt, geschweige denn ihm das Wort entzogen! Nach dem Vorbild Mussolinis in Italien hatte Hitler eine meist kasernierte, uniformierte, bewaffnete Privatarmee aufgestellt, die Sturmabteilungen (SA).

Die Regierung unternahm nichts, um die Republik vor den braunen Horden zu schützen.

Die SA marschierte und eroberte die Straßen, und wo ihnen Widerstand der Arbeiterbevölkerung entgegenschlug, wurden Ruhe und Ordnung mit Polizeigewalt wiederhergestellt. Dabei fielen im Jahre 1932 81 Antifaschisten unter Polizeikugeln und 139 wurden von SA und SS ermordet. Die Morde blieben ungesühnt. Die auf dem rechten Auge erblindete Justitia war überlastet, sie führte in diesem Jahr 33.000 Verfahren gegen Mitglieder der Arbeiterorganisationen.

In den Berichten der ehemaligen Häftlinge wird diese Vorgeschichte, nämlich das Ende der Weimarer Republik, nicht erwähnt.

Von ihnen unausgesprochen entsteht vor uns die Aufforderung, einem neuen Faschismus den Weg beizeiten zu verbauen.

Leider verhält sich die Polizei ähnlich wie vor 50 Jahren.

Neofaschisten dürfen sich versammeln und werden vor Gegendemonstranten geschützt. "Wehrsportgruppen" üben sich im Schießen für den Tag X. Über 20 Morde sind von den Neofaschisten verübt worden. Doch was ist von einer Justiz zu erwarten, die die SS-Mordgesellen, die Zehntausende auf dem Gewissen haben, unbestraft läßt, während die Opfer zum Schweigen gebracht werden, weil ihre Mitwisser und Mittäter nicht erinnert sein wollen?

Wir aber wollen erinnern! Wir wollen ehemals Verfolgten das Wort erteilen. Ihre sachlichen Berichte sind erfüllt von einer Parteilichkeit, die uns Mut macht.

Diesen Mut brauchen wir zum Kampf gegen Faschismus und Krieg. Denn beides darf nicht wieder auf deutschem Boden erwachsen!

Willi Bierhals, Berlin (West)
Häftlings-Nr. 43813

Am 12.10.1912 wurde ich in Berlin geboren. Meine Mutter war ledig, und so kam ich gleich zu Pflegeeltern.

Eine frohe Jugend habe ich nicht erlebt. Als ich acht Jahre alt war, mußte ich Zeitung austragen. Der Vater war ein Säufer, das einzige, was er konnte, war schlagen. Vom 14. Lebensjahr an erlernte ich das Färberhandwerk. Mit 16 Jahren verließ ich meine Pflegeeltern und fand Unterkunft bei den Eltern eines Freundes. Hier lernte ich ganz andere Menschen kennen; so trat ich 1928 in den Arbeitersportverein "Fichte" ein. Obwohl die Zeiten sehr schlecht waren, war einer für den anderen da. Hier lernte ich, was Sozialismus bedeutet. Auch besuchte ich die Abendkurse und lernte die Theorie von Marx und Engels kennen, die mich begeisterte. Das ging bis 1933, da kamen die Nazis und schlugen alles zu Boden. Etwa 1934 gründeten wir unter dem Genossen Erich Kurz den Charlottenburger Mandolinen-Club. Hier wurde illegal weitergearbeitet, bis es am 4. Februar 1942 zu Massenverhaftungen kam. Am 26. März wurde ich verhaftet. Von da an begann mein Leidensweg, den so viele aufrichtige Antifaschisten gehen mußten.

Die Untersuchungshaft verbrachte ich zum Teil im Gefängnis, zum Teil in Sachsenhausen. Im November 1943 wurde ich freigelassen, aber sofort als Bewährungssoldat eingezogen. Im Februar 1945 geriet ich in englische Gefangenschaft, aus der ich 1947 entlassen wurde.

Da meine Frau durch meine Festnahme an Depressionen litt, wurde sie während meiner Haftzeit in die Landesanstalt Landsberg eingeliefert, dort wurde sie ein Opfer der Euthanasieverbrecher.

Meine Erlebnisse in Sachsenhausen

Ich gehörte zu der Widerstandsgruppe Robert Uhrig, in der auch Werner Seelenbinder und Bepo Roemer Mitglied waren. Am 4. Februar 1942 wurde die Widerstandsgruppe durch Verrat eines Spitzels verhaftet. Täglich mußte auch ich mit meiner Verhaftung rechnen. Am 26. März 1942 war es soweit. Ich wurde früh um 8 Uhr von zwei SS-Leuten an meiner Arbeitsstelle in Waidmannslust verhaftet. Bei der Durchsuchung meiner Wohnung in Charlottenburg haben sie nichts Belastendes gefunden. Ihrer Zerstörungswut fielen zwei Schallplatten von Ernst Busch zum Opfer.

Danach wurde ich zum Polizeigefängnis am Alexanderplatz transportiert. Ich kam in den 5. Stock, wo alle Zellen für die Widerstandsgruppe Uhrig freigehalten wurden. Die SS rechnete mit über 150 Widerstandskämpfern.

In den ersten Tagen mußte ich mehrere Verhöre über mich ergehen lassen. Insgesamt verbrachte ich 19 Wochen in Einzelhaft. Eines Tages wurde uns mitgeteilt, daß die Gruppe Seelenbinder bis zum Prozeßbeginn nach Sachsenhausen verlegt wird, da die Zellen für eine andere Widerstandsgruppe, ich glaube, es war die Rote Kapelle, freigemacht werden mußten.

Am 1. August 1942 kamen wir mit der S-Bahn in Oranienburg an. Es war erst 10 Uhr. Die SS erwartete uns bereits. Von ihr wurden wir mit viel Lärm und Getöse ins Lager getrieben. Als erstes wurden uns die Haftbefehle abgenommen. Auf ihnen stand im Grunde immer dasselbe: "Hochverrat", "Verbreitung illegaler Hetzschriften", "Zersetzung der Wehrmacht".

Im Lager mußten wir links vor der Kommandantur Aufstellung nehmen, während sieben oder acht andere Kameraden rechts heraustreten mußten. Sie hatten auf der Rückseite ihres Haftbefehls die Buchstaben "R. U.", d.h.: "Rückkehr unerwünscht". Diese Kameraden brachte man sofort zum Erschießen auf den Industriehof, während wir zur Desinfektion, Entlausung und Einkleidung abgeholt wurden. Jeder von uns erhielt eine Nummer zugeteilt. Meine Nummer war 43813. Anschließend brachten sie uns zur Quarantäne in den Block 37. Der Stubenälteste Rudi Rotkehl empfing uns. Viele Genossen kannten ihn bereits aus früherer gemeinsamer Arbeit. Er sagte zu uns: "Kniet nieder und küßt den Fußboden. Soviel Glück wie heute habt ihr nie wieder! Der 'Eiserne Gustav' ist in Urlaub, sonst gibt es bei Neuzugängen meist Verwundete und Tote. Ich muß immer fünf dicke Knüppel zu stehen haben, die er auf den Körpern der Häftlinge zerschlägt!"

Um 18 Uhr erlebten wir den ersten Appell. Zwei Meter von uns entfernt stand der Judenblock. Hier sollte ich das wahre KZ-Leben kennenlernen! Der Blockführer war ein Kerl, über zwei Meter groß, mit Schaftstiefeln und Sporen, die er für sein Vernichtungswerk brauchte. Es war ein heißer Tag. - Der besagte SS-Führer hieß Bugdalla. Er sagte zu uns: "Ihr seid hier nicht in einem Sanatorium oder Erholungsheim, sondern in einem deutschen KZ. Ihr seid Nummern. Wir können mit Euch machen, was wir wollen. Seht ihr den rauchenden Schornstein? Das ist die Menschenbäckerei. Wenn ich will, geht auch ihr in fünf Minuten durch den Schornstein!" In diesem Moment fiel ein jüdischer Kamerad durch Schwäche oder Hunger um. Das war das Zeichen für Bugdalla. Er nahm ihn zwischen seine Beine, trat ihn mit den Sporen in die Nieren und sagte: "Steh auf, du Judensau!" - aber der Mann konnte sich kaum regen, er war ja schon halb tot. Bugdalla sprang auf den Bauch des Häftlings, der noch einen leisen Ton von sich gab und dann starb. "Der geht jetzt in die Menschenbäckerei", sagte der Menschenschlächter zu uns.

Das war der erste Tote, den ich hier sah - es sollten noch viele folgen.

Nach vierzehn Tagen kam ich auf den Block 23 und erhielt hier eine Arbeit zugewiesen. Ich mußte zu den Deutschen Ausrüstungswerken (DAW) in die Bilderrahmenabteilung. Hier wurden Rahmen hergestellt, die die Bilder von Hitler, Göring, Himmler und Goebbels einrahmen sollten.

In dieser Zeit wurde ich ernstlich krank. Ich bekam Bauchtyphus, ein Zeichen der Unterernährung, und wog nur noch 78 Pfund. Der Genosse Fritz Siedentopf sagte zu mir: "Du kannst dein Leben nur erhalten, wenn du drei bis vier Tage keine Nahrung zu dir nimmst". Ich folgte seinem Rat und habe mich nach Wochen von der Krankheit erholt.

Am Tag der Entlassung aus dem Krankenrevier kam ich nachmittags sofort in das Schuhläuferkommando, in dem die Schuhe für die Wehrmacht auf ihre Festigkeit geprüft wurden. Bis zum Appell am Abend mußten wir ca. 40 km laufen. Wir liefen ständig um den Appellplatz eine Wegstrecke, auf der sich abwechselnd Schotter, Schlacke, Wasser und feiner Sand befanden. Dieses Kommando war für mich eine schwere Prüfung, aber das Leben hing davon ab, und so habe ich es überstanden.

Danach wurde ich einem neuen Kommando zugeteilt: ich kam in die Wäscherei. In der politischen Abteilung des Lagers hatte man wohl herausgefunden, daß ich Färber und Wäschemeister war. Meine erste Arbeit bestand darin, die nasse Wäsche zu schleudern. Dabei rissen zwei Kragen aus einem Oberhemd aus. In meiner Verzweiflung wandte ich mich an den Vorarbeiter Hennes, einen BVer. Er sagte: "Das ist Sabotage, dafür kommst Du an den Galgen!" Ein Genosse gab mir den Rat: "Geh zur Schneiderei und laß den Kragen vom Oberhemd steppen, dann ist nichts mehr zu sehen". Ich nahm das Hemd und ging zur Schneiderei, dabei mußte ich über den Appellplatz. Plötzlich wurde nach mir geschossen. Schnell nahm ich die Mütze vom Kopf und rannte um mein Leben. Dem Vorarbeiter in der Schneiderei erzählte ich den

Provinzialverband Mark Brandenburg

Landesanstalt Landsberg

Landsberg (Warthe), den 17. Juli 1943.

Herrn
Willi Bierhals,
K.L.Sh.Lager,
in Oranienburg.
H.49813 Block 8.

Zur Schreiben vom 11.7.1943.-

Ihre Ehefrau Gertrud Bierhals steht sehr unter dem Einfluß krankhafter Gedanken. Sie ist aber ruhig und beschäftigt sich regelmäßig. Die beantragte Entlassung wurde von der Polizei abgelehnt, da zu Hause nicht für genügende Aufsicht gesorgt sein würde.

Der Direktor.

Geheime Staatspolizei   Berlin, den 20. November 1943.
IV A 1

Bescheinigung:
=========================

Dem Färbermeister Willi B i e r h a l s geb. 12.10.1902 in Berlin wird hiermit bescheinigt, daß er vom 26. März 1942 bis 1. Juli 1942 im Polizeigefängnis Berlin, v. 1. Juli 1942 bis 14. August 1943 im Konzentrationslager Sachsenhausen und vom 15. August 1943 bis 16. November 1943 im Gerichtsgefängnis Landsberg untergebracht war und dort an der Gemeinschaftsverpflegung teilgenommen hat.

Im Auftrage :

Vorgang. Er fragte mich, ob ich nicht die Lagervorschrift kenne, in der vorgeschrieben ist, mit der Mütze in der Hand den Appellplatz im Laufschritt zu überqueren, und wenn Du von einem SS-Mann angehalten wirst, so mußt Du drei Meter vor ihm stehenbleiben und eine Meldung machen: "Häftling 43831 auf dem Wege von der Wäscherei zur Schneiderei". Ich hatte noch einmal Glück gehabt und bin mit dem Leben davongekommen.

Mein Leben war wieder in Gefahr, als ich am Hinterkopf ein riesiges Geschwür bekam. Ich hielt es vor Schmerzen nicht mehr aus, aber im Krankenrevier wurde ich nicht aufgenommen. Zufällig kam in dieser Zeit ein polnischer Arzt auf unseren Block. Mit Unterstützung der Genossen operierte er mich nachts heimlich im Revier. Ich verdanke ihm mein Leben. Nach 35 Jahren traf ich den Kameraden in Paris bei einem Treffen ehemaliger Sachsenhausener wieder.

Ich erinnere mich an eine weitere Situation, in der ich nahe daran war, mein Leben zu verlieren: Im Lager gab es für die Häftlinge die Möglichkeit, sich Zigaretten zu kaufen, sofern sie Geld von ihren Angehörigen zugeschickt bekamen. Auch meine Schwester schickte mir monatlich Geld, das ich jedoch nie erhalten habe, weil die SS dieses Geld als "Rote Hilfe" ansah. Da ich selbst keine Zigaretten kaufen konnte, schenkten mir die Genossen welche.

Eines Tages, als ich vom Appell zum Block zurückkam, fand ich mein Bett vollständig auseinandergerissen vor. Mein Nachbar sagte: "Du stehst im Verdacht, meine 300 Zigaretten gestohlen zu haben. Obwohl Du keine Zigaretten kaufst, rauchst Du aber jeden Tag. Du weißt, auf Kameradendiebstahl steht die Todesstrafe!"

In meiner Angst rannte ich zum Block 52, zu den Genossen, die mir die Zigaretten geschenkt hatten. Sie kamen gleich mit auf meinen Block und klärten den Fall auf. Die Zigaretten wurden schließlich bei einem Anderen gefunden. Er hat Glück gehabt, die Todesstrafe für Diebstahl im Lager war gerade abgeschafft, und er kam zum Klinkerwerk. Wie ich später erfuhr, hat er alles überstanden.

Wieder einmal war ich davon gekommen.

Ich möchte noch zwei andere Fälle schildern, die mir gut in Erinnerung geblieben sind:

Es war an einem kalten und regnerischen Tag im September. Beim Appell fehlten zwei Polen und wir mußten aus diesem Grund acht bis zehn Stunden auf dem Appellplatz stehen. Zur gleichen Zeit hatte eine Dachdeckerfirma die Kommandantur frisch gedeckt und geteert. Dabei hatte man zwei leere Teerfässer direkt am Hochspannungsdraht stehen lassen. Ein SS-Mann nahm die Deckel ab und siehe da: in jedem Faß hatte sich ein Pole versteckt. Beide wurden auf der Stelle erschossen und mit einem Nagel durch den Hals auf einem Brett festgenagelt. Das ganze Lager mußte dann an den beiden Kameraden vorbeimarschieren.

Ein anderes Mal kam ein erst siebzehnjähriger Russe auf unseren Block. Er sagte uns, er käme direkt aus der Totenkammer. Ungläubig haben wir ihn angehört: Er hatte zuvor krank im Revier gelegen. Da seine Atmung schon sehr schwach war, habe man ihn für tot erklärt und in die Leichenkammer gebracht. Sein Glück war, daß die Leichenkammer nur einmal am Tag um 17 Uhr für das Krematorium entleert wurde. Da die Bahre bei den vielen Leichen schnell voll war, ließ man ihn zunächst zurück. Am nächsten Tag stand er dann vor unserer Tür. Wir schlossen gleich Freundschaft und brachten ihn wieder auf die Beine. Ich habe ihm öfters ein Stück Brot zustecken können, weil ich in der Wäscherei einen Kanten Brot zusätzlich bekam. Er sagte immer "Illiw" zu mir, Willi konnte er nicht aussprechen, "wenn wir einmal nach Hause kommen, lade ich Dich nach Moskau ein". Ich habe ihn aus den Augen verloren, denn die gesamte Widerstandsgruppe Seelenbinder - Uhrig - Roemer wurde zum Prozeß wieder nach Berlin transportiert. Im Prozeß wurden fast alle meine Genossen zum Tode verurteilt. Nur ihrer Verschwiegenheit habe ich es zu verdanken, daß ich heute noch am Leben bin.

Werner Koch, Bundesrepublik Deutschland
Häftlings-Nr. 392

Werner Koch, geb. 26.12.1910 zu Bielefeld als Sohn einer freidenkerischen, wohlhabenden, bürgerlichen Familie. Vater Demokrat, Mutter glühende Monarchistin. - Entschied sich unter dem Einfluß von Karl Barth - dem bedeutendsten Theologen dieses Jahrhunderts - für das Studium der ev. Theologie in Marburg, Tübingen, Paris und Bonn.
 Während des Kirchenkampfes im Dritten Reich Geheimkorrespondent großer ausländischer Tageszeitungen und der maßgeblichen ausländischen Presseagenturen. Als Vikar Winter 1935/36 auf dem illegalen Predigerseminar der Bekennenden Kirche in Finkenwalde (Pommern) unter Leitung von Dietrich Bonhoeffer. - Verhaftet am 13.11.1936, am 2.12.38 aus dem KZ Sachsenhausen entlassen.
 Während des Krieges Chefdolmetscher für insgesamt 70.000 französische Kriegsgefangene, 1939+40 zugleich Militärpfarrer im Nebenamt. Frühjahr 1945 Flucht nach England. Dort Lagerpfarrer des einzigen Lagers für antifaschistische deutsche Kriegsgefangene und ständiger Mitarbeiter in den deutschsprachigen Sendungen des Londoner Rundfunks.
 Nach 1946 sofortige Aufnahme antifaschistischer Aktivitäten, vor allem publizistisch. Von 1947-1969 zugleich Gemeindepfarrer in Berlin und Westfalen. 1972 promoviert zum Dr. theol. in Paris. Wichtigste Veröffentlichungen: "Ein Christ lebt für morgen - Heinemann im Dritten Reich" und "Sollen wir K. weiter beobachten? - Ein Leben im Widerstand". Aktiv in der Friedensbewegung und im Sachsenhausen-Komitee der BRD; Mitglied des Bundesausschusses der "Arbeitsgemeinschaft verfolgter Sozialdemokraten" (AvS).

Überleben in Sachsenhausen

Als die uns die Freiheit nahmen,
da blieben wir Menschen wie ihr.
Wir kämpften für uns, doch auch darum,
daß ihr nicht so leidet wie wir.
(Verfasser unbekannt)

"Es gehört ein außerordentlicher Wille zum Leben dazu, um durch eine solch schwere Krankheit hindurchzukommen." Der Schutzhäftling Nr. 392, Werner Koch, Block 28 des Konzentrationslagers Sachsenhausen in Oranienburg bei Berlin, schrieb diese verschlüsselte Mitteilung, wobei der Zensor zum Glück den "Lebenswillen" ebensowenig begriffen hatte, wie die Sache mit der "Krankheit". "Grüße an Hanna (Weißler). Ich denke manchmal, daß es gut war, wenn ihr Mann (mein wichtigster Informant und 'Tatgenosse' Landgerichtsdirektor a.D. Dr. Friedrich Weißler) durch den Herzschlag (W. wurde am 19. Februar 1937 - sechs Tage nach unserer gemeinsamen Einlieferung - im Lager ermordet) vor dem langen Leiden und den immer wiederkehrenden Anfällen (!) bewahrt geblieben ist." Was mich anbetraf, so signalisierte ich meiner Verlobten, daß ich den Kampf ums eigene Überleben fortzuführen gedachte, daß ich nicht zu denen gehören wollte, die sich geistig, moralisch und körperlich selbst aufgaben und für die irgendeine Form des "Widerstandes hinter Stacheldraht" deshalb nicht in Frage kam.

Den Aufnahmeschock hatte ich am 13. Februar 1937 erlitten, die ersten Ohrfeigen und Fußtritte, die Erfahrung, daß mein Name praktisch ausgelöscht war und ich mich nur noch als "Nr. 392" zu melden hatte. Die Haare, die meine Braut immer so schön gefunden hatte, auf 1/2 mm abgeschnitten und abrasiert, kurz: der "warme Empfang" seitens einer schreienden, schlagenden und höhnisch grinsenden SS, das ganze sich bei allen "Zugängen" wiederholende "Zeremoniell" der totalen Entwürdigung und Entpersönlichung des Menschen - das alles war innerhalb von zwei Stunden über mich hereingebrochen. Der letzte Rest eines Anspruchs auf Menschenrecht war mit dem letzten Haarbüschel zu Boden gefallen. Schutzlos war ich wie alle anderen Häftlinge der hemmungslosen Willkür der SS-Herrschaft ausgeliefert.

Am Morgen des 14. Februar 37 wird beim morgendlichen Appell meine Nummer aufgerufen. Ebenso die Nummer meines Tatgenossen, des Vikars Ernst Tillich, eines Neffen des bekannten Theologieprofessors Paul Tillich. Ernst hatte mich vom Frühjahr 1936 an in Berlin vertreten, wenn ich selbst verhindert war, den ausländischen Journalisten meine Informationen über den Verlauf des Kirchenkampfes zu überbringen. Wir beiden "Pfaffen" werden ohne weitere Begründung der Strafkompanie (SK) zugeteilt. Die Abkürzung "SK" konnte aber ebensogut auch Sonder-Kommando bedeuten. Bei den Häftlingen hieß das oder die SK auch "Himmelfahrtskommando", weil die Todesrate bei diesem Kommando höher lag als bei jedem anderen.

Zu dieser Zeit hatten die Männer vom SK Loren mit Sand zu füllen, diese dann im Galopp auf einem Gleise etwa 1 km zu schieben und dann auszukippen. Im Dauerlauf zurück zur Ladestelle, immer vier Mann an einer Lore. "Halt, die beiden Pfaffen bringen dieselbe Ladung zu zweit!" brüllt der SS-Kommandoführer. Natürlich schaffen wir das nicht. An körperliche Arbeit sind wir nicht gewöhnt. Außerdem sind wir geschwächt durch die vorhergegangene monatelange Haft in den Zellen der Gestapo. Nicht einmal das Tempo können wir einhalten mit unserer doch nur halb gefüllten Lore. "Fahrt den Pfaffen die Knochen kaputt!" schreit einer der SS-Männer aus dem Begleitkommando. Aber niemand von der Lorenbesatzung, die hinter uns ist, will uns die Beine zerquetschen zwischen den schweren eisernen Rahmen, die an jeder Lore angebracht sind. Auch die Drohung: "Ich werde euch alle melden wegen Befehlsverweigerung!" kann die Kameraden nicht dazu bringen, ihre Solidarität mit uns aufzugeben.

Nach zwei Stunden liegt Ernst Tillich neben dem Gleise, total erschöpft, ohnmächtig. "Sanitäter, Sanitäter!" rufen die nachrückenden Kameraden. Und schon stürzen zwei Sanitäter aus dem "Revier" (Häftlingslazarett) mit einer Bahre heran und bringen meinen Freund in Sicherheit. Sie werden ihm Spritzen geben, die hohes Fieber verursachen - sechs Wochen lang, bis auch ich aus der Strafkompanie entlassen werde. Anschließend werden sie ihn als Notenschreiber in das Lagerorchester stecken und später in die Strumpfstopferei, wo nur körperlich Schwache und Invaliden beschäftigt werden dürfen. So war der eine "Pfaffe" aus dem Verkehr gezogen, fiel nicht mehr auf und wurde von der SS glücklicherweise vergessen.

Ich muß durchhalten. Ich schaffe es auch. Aber nur deshalb, weil plötzlich ein großer, etwas hagerer, aber unglaublich starker und zäher Kamerad neben mir an der gleichen Lore schaufelt. "Sei nicht so aufgeregt, Pimpf", sagt er zu mir, "ich helfe Dir". Er besitzt große Autorität bei den Kameraden und wird sogar von einigen SS-Leuten respektiert. Er ist kein Kommunist, er kommt vielmehr aus einer "rechten Ecke". Man könnte diesen politisch heimatlosen Mann am ehesten als Träumer von einem "preußischen Sozialismus" bezeichnen. Er heißt Hans Boyken, war Inspektor großer Rittergüter im Osten gewesen. Er ist es, der mich mit Julius Leber bekannt macht und mir auch viel von Theodor Haubach erzählt. Er ist es, der meine Freundschaft mit diesen beiden großen Sozialdemokraten begründet, die durch ihre Hinrichtung nach dem 20. Juli 1944 auf so schreckliche Weise beendet wird.

"Warum tust Du das alles für mich?" fragte ich ihn einmal. "Stell nicht so dumme Fragen", antwortete er. "Darum! Ich mag Dich eben - Pimpf!"

Am Abend meines zweiten Tages in der Strafkompanie gibt es einen neuen Schock. Ich werde zum "Revier" bestellt. Böseste Berichte, die ich "draußen" schon gehört habe, fallen mir ein. Im "Krankenbau" wird einem Benzin in die Venen gespritzt. Oder einfach Luft. Man führt mich in ein kleines Büro. Hinter einem Tisch ein SS-Arzt im weißen Arztkittel, ein Hüne von Kerl mit einer mächtigen Hornbrille auf der scharfgeschnittenen Nase. Neben ihm ein einfacher SS-Soldat, ein "Posten", wie er von uns genannt wird. "Name", herrscht mich der Arzt an. "Vorname? Wann geboren? Welche Krankheiten gehabt? Krankheiten der Eltern?" Der Arzt macht sich Notizen. Offenbar für eine Gesundheitskartei. Da - er wirft einen Blick hinüber zu dem SS-Mann, der gelangweilt aus dem Fenster schaut - und mit einer unglaublich raschen Bewegung schiebt er mir einen Zettel über den Tisch. Seine Augen befehlen: Laß das verschwinden! Als er feststellt, daß ich den Zettel ebenso blitzschnell an mich gerissen und versteckt habe, brüllt er mich an: "Raus!"

Ich renne zu meiner Baracke, so schnell meine müden Füße mich tragen können. "Gott sei Dank! Keine Todesspritze!" Aber der Zettel. Was ist mit diesem verrückten Zettel? In der Baracke - "Block" genannt - schleiche ich mich - was bei Tage streng verboten ist! - in den Schlafraum, entfalte den Zettel und lese - griechische Buchstaben: alla tarseite ego nänikäka ton kosmon! Das ist doch Johannes 16, 33: "Aber seid getrost, ich habe die Welt überwunden!" Darunter: "morgen abend hier!" Unterschrift nicht zu entziffern. Ich beginne an meinem Verstand zu zweifeln: ein SS-Arzt, der mir mit einem Spruch aus dem Neuen Testament meine Angst zu nehmen versucht? Und noch dazu im griechischen Original? In meiner äußersten Ratlosigkeit vertraue ich mich unserem Blockältesten an, Bernhard Bästlein, ehemaliger Reichstagsabgeordneter der KPD. Er lacht nur: "Das ist gar kein SS-Arzt. Das ist unser Hauptsanitäter, Walter Schwichow, einer von uns. Da brauchst Du keine Angst zu haben. Zu dem kannst Du ruhig hingehen morgen abend."

Als ich mich nach dem Abendappell auf den Weg zum Revier mache, steht er schon vor dem Eingang breitbeinig und stark, Hofbesitzer aus Ostfriesland, Diplomlandwirt. "Da bist Du ja! Na, dann komm mal mit. Wir wollen ein paar Runden drehen." Kaum kann ich seinen mächtig ausholenden Schritten folgen. Wir gehen an der Innenseite des mit Hochspannung geladenen 2 1/2 m hohen Zaunes aus Stacheldraht entlang. Er fragt mich: Woher? Grund der Verhaftung? Behandlung durch die Gestapo? Beurteilung des Dritten Reiches? Es läutet. Die kleine Glocke am Lagertor wird angeschlagen. "Einschluß!" Wir müssen uns trennen! "Werner, Du bist in Ordnung. Von jetzt ab sind wir Freunde, verstanden? Einverstanden?" "Ja, Walter! Ich danke Dir!"

Wir treffen uns nun fast jeden Abend. Er erzählt mir, wie er der SS klar gemacht habe, daß Typhus-, Cholera-, Darmgrippe- und Tbc-Bazillen sich von dem elektrischen Zaun überhaupt nicht beeindrucken lassen. Auch die SS sei vor Ansteckung nicht geschützt. Man müsse wenigstens Stichproben machen bei Zugängen, die eine Seuche oder Läuse ins Lager einschleppen könnten. Man müsse Gesundheitsblätter anlegen... So verschafft er sich eine ganz legale Möglichkeit, Kontakt aufzunehmen mit jedem Häftling, der ihn interessiert. Am besten aber ist die Geschichte, wie er einige SS-Leute dazu anstiftete, im Interesse der Mithäftlinge des öfteren und gehörig die SS-Apotheke zu bestehlen. Sie hatten sich nämlich vertrauensvoll an Schwichow gewandt, weil sie sich im Dirnenviertel von Berlin einen Tripper geholt hatten und bei einer Meldung durch den SS-Truppenarzt bestraft worden wären. Schwichow, der nicht nur humanistische Bildung besaß, sondern auch medizinische Kenntnisse hatte, heilte sie alle. Er ließ aber viel mehr Medikamente "organisieren", als zur Heilung von Tripperinfektionen nötig gewesen wären. Alles "Zusätzliche" kam den Häftlingen zugute. Die auf solche Weise korrumpierten SS-Männer hatte er nun einigermaßen in der Hand: Sex macht's möglich...

Am siebenten Abend läßt Schwichow mich rufen: "Werner, wir müssen jetzt sehr aufpassen. Sie haben Deinen 'Kumpel' Dr. Weißler ermordet. Letzte Nacht haben sie ihn auf den Betonboden seiner Zelle geschmissen und solange mit ihren Stiefeln auf ihm herumgetrampelt, bis er an inneren Blutungen gestorben ist. Nun, für sie war er nicht der Justitiar der Bekennenden Kirche, sondern nur das 'Judenschwein', ob getauft, ob gläubig oder nicht. Aber Dir droht zur Zeit keine Gefahr. Sie haben mit Dir nichts vor. Noch nicht...! Ich habe mich erkundigt. Du mußt nur zusehen, daß Du, so gut es geht, in der Masse verschwindest. Nur jetzt nicht auffallen!"

In den ersten Wochen war ich für die Kommunisten fast ebenso der "Pfaffe" wie für die SS. Das Hetzbuch "Der Pfaffenspiegel" war schließlich auf beiden Seiten gelesen worden und hatte in seinen maßlosen Übertreibungen oder Einseitigkeiten das eigene Bild von der christlichen Kirche wesentlich geprägt. Eines Abends, als ich aus der Strafkompanie glücklich entlassen und nun in einem normalen Außenkommando beschäftigt war, sagt der Blockälteste Bernhard Bästlein zu mir: "Kamerad Koch, Du bist doch jemand aus der Bourgeoisie, ein Akademiker, außerdem ein Kirchenmann - wie kommst Du eigentlich unter uns Proleten?" - "Nun, das hängt mit meinem Einsatz für die Bekennende Kirche und mit dem ganzen Kirchenkampf zusammen. Das kann man nicht mit drei Worten erklären." Von da ab habe ich - was natürlich strengstens verboten war - in meinem Barackenteil Unterricht erteilt über ein Kapitel neuester Kirchengeschichte, die ihnen bislang nur sehr bruchstückhaft bekannt war. Ihre Reaktion: "Werner, es gibt so oft in Parteizeitungen - die uns auch im Lager zugänglich waren - Anspielungen auf 'politisierende Pfaffen'. Du bist der einzige im Lager, der uns das richtig erklären kann. Zu wissen, daß es auch eine christlich-bürgerliche Opposition im Lande gibt, ist für uns sehr wichtig. Du bist uns ein nützlicher Informant. Wir werden darum alles tun, um Dich zu schützen oder Dir das Leben ein bißchen zu erleichtern. Sie sind ja doch immer hinter Dir her: Wo ist der Pfaffe? Was macht der Pfaffe? Da muß man schon sehen, daß Du Dich auch mal etwas verschnaufen kannst, wenn es sich gerade so einrichten läßt." Sie haben Wort gehalten. Sie taten zumindest alles, was in ihren Kräften stand. Eine organisierte illegale Lagerleitung gab es damals noch nicht. Einige wichtige Kommunisten und Sozialdemokraten führten aber regelmäßig politische Gespräche und berieten sich über die interne Situation des

Lagers. Erwähnen möchte ich hier den späteren Lagerältesten und Widerstandskämpfer Harry Naujoks und den späteren DDR-Minister Rudi Steinwand.

Eine Lappalie brachte mich zum zweiten Mal in die Strafkompanie: In meinen Turnschuhen im Spind war etwas Sand gefunden worden! Eines Morgens beim Ausrücken höre ich zwei Posten halblaut hinter mir sagen: "Heute ist der Pfaffe dran!" Ich habe große Angst und doch ist man bereits auf alles gefaßt. Als sie anfangen, mich wegen meiner angeblichen Faulheit beim Schippen zu beschimpfen, und mir befehlen, mich flach auf die Erde zu legen, weiß ich, was folgen wird. Zwei "Grüne" (auch BVer = Berufsverbrecher genannt) erhalten Befehl, meinen Kopf mit Sand zuzuschaufeln. Ich bin am Ersticken. Ich versuche nicht, zu schreien oder mich loszustrampeln. Ich denke nur: so ist das also, wenn man hier ermordet wird! Plötzlich werde ich hastig wieder freigeschaufelt. Ein SS-Sturmführer war vorbeigekommen: "Wen habt Ihr denn da in der Mache?" "Den Pfaffen!" - "Nein, den nicht! Freischaufeln, schnell, schnell!" - Als ich mich mühsam aufrappele und noch ganz benommen vor ihm stehe, erkenne ich in ihm den gleichen Sturmführer, der sich gestern - verbotenerweise - zwei Stunden mit mir unterhalten hatte. Ich habe, soviel ich konnte, mit meinen internationalen Beziehungen "geklotzt" und ihm überdeutlich klar gemacht, daß man mich nicht wie jeden anderen umbringen könne. Es würde in den Zeitungen der ganzen Welt zu lesen sein! Dann hat er mir noch verraten, daß sein leiblicher Vater ebenfalls evangelischer Pfarrer sei. Mittags geschieht das Unglaubliche: ganz gegen seine Gewohnheit nimmt der Kommandant, Oberführer Helwig (im Range eines Generals) persönlich den Appell ab, was er sonst nur abends tut. Er läßt meine Nummer aufrufen. Ich melde "Schutzhäftling Nr. 392 wie befohlen zur Stelle!" Er leise zu mir: "Stimmt das, daß Sie evangelischer Pfarrer sind?" "Jawohl Oberführer!" "Sie kommen sofort aus der Strafkompanie. Lassen Sie sich zu einem anderen Kommando einteilen auf meinen Befehl! Wegtreten!"

Meine Feinde in der SS-Lagerführung geben nicht auf. Nach ein paar Wochen werde ich morgens plötzlich dem "Kanalkommando" zugeteilt. Es arbeitet weit draußen am Lehnitz-Kanal. Die Arbeit dort ist so schwer, daß das Kommando als einziges mittags doppelte Rationen erhält. Dort wird auch viel geschossen. "Auf der Flucht..." Nach ein paar Tagen höre ich beim Ausrücken wieder die Posten reden: "Heute ist der Pfaffe dran!" Aber an diesem Tage kommt kein Lastkahn an, der zu entladen ist. Mussolini besucht Berlin und so müssen die deutschen Arbeiter Spalier bilden und dem Duce zujubeln. Deshalb können sie keinen Kahn beladen.

"Einrücken ins Lager!", befiehlt der Kommandoführer, nachdem er telefoniert hat. Meine Gedanken arbeiten fieberhaft: Wenn jetzt der Kommandant seinen Inspektionsgang macht, mußt Du ihn direkt ansprechen, obschon das strengstens verboten ist und man dafür 25 Hiebe auf dem "Bock" bekommt. Tatsächlich, da ist er! "Schutzhäftling 1051 - ich habe eine neue Nummer bekommen - bittet ausnahmsweise den Oberführer sprechen zu dürfen!" - "Nanu, was gibt's?" - "Ich bitte von meinem jetzigen Arbeitskommando abgelöst zu werden!"

- "Dazu brauchen Sie mich doch nicht!" - "Doch, Oberführer, jeder andere könnte das vielleicht über den 'Arbeitseinsatz' regeln - ich nicht!" - "So - wo sind Sie denn?" - "Kanalkommando, Oberführer!" - "Kanalkommando? Schweinerei! Wer hat denn das schon wieder angeordnet? Na ja, kann mir schon denken!" - Pause. "Sind Sie tierliebend?" "Oberführer, es liegt in meinem Beruf, die Menschen zu lieben, wie sollte ich die anderen Kreaturen Gottes nicht auch lieb haben?" "Schon gut! Sie hören von mir! Ab! Wegtreten!"
Mittags geschieht nichts. Abends auch nicht. Ich habe die ganze Nacht kein Auge zugetan. Meine letzte Nacht auf dieser Erde? Am nächsten Morgen - nichts! "Kanalkommando ausrücken!" Da - buchstäblich im allerletzten Augenblick - plärrt eine Stimme aus dem Lautsprecher: "Schutzhäftling 1051 rückt nicht aus, bleibt auf dem Appellplatz stehen!" Nach zwanzig Minuten kommt ein blutjunger SS-Rekrut auf mich zu - ein Bild von einem deutschen Jüngling! - "Entschuldigen Sie, sind Sie der Herr Pastor?"
(Welch eine Sprache, da ich es sonst nur gewohnt bin, als "Scheißpfaffe" angebrüllt zu werden!) "Jawohl, Posten!" - "Na, dann kommen Sie mal mit." Er führt mich bis in die äußerste Spitze des im Dreieck gebauten Lagers. Dort ist ein abgetrennter Teil, die private Gänsefarm des Kommandanten. An der Eingangspforte ein großes Schild "Eintritt für jedermann - auch für SS - verboten!" "Hier haben Sie den Schlüssel. Dort sind Sie sicher. Viel Glück!" Er sieht mich freundlich an, der SS-Mann, und verschwindet. Mittags kommt der Oberführer selbst. "Gehen wir mal in das Blockhäuschen dort. Setzen Sie sich. Nun, Herr Pastor, wie habe ich das gemacht? Zufrieden mit Ihrem Posten als Gänsepfleger?" *

Nun kommt er jeden Mittag. Er erzählt mir sein ganzes Leben. Er bekennt mir, daß er immer noch ein gläubiger Christ sei und daß ihn die Nazis ganz furchtbar hereingelegt hätten - "die Mörderbande!" Für mich sechs glückliche Wochen. - Aber dann, eines Mittags knallt er seine Schirmmütze auf den Tisch: "Mein lieber Koch, es ist aus! Obergruppenführer Eicke hat mich abgelöst. Man hat ihm hinterbracht, daß ich dabei war, als Pastor Scharf (der spätere Bischof von Berlin) dem Pastor Niemöller hier in der Zelle das heilige Abendmahl reichen durfte. Das war zuviel!"

Sein Sturz hat natürlich den meinen zur Folge gehabt. Die Gänsefarm wurde abgerissen. Für mich brechen wieder schwere Zeiten an. Fast verzweifelt schreibe ich unter dem 21. Juni 1938 an meine Braut: "Es geht mir gut. Ich bin gesund." Dann unmittelbar weiter: "Unserem Hans (Pseudonym für mich selbst) geht es also nicht zum Besten. Dein Bericht darüber hat mich recht niedergeschlagen gemacht . . . Man muß jedenfalls alles versuchen, um Hans baldmöglichst von dieser Schule abzumelden."

Gestärkt werde ich durch unsere ganz und gar illegale kleine Katakombengemeinde. Einer der Zuverlässigsten: der katholische Professor Dr. Niedermeyer aus Wien. Und ganz zum Schluß noch Professor Dr. Hans Ehrenberg, jüdischer Abstammung, zuletzt evangelischer Pfarrer in Bochum. Einmal sagte ich in einer kleinen Predigt: "Hier im Lager sieht man, daß Jesus eine allgemeingültige Regel ausgesprochen hat, wenn er sagt: 'Wer da hat, dem wird gegeben. Wer aber nicht hat, dem wird auch das genommen, was er hat.' Wer mit irgendeinem Glauben - und sei es mit dem Glauben an den Sieg des Kommunismus -, wer mit irgendeiner menschlichen Substanz hier ins Lager gekommen ist, nimmt zu an Verstand und Menschlichkeit. Wer ohne nennenswerten inneren Halt gekommen ist, verliert auch die letzte innere Zuflucht, er verkommt innerlich und äußerlich, er läßt sich fallen oder geht in den Draht." Die geistlichen Lieder, die wir ganz leise und mit vielen Unterbrechungen singen, versetzen uns plötzlich in die Gemeinschaft der Kirche in der ganzen Welt. Aber auch die nicht-christlichen Kameraden finden immer wieder neuen Lebensmut in den Liedern, die sie gemeinsam heimlich singen. Darüber wäre viel zu sagen.

Durch meinen Brief alarmiert, versuchen die Meinen wirklich alles. Schließlich gelingt es meinem Vater, durch einen Duzfreund Himmlers meine bedingungslose Freilassung zu erwirken. Politisches war dabei nicht im Spiel. Von Himmlers Seite eine reine Gefälligkeit gegenüber seinem Freunde. Aber die Gestapo war nunmehr verunsichert. Sie wagte natürlich nicht, den Reichsführer zu fragen, was seinen plötzlichen Gesinnungswandel veranlaßt habe. So hat mich dieser unerwartete Befehl von höchster Stelle geschützt bis zum Untergang des Dritten Reiches, selbst dann noch, als ich mehrfach erneut denunziert wurde. Unter diesem Schutz konnte ich dann auch Widerstand leisten, bei dem es nicht mehr um mein eigenes Überleben ging. Aber wiederum: ohne den zuvor im Lager geführten Kampf ums Überleben wäre nichts möglich gewesen von dem, was an Widerstand später geschah.

(Aus "Widerstand u. Verweigerung in Deutschland". Nachdruck mit
freundlicher Genehmigung des Verlages J.W.H. Dietz, Nachf. Bonn)

* Anmerkung der Herausgeber:
  Offenbar wurde Werner Koch vom KZ-Kommandanten gerettet.
  Dennoch: "Massenmorde werden nicht dadurch weniger, daß der
  Mörder gelegentlich barmherzige Werke vollbracht hat. Je besser
  er von Zeit zu Zeit war, um so fürchterlicher wiegen die Verbrechen."
  (Robert M.W. Kempner, Ankläger einer Epoche)

Emil Ackermann, Berlin (West)
Häftlings-Nr. 775

Im März 1902 in Berlin geboren. Schulbesuch von 1908 bis 1915 in Berlin-Neukölln, 1915/16 in Dabendorf, Kreis Zossen. Schriftsetzerlehre, die 1919 wegen Unterernährung abgebrochen werden mußte. Nach Wachdienst beim Grenzschutz im März 1920 in Druckerei beim Wehrkreiskommando II in Stettin.
   Von 1921 an in Berliner Druckereien tätig, zuletzt bis 1931 im Verlag Hackebeil, dann arbeitslos.
   Von 1923 an Sport treibend, wurde ich 1925 Mitglied im Arbeitersportverein "Fichte", wo ich bald Funktionen erhielt. 1933/34 stellte ich als Leiter der Leichtathletiksparte der Kampfgemeinschaft für rote Sporteinheit die Verbindung zur Führung der Organisation her. Im März 1934 wurde ich nach Ablegen von Flugzetteln in einem Mietshaus von einem SA-Mann gesehen und in der folgenden Nacht verhaftet. Nach drei Jahren Haft im Zuchthaus Luckau im April 1937 Einlieferung in das Konzentrationslager Sachsenhausen. Trotz Einhaltens der Lagerordnung Arrest im Zellenbau. Auf Eingaben meines Vater 1939 Entlassung. Einstellung im Deutschen Verlag (früher Ullstein) als Korrektor. Aufgrund von Verfolgungsschäden (eingeflößte Säuren schädigten die Verdauungsorgane) mußte ich wegen Untauglichkeit für die Strafdivision 999 zur Organisation Todt abgestellt werden. Mai 1945 vom Einsatzort Bremen über Dessau nach Berlin, wo ich sofort nach meinem Eintreffen als Pressereferent am Aufbau teilnahm.
   Dezember 1930 Antrag auf Aufnahme in die KPD. Mangel an Fachkräften führte zu meinem Einsatz in verschiedenen Sport- und Kulturfunktionen wie Redakteur für Sportorganisation und Sportpolitik, Leiter des Lektorats im Sportverlag, Redakteur einer Zeitung der Nationalen Front usw. Seit 1967 bin ich nur noch ehrenamtlich in verschiedenen Organisationen tätig, unter anderem in der VVN Westberlin, Verband der Antifaschisten, und im Sachsenhausenkomitee Westberlin. Auf Antrag der Senatsdienststelle wurde ich durch das Kammergericht nicht als Verfolgter des Naziregimes in Westberlin anerkannt.

Sachsenhausen 1937-39

Als ich im April 1937 in das Konzentrationslager Sachsenhausen eingeliefert wurde, war die Kontur der Anlage bereits klar zu erkennen. Die meisten Baracken des ersten Ringes standen fertig da. Vom Transportauto mußte ich zuerst zur Baracke der "Politischen Abteilung", einer SS-Dienststelle im Kommandanturbereich, aber noch außerhalb des Häftlingslagers. Hier mußte ich mit den andern "Zugängen", das Gesicht zur Barackenwand, die Hände nach oben ausgestreckt, Aufstellung nehmen. So wie wir standen die Neueingetroffenen häufig viele Stunden bei Wind und Wetter, bis es den hierfür zuständigen SS-Leuten gefiel, die Wartenden einen nach dem anderen abzufertigen. Nach Aufnahme aller Personalangaben, der Beantwortung vieler Fragen, die oft einem neuen Verhör glichen, mußte man wieder an der Außenwand der Baracke Aufstellung nehmen, bis alle Nachfolgenden gleichfalls abgefertigt waren, und nun der ganze Trupp geschlossen ins Häftlingslager geführt wurde. Ihre menschenverachtende Einstellung gegenüber den Inhaftierten bewiesen die vorbeigehenden SS-Leute dadurch, daß sie mich und andere Wartende auf eigene Faust Sonderverhören unterzogen, um uns hinterher mit oft unflätigen Beschimpfungen zu überschütten; Fußtritte oder Stöße mit Karabinerkolben in Beine, Kniekehlen, ins Kreuz oder in den Nacken wiederholten sich während der Wartezeit mehrfach.

Diese Behandlung endete erst, als wir im Häftlingslager unter dem Kommando der SS den Gang zum Bad (Kahlschnitt der Kopfhaare), zur Kleiderkammer und Schreibstube erledigt hatten und endlich in der zugewiesenen Baracke bei dem Blockältesten eintrafen.

Die kahlköpfigen, mit gleicher Kleidung versehenen Lagerinsassen sahen einer wie der andere aus. Das war auch das Ziel der Verantwortlichen. Selbst der primitivste SS-Mann sollte in den Häftlingen, die aus ihm unbekannten Gründen hier eingesperrt wurden, keine Menschen aus Fleisch und Blut sehen. Hier gab es nur Nummern, Nummern, die sich allein durch die Ziffernkombination unterschieden. Mit welcher Perfektion denkende und handelnde Menschen in wesenlose Zahlenträger verwandelt wurden, bewiesen die zusätzlichen Kennzeichnungen.

Politische Häftlinge wurden durch einen roten Winkel markiert, wobei es der Gestapo vorbehalten blieb zu entscheiden, wen sie als "politisch" einstufte. Dasselbe galt für die sogenannten "Berufsverbrecher" (BV), die einen grünen Winkel erhielten. Hier konnten Menschen eingewiesen werden, deren Wirken von der Gestapo als "kriminell" angesehen wurde, z.B. Ärzte, die Abtreibungen vorgenommen hatten. Weitere

Winkel hatten die Aufgabe, die Nummern weiter zu präzisieren: Gelb bedeutete Jude, violett hieß Bibelforscher, schwarz hieß asozial, blau bedeutete staatenlos und rosa kennzeichnete die Homosexuellen.

Für die SS-Wachmannschaft galten alle im Lager Eingesperrten nur als "Arbeitstiere", die möglichst nutzbringend eingesetzt wurden. 1937 fehlten der Leitung des Lagers wohl noch organisatorische Erfahrungen, denn sie wußte nicht, wie sie die mehrmals wöchentlich eintreffenden Häftlingstransporte sofort einsetzen sollte. Ich wurde deshalb wie alle "Zugänge" in den ersten Wochen tagsüber unter dem Kommando eines BV-Häftlings wie auf einem Kasernenhof gezwungen, Ordnungsübungen, Gleichschritt und ähnliche Kommandos auszuführen. Erst nach und nach wurden wir für Arbeiten eingesetzt.

Um den stetig wachsenden Zustrom an "Schutzhäftlingen" aufzunehmen, mußten weitere Baracken aufgestellt werden. Deshalb wurde auch ich Hilfsarbeiter beim Bau der Baracken des zweiten Ringes. Später folgten noch ein dritter Ring und weitere Barackenbauten, an deren Fertigstellung ich nicht mehr beteiligt war.

Die Inhaftierten wurden in Kommandos aufgeteilt. Sie hatten die Anordnungen des "Lagerkommandanten", des ihm unterstehenden "Lagerführers" und der beiden untergeordneten "Rapportführer" auszuführen. Außer ihnen hatten die "Blockführer" (1 Block = 1 Baracke) Weisungsrecht für ihren Block. Nach der Lagerordnung mußte auch die Anweisung eines jeden SS-Mannes ausgeführt werden.

Mehrere Kommandos hatten die Aufgabe, im Lager die sogenannte "Häftlingsselbstverwaltung" durchzuführen. Sie bestand u.a. aus dem Lagerältesten, einem Insassen mit der Gesamtverantwortung für das Lager. Unterstützt wurde er durch weitere, ihm unterstehende Lagerälteste. Die Erledigung der Schreibarbeiten erfolgte durch den Lagerschreiber. Er stellte die zu jedem Appell erforderliche Rapportliste auf. Die Unterlagen hierfür lieferten die Blockältesten mit der Blockliste, in der alle Häftlinge des Blocks, aufgeteilt nach Anwesenden, Kommandierten, Kranken usw. aufgeführt wurden. Der Lagerschreiber führte auch die Lagerliste, in der alle Lagerinsassen geführt wurden, so daß ein zahlenmäßiger Lagerbestand ablesbar war. Im Zellenbau untergebrachte Strafgefangene wurden häufig, Untersuchungshäftlinge stets ohne Namen, nur mit einer Nummer geführt.

1937 wurde die Funktion des Lagerältesten erstmals einem politischen Häftling, dem ehemaligen Reichstagsabgeordneten Oskar Müller, übertragen. Von diesem Zeitpunkt an versuchte der Lagerälteste durch Zusammenwirken mit den andern Lagerfunktionären, soweit möglich das Überleben der Inhaftierten, insbesondere das besonders gefährdeter Lagerinsassen zu sichern. Der Lagerälteste arbeitete eng mit dem Lagerschreiber und den Blockältesten zusammen, um die Pläne der SS zu durchkreuzen.

Die Schreibarbeiten im Block verrichtete der Blockschreiber. In Abwesenheit des Blockältesten galt der Blockschreiber als verantwortlich für den Block, beispielsweise, wenn der Blockälteste in der Schreibstube den Rapport für den bevorstehenden Appell meldete. Die Kesselträger für das Mittagessen und den Morgenkaffee teilte der Blockälteste ein, die anderen Lebensmittel für den Block - Brot, Margarine und Marmelade - hatten die Blockschreiber zu beschaffen.

Zu weiteren Kommandos der sogenannten "Häftlingsselbstverwaltung" gehörten Häftlingskleiderkammer, Wäscherei, Häftlingsküche und -bad sowie die Häftlingskasse. Wer mit der Post Geld überwiesen bekam, durfte sich, sofern vorhanden, für einen begrenzten Betrag im Monat zusätzliche Lebensmittel kaufen. 1938 wurde hierfür eine Verkaufsstelle im Keller einer Baracke eingerichtet. Für die große Zahl der Lagerinsassen hatte sie zu wenig anzubieten.

Außerhalb des Häftlingslagers, aber noch im Kommandanturbereich, arbeiteten gleichfalls Häftlinge. Diese "Kommandierten" hatten im SS-Kasino zu bedienen oder in den Baracken der SS-Mannschaften für Sauberkeit zu sorgen. Auch in der "Politischen Abteilung" wurden einige Häftlinge beschäftigt.

Die anderen Kommandos hatten außerhalb des Lagers Arbeiten auszuführen. Eines dieser Außenkommandos mußte Schießstände für die SS bauen. Dort wurden Gräben ausgehoben, Schutzwälle zwischen den einzelnen Schießständen aufgeschüttet, planiert und mit Grassoden befestigt. Bei dieser Arbeit wurde ich wie die anderen in den Gräben arbeitenden Häftlinge von der Wachmannschaft häufig getreten und geschlagen. Manche SS-Leute benutzten ihre Karabiner, um sie mit den Worten "schneller arbeiten, ihr faulen Hunde" den Häftlingen in den Rücken zu stoßen oder an den Hinterkopf zu schlagen.

Als ein ebenso übles Kommando lernte ich das "Entladekommando" kennen. Ihm fiel die Aufgabe zu, die auf dem Lehnitzsee eintreffenden Schiffe mit Ziegeln zu entladen. Auch hier stand oft ein "schlagbereites" Antreibekommando. Wir wenigen Häftlinge sollten in einer weit auseinandergezogenen Kette vom Schiff bis zum Lastauto die Ziegel mit bloßen Händen fangen und zum nächsten Kettenglied weiterwerfen. Es dauerte keine Stunde, bis meine Hände aufgerissen waren und heftig schmerzten. Trotzdem sollte das Schiff schnell entladen werden. Es gab deshalb immer wieder Posten, die von uns Häftlingen immer schnellere Arbeit forderten, so daß die nächsten Ziegel bereits gefangen werden sollten, bevor man die in den Händen befindlichen weiterwerfen konnte. Weil dann Ziegel auf die Erde fielen, bestrafte die SS die angeblichen "Saboteure" mit Stockschlägen oder Karabinerstößen ins Kreuz oder in die Knie. Außerdem wurde mit der Meldung an den Lagerführer gedroht.

Das Kommando "SS-Siedlung" war im Verhältnis hierzu immerhin erträglich. Es hatte die Aufgabe, Villen und Häuser für die SS-Lagerführung zu errichten und den Innenausbau vorzunehmen. Diese Aufgabe erforderte den Einsatz der verschiedensten Handwerker. Nach den Ausschachtungsarbeiten wurden Kalkbrenner, Betonierer, Maurer, Putzer, Schlosser, Klempner, Zimmerleute, Elektriker und Fliesenleger gebraucht. Die Kolonne, die täglich zur Baustelle ausrückte, bestand deshalb aus vielen Handwerkergruppen. Die Verantwortung für die Arbeit dieser Kommandoteile wurde möglichst einem Fachkundigen übertragen. Seine Mitarbeiter setzten sich aber teilweise aus Berufsfremden zusammen. Wer Schwierigkeiten mit der ihm zugewiesenen Arbeit hatte, weil ihm hierfür die Erfahrung fehlte, bemühte sich, im Einverständnis mit seinem Verantwortlichen in eine andere Handwerkergruppe überzuwechseln. Weil ich von dem Hantieren mit Kalk Hautausschlag bekam, konnte auch ich von den Maurern und Fliesenlegern schließlich zu den Elektrikern wechseln und dort den geeigneteren Arbeitsplatz finden.

Das wohl übelste Kommando hieß "Klinkerwerk". Ohne maschinelle Geräte mußte der Wald gerodet werden. Im Eiltempo sollten die gefällten Baumstämme fortgeschafft und der Baugrund für die zu errichtenden Gebäude vorbereitet werden. Zu dieser schweren Arbeit kamen noch die Schikanen der Wachmannschaft. Täglich wurden Tote und Halbtote bei der Rückkehr zum Appell ins Lager gebracht.

Beim Lagerappell, der morgens und abends alle Kommandos auf dem Appellplatz vereinte, kam es darauf an, daß die Sollzahl des Rapportführers mit der errechneten Istzahl des Lagerschreibers übereinstimmte. Fehlte ein Häftling, oder stimmten beide Zahlen aus anderen Gründen nicht überein, heulten sofort die Alarmsirenen. Die Häftlinge mußten nun solange auf dem Appellplatz verharren, bis der Fehler gefunden oder ein vermißter Häftling aufgefunden worden war. Es geschah wiederholt, daß die Häftlinge, nachdem sie die ganze Nacht hindurch auf dem Appellplatz gestanden hatten, ohne Abendessen und Frühstück am nächsten Morgen wieder zur Arbeitsaufnahme ausrücken mußten.

DIE LAGERORDNUNG - UND IHRE FALLSTRICKE

"Nicht nur die Lagerführung, sondern jeder SS-Mann hat das Recht, dem Lagerinsassen Befehle zu erteilen, und dieser hat die Befehle auszuführen."

Dies war angeblich ein Satz der Lagerordnung, die meine Kameraden ebenso wie ich während der Haftjahre nicht zu Gesicht bekommen haben. Es gab also nur mündliche Angaben darüber, was in der Lagerordnung stehen sollte. So hieß es z.B., daß Häftlinge SS-Baracken nicht betreten durften. Andererseits hatten Häftlinge aber die Aufgabe, Mannschaftsbaracken der SS sauber zu halten. Durch das Betreten der SS-Baracken setzte sich der Häftling, der sie betreten mußte, um sie zu reinigen, einer Bestrafung aus, weil er die Lagerordnung nicht beachtete.

Hieran zeigt sich, daß die Lagerordnung für jeden Häftling zum Fallstrick werden konnte. Eine weitere Anordnung hieß, daß bei Außenarbeiten die Postenkette von den Häftlingen nicht überschritten werden durfte. Bösartige SS-Männer warfen die Mütze eines Häftlings über die Postenkette hinaus und erteilten ihm dann den Befehl, sie zurückzuholen. Was sollte der Häftling tun? Holte er die Mütze, die außerhalb der Postenkette lag, verstieß er gegen die Lagerordnung. Holte er die Mütze nicht, verstieß er gleichfalls gegen die Lagerordnung, denn er verweigerte die Ausführung eines Befehls.

Opfer einer anderen Situation wurde ich selbst. Im Konzentrationslager Sachsenhausen befanden sich auch SS- und SA-Angehörige als Häftlinge. Hauptgrund ihrer Inhaftierung waren Kameradendiebstähle und ähnliche kriminelle Vergehen. Sie genossen Sonderrechte und blieben bis zur Verhandlung vor dem SS- oder SA-Gericht im Lager. Für die kriminellen SS-Leute gab es noch eine zusätzliche Vergünstigung. Sie durften sich in der Häftlingsschreibstube Anträge und ähnliche Schreibarbeiten mit Durchschlägen anfertigen lassen.

1938 brachte mir ein solcher SS-Mann den Entwurf eines Schreibens

SA wütet

für die bevorstehende Gerichtsverhandlung. Der Anordnung entsprechend schrieb ich den Antrag mit den gewünschten Durchschlägen auf der Maschine und händigte ihm die Schreiben aus. Am Verhandlungstag vor dem SS-Gericht kam der Rapportführer in die Schreibstube, legte mir ein Exemplar des Schriftstücks vor und fragte, ob ich das geschrieben hätte. Ich bestätigte das selbstverständlich. Zum Abendappell mußte ich am Tor Aufstellung nehmen. Dann wurde ich in den Zellenbau gebracht.

Auf Beschluß der Lagerleitung konnte ich nun drei Tage lang im Zellenbau darüber nachdenken, was einem geschehen kann, wenn man das tut, was nach der Lagerordnung Pflicht ist.

Was war geschehen? Der SS-Mann konnte, weil er für den Transport zum SS-Gericht nur flüchtig kontrolliert wurde, das bewußte Schreiben ohne Kenntnis der Kommandantur aus dem Lager schmuggeln. Vor dem SS-Gericht wurde der Vertreter der Lagerleitung von dem Inhalt des Schreibens überrascht. Er war nicht in der Lage, gegen die Ausführungen erfolgreich zu polemisieren. Aus Verärgerung hierüber schickte die Lagerleitung mich in den Zellenbau.

Der Raum, in den ich gebracht wurde, hatte nur eine schwache Glühbirne. Tageslicht fiel nicht hinein. Ich hatte also Dunkelarrest. An den drei Tagen gab es nur morgens Zichorienbrühe und etwa 300 Gramm Brot. Die Zelle selbst war völlig kahl. Die Liegestatt bestand aus Beton und durfte nur nachts zum Liegen benutzt werden. Tagsüber mußte man stehen oder drei Schritte hin und wieder zurück gehen, wenn man nicht noch zusätzlich bestraft werden wollte. Von Zeit zu Zeit bewegte sich die Klappe des Spions, ein Zeichen, daß der diensttuende SS-Mann kontrollierte, ob ich auch vorschriftsmäßig stand und nicht etwa die etwas erhöhte Liegestatt zum Sitzen benutzte.

Als ich nach Ablauf meiner Strafe aus dem Zellenbau entlassen wurde, wußte ich: wer hier eine längere Strafe verbüßen muß, hat kaum die Chance, den Ort lebend zu verlassen, selbst wenn er außergewöhnlich vital und gesund ist. Doch was bedeutete der Tod eines Lagerinsassen für die KZ-Leitung und die Wachmannschaft anderes, als daß eine Nummer zu streichen war, eine Nummer von den vielen der Lagerkartei!

NOVEMBERTAGE IN SACHSENHAUSEN

An diesem Novembervormittag regnet es nicht. Auch der sonst häufige Nebel lastet nicht auf dem Lager. Welche dringenden Informationen sollen die Blockältesten zur Kenntnis nehmen, daß man sie außer der üblichen Zeit zur Schreibstube beordert?

Heute heißt es, in den nächsten Stunden treffen mehrere Häftlingstransporte ein. Die Blockschreiber sollen deshalb zur Schreibstube kommen und Instruktionen für die zu leistende Arbeit entgegennehmen. Während wir informiert werden, wie die Zugänge zu registrieren sind, ist unser Lagerältester Oskar Müller unterwegs, um die Vorbereitung der Baracken zu beobachten und möglichst weitere Informationen zu erhalten.

Lagerschreiber Fritz Sbosny braucht uns nicht viel zu erklären. Wir kennen die wesentlichen Arbeiten. Es ist ja erst fünf Monate her, daß wir die "ASO"-Aktion durchführen mußten. "Asozialen-Aktion" nannten die Nazis eine Verhaftungswelle, bei der gemeinsam mit Landstreichern auch andere für die Naziorgane schwer erfaßbare und für die Kriegsindustrie sonst kaum einsetzbare Personen wie Wandergewerbetreibende und Künstler inhaftiert wurden.

Kommt jetzt etwas Ähnliches auf uns zu?

In den Mittagsstunden treffen die ersten 900 bis 1000 Neuzugänge ein. Unter SS-Aufsicht müssen wir ihre Personalien aufnehmen und die mitgeführten Wertsachen in Beutel füllen und beschriften. Nachdem einige weitere Transporte abgefertigt sind, kommt mein Blockältester Karl Wloch und läßt mich von der Weiterarbeit freistellen.

Als erfahrenem Blockältesten ist ihm eine Baracke mit den eingetroffenen Juden zugewiesen worden. Die Nazis haben sie in Haft genommen, weil der Legationsrat der NS-Botschaft in Paris, vom Rath, erschossen worden ist. Bei der Übernahme der Blocks soll ich ihm helfen.

Gemeinsam gehen wir zu dem Block im dritten Ring. Nur mit Mühe kommen wir in die Baracke. Hier drängen sich etwa 400 Personen statt der 146, die für einen Block vorgesehen sind. Diese Menschenfülle in den Schlafräumen unterzubringen ist unmöglich, selbst wenn einer dicht neben dem anderen liegt. Deshalb muß ein Teil der erschöpften und hungrigen Zugänge die Nacht auf den Bänken im Tagesraum verbringen.

Der nächste Tag stellt uns vor neue, größere Probleme. Das zugeteilte Brot können wir an alle Barackeninsassen verteilen. Die Zichorienbrühe aber kann nur empfangen, wer ein Gefäß hat. Die Lagerleitung hat keine Eßgeschirre ausgegeben. Der Blockälteste und ich müssen nun veranlassen, daß die vorhandenen Trinkgefäße an die weitergegeben werden, die kein Gefäß haben. Noch schwieriger wird es, als wir mittags Essen austeilen sollen. Karl Wloch hat sich wirklich bemüht, Eßgefäße zu erhalten. Nur einige wenige Schüsseln stehen uns zur Verfügung. Zehn- bis zwölfmal müssen die Eßnäpfe weitergereicht werden, bis alle Barackeninsassen ihre Wassersuppe erhalten haben. Erst nach Stunden sind wir damit fertig.

Zu den Häftlingen in unserer Baracke gehören auch zwei Musiker. Unser Blockältester bemüht sich, die Violine eines Häftlings zu bekommen. Das gelingt ihm auch. Abends, als alle Lagerinsassen in ihren Blocks sein müssen und die Baracke nach allen Seiten abgesichert ist, wird das Instrument hervorgeholt. Zuerst darf der Eigentümer der Violine seine Fähigkeit beweisen. Seine Vorführungen finden sofort Beifall. Nach ihm darf der zweite Musiker das Instrument spielen. Er hat sich als Sologeiger ausgegeben und soll das jetzt beweisen. Er ist wirklich ein Künstler und zeigt, daß in dem Instrument eine viel größere Klangfülle steckt, als der andere Musiker ihm zu entlocken in der Lage war. Karl Wloch sorgt am nächsten Tag dafür, daß unser Violinsolist in ein Kommando eingereiht wird, in dem seine Finger nicht für seine Musik unbrauchbar werden. Außerdem muß er der SS möglichst verborgen bleiben.

Den angenehmen Klängen im Block stehen üble Vorgänge am Turm 1 - dem Lagertor - gegenüber. Mehrere Neuzugänge waren einigen SS-

Leuten bei der Einlieferung "aufgefallen". Jetzt stehen sie im "Sachsengruß" am Tor (in Kniebeuge, die Hände hinter dem Kopf gefaltet). Nach einigen Stunden können sich verschiedene nicht mehr auf den Beinen halten. Um nicht umzufallen, richtet sich einer von ihnen auf, um die strapazierten Gelenke kurzzeitig zu entlasten. Die SS-Turmwache herrscht ihn sofort an: "Wirst du Schwein wohl stille stehen! Keine Bewegung mehr!" Ein SS-Mann kommt wenig später zum Tor. Nach kurzer Information durch die Turmwache versetzt er nicht nur dem Häftling Fußtritte, der sich notgedrungen bewegt hat, sondern auch einigen anderen. Sie stürzen zu Boden. Mühsam richten sie sich wieder auf. Einer kann sich nicht mehr aufrichten. Er bleibt liegen. Der SS-Mann droht jetzt: "Steh auf, du Schwein, und nimm Haltung an. Auch dir Schwein bringen wir noch Disziplin bei! Wenn du nicht spurst, kommst du aus dem Bunker nicht mehr raus!" ("Bunker" ist der Zellenbau. Bestrafte erhalten hier oft noch zusätzlich Dunkelarrest zum Essensentzug.)

Die Behandlung der Juden in den Novembertagen 1938 im Konzentrationslager Sachsenhausen zeigte das charakteristische Verhalten der SS, die meist noch viel grausamer handelte. Das Internationale Militärtribunal (IMT) in Nürnberg sah sich deshalb 1945 veranlaßt, die SS zur verbrecherischen Organisation zu erklären. Amtsstellen der Bundesrepublik erklärten 1983 trotzdem die Nachfolgeorganisation der SS, die HIAG, zur gleichberechtigten demokratischen Organisation, teilweise sogar für "förderungswürdig".

Josef Berg, Norwegen

Josef Berg, 66, war im norwegischen Widerstand gegen die Nazis, die Norwegen im April 1940 besetzten, tätig, wurde am 9. Juni 1942 in Oslo von der Gestapo verhaftet und der Mitarbeit an und der Verbreitung von (in den Augen der Nazis) illegalen Zeitungen sowie der Verbreitung von Nachrichten aus London beschuldigt. Nach einigen Monaten Aufenthalt im KZ Grini bei Oslo kam er Anfang Dezember 1942 über Berlin nach Auschwitz, wo er sich bis Januar 1945 befand, dann in das KZ Sachsenhausen (Heinkel-Werke). Kurz darauf wurde er nach Ravensbrück (Männerlager) überstellt und kam wieder nach Sachsenhausen zurück, wo er Mitte März 1945 zusammen mit anderen norwegischen Häftlingen vom schwedischen Roten Kreuz abgeholt und nach dem KZ Neuengamme bei Hamburg gebracht wurde. In der letzten Aprilwoche 1945 konnten die Schweden alle dänischen und norwegischen Häftlinge nach Dänemark und schließlich nach Schweden bringen, wo sie bereits in Freiheit das Ende des Krieges erleben durften.

Nach dem Kriege war Berg als internationaler Konferenzdolmetscher tätig und konnte auf diese Weise zur Verständigung und zum Frieden zwischen den Nationen beitragen. Er ist heute auch als Vorstandsmitglied der Vereinigung der politischen Gefangenen 1940-45 in Norwegen aktiv tätig.

Bunter Abend am „Alex"

"Berlin ist eine Reise wert" - das war nicht immer der Fall, insbesondere wenn man ganz unfreiwillig kam. Vor 40 Jahren kam ich zum erstenmal nach Berlin, als politischer Gefangener aus Norwegen. Befreit von allen irdischen Gütern, denn schon in Hamburg hatte man uns alles abgenommen, stieg ich am Anhalter-Bahnhof aus dem Zug und wurde von einem Polizisten empfangen, der mir gleich Handschellen anlegte, das hieß: nur die eine Hälfte, die andere hatte er an seinem Arm festgemacht. Ab ging es durch die Bahnhofshalle zu einer bereitstehenden "Grünen Minna", denn schließlich waren wir keine Touristen und sollten von der Landeshauptstadt nichts sehen. Die verhinderte Stadtrundfahrt endete im Polizeigefängnis am Alexanderplatz, kurz "Alex" genannt.

Wir wurden nicht in Zellen, sondern in einer großen Halle untergebracht, in der es keine Schlafstätten, keine Waschgelegenheiten, sondern nur einige Bänke und Balken gab. Über die Bänke zogen ganze Heerscharen von allerlei Ungeziefer, meistens Läuse und Wanzen. Wie lange hält man es im Stehen oder bei begrenztem Gehen aus? Nicht lange. Danach war man zu einem menschenunwürdigen Dasein verurteilt - und dies betraf Hunderte, vielleicht Tausende von Gefangenen, bewußte Gegner der Naziherrschaft aus allen Teilen Europas, die im "Alex" zusammengepfercht waren und von da aus in die verschiedenen Konzentrationslager verteilt wurden. Hier sollten sie einen Vorgeschmack der Hölle, die auf sie wartete, bekommen.

Viele Häftlinge waren schon bei der Einlieferung ins KZ seelisch gebrochen. Sie konnten diese furchtbare Demütigung niemals überwinden und gingen daran letztlich zugrunde.

Am "Alex" kamen wir damals auf die Idee, irgendetwas zu tun, um die Stimmung zu heben. Immerhin gab es unter den vielen Gefangenen auch welche, die etwas darbieten konnten: Sänger, Schauspieler, Varietékünstler und viele Amateure. Bald hatten wir ein ganzes Programm für einen "Bunten Abend" zusammengestellt. Ein paar Stunden lang war das ganze Elend vergessen, und alle lachten. Sogar einige der Wächter, meist ältere Leute, hatten ihre Freude.

Nach der Vorstellung kam ein deutscher politischer Häftling zu mir und erzählte, daß er schon seit 1937 im KZ war und sich nun auf dem Transport in ein anderes KZ befinde. Dann sagte er zu mir - und deshalb habe ich diese Geschichte geschrieben -: "Du mit deinem Humor wirst das KZ überleben."

Bald hatte ich seine Worte vergessen. Ich kam nach Auschwitz und nach einigen Wochen im Hauptlager in das Nebenlager Golleschau, eine Zementfabrik. Hier gab es keine Bunten Abende, wenn man nicht die Bosheiten der SS als solche bezeichnen will, die uns nachts aus den Betten jagten, die Hunde auf uns hetzten und mit den Knüppeln dreinschlugen. Dabei riefen sie noch: "Wir wollen doch das Beste für Euch!" Bei einer Verpflegung von einem nicht allzu großen Kanten Brot und einem Liter meist dünner Suppe pro Tag produzierten über 1000 Häftlinge 25.000 Sack Portland-Zement täglich. Es wurde Tag und Nacht gearbeitet. Viele starben an Erschöpfung, viele wurden bei der Arbeit erschlagen und die Schwachen auf "Erholung" geschickt, d.h. in die Gaskammern nach Birkenau. Ich selbst kam dreimal wie durch ein Wunder davon.

Beim drittenmal, als ich schon vor dem LKW stand, der uns auf "Erholung" fahren sollte, erwähnten die Häftlingsärzte dem Lagerführer gegenüber, daß ich schon ein alter Lagerinsasse, ein guter Facharbeiter und außerdem "der letzte Norweger" im Lager sei. "Was? Der letzte Norweger", sagte der Lagerführer lächelnd, "gut, dann behalten wir ihn hier als Andenken". Er sammelte offenbar die Nationalitäten wie ein anderer Briefmarken.

Am 19. Februar 1945 kam der Befehl zur Räumung des Lagers. Für ungefähr 1000 Häftlinge begann der Todesmarsch mit 900 Gramm Brot und etwas Margarine als Verpflegung für sechs Tage. Zwei Tage und Nächte marschierten wir durch teilweise kniehohen Schnee bei fast 20 Grad Kälte. Wer nicht mehr mitkam, wurde von der SS erschossen. Die Leichen blieben am Straßenrand liegen.

Viele der über 66.000 Häftlinge, die aus Auschwitz und den Nebenlagern evakuiert wurden, um sie vor den "bösen Russen zu retten", müssen bereits den gleichen Weg gegangen sein, denn die Straßenränder waren dicht mit Leichen übersät. In Loslau bestiegen wir die bereitstehenden Züge, und in offenen Güterwagen, ohne Decken, ohne einen Bissen Brot oder einen Schluck Wasser, ging die Fahrt bei grimmiger Kälte in Richtung Berlin.

"Berlin ist eine Reise wert" - diese Parole kannte man damals noch nicht, denn sonst hätte man sie auf Spruchbändern an den Güterwagen anbringen können, um das makabre Schauspiel zu vervollständigen. In der Halle 8 der Heinkel-Werke wurde gleich nach der Ankunft der letzte Appell des Arbeitslagers Golleschau abgehalten. Von den ungefähr 1000 Häftlingen, die vor knapp einer Woche losmarschiert waren, standen noch 380 da. Die übrigen hatte man unterwegs erschossen, oder sie waren erfroren, verhungert oder erschöpft vom Zug gefallen.

Mein Aufenthalt bei den Heinkel-Werken dauerte nur einige Tage. Ich kam nach Ravensbrück, wo es am Rande des großen Frauenlagers auch ein kleines Männerlager gab. Von dort wurde ich täglich nach Düsterförde gefahren, einem SS-Versorgungsdepot. Zusammen mit einem SS-Unterscharführer von der Leibstandarte "Der Führer" sortierte ich dort einige zehntausend Karteikarten über den gesamten Kraftwagenpark der SS. Laut Karteikarte waren viele Wagen noch auf der Krim, während die Sowjetarmee schon vor den Toren Berlins stand. Bald war auch dieses Gastspiel zu Ende, und das ganze Männerlager wurde nach Sachsenhausen transportiert. Wir zwölf Norweger teilten einen ganzen offenen Güterwagen mit einigen deutschen Häftlingen - eine Sonderbehandlung, die uns zuteil wurde. Nach einiger Zeit kam einer der deutschen Häftlinge, guckte mich eine Weile an und fragte: "Kennst Du mich noch? Vom 'Alex' her, Bunter Abend, und was ich Dir damals sagte? Du mit Deinem Humor wirst das KZ überleben!" Ich mußte ihm gestehen, daß das Überleben nicht leicht war, obwonl ich den Humor nicht verloren hatte - doch immerhin: wir lebten, beide. Leider haben wir den wiedergefundenen Kontakt bald gänzlich verloren.

Mitte März kamen die weißen Autobusse des Schwedischen Roten Kreuzes nach Sachsenhausen, holten die ersten 300 Norweger ab und brachten sie nach dem KZ Neuengamme bei Hamburg. Fünf Wochen später ging die Reise weiter nach Dänemark und Schweden, wo wir Ende April ankamen und das Ende des Krieges in Freiheit erleben durften.

In den folgenden Jahren, bis heute, habe ich im Rahmen meiner Tätigkeit als internationaler Konferenzdolmetscher Berlin sehr oft besucht und gesehen, wie die Stadt sich allmählich wieder aus den Ruinen erhob und wirklich "eine Reise wert" geworden ist. Den "Alex", dieses einstige Schandmal Berlins, gibt es Gott sei Dank nicht mehr, doch wer als politischer Gefangener während der Nazizeit sich dort ungewollt aufhalten mußte, wird dieses unheimliche Erlebnis nie vergessen.

Witold Zegarski, Polen
Häftlings-Nr. 21345

Das Krankenrevier in Sachsenhausen 1940-45

Ende September 1940 wurde ich als "Muselmann" (körperlich zu Tode erschöpft, durch krumme Körperhaltung gezeichnet) mit Ruhr, Lungen- und Mittelohrentzündung im Krankenrevier aufgenommen. Das Revier stellte in dieser Zeit für die bedeutende Mehrzahl der dorthin überführten Kranken einzig eine Vorhalle zum Krematorium dar. Für die Rolle, die das "Revier" zu erfüllen hatte, zeugt am besten das Verbot, dort Häftlingsärzte oder überhaupt Personen zu beschäftigen, die durch ihren Beruf irgendeine Verbindung zur Medizin hatten, also Pfleger, Medizinstudenten, Homöopathen, u.ä. Offizieller Leiter des Krankenhauses war ein SS-Arzt, der sog. "erste Lagerarzt", der ein oder zwei SS-Ärzte sowie drei Sanitätsunteroffiziere der SS, sog. SDG ("Sanitätsdienstgehilfe") zur Seite hatte. (1)

Die Aufgaben des SS-Arztes im Lager wurden in der Aussage des damaligen ersten Lagerarztes, Hauptsturmführer SS, Dr. Heinz Baumkötter, abgegeben in der Verhandlung vor dem sowjetischen Tribunal im Jahre 1946, eindeutig dargelegt (ich zitiere aus "SS im Einsatz", Seite 240): "Zu seinen Pflichten gehörte, bei der Vollziehung von Prügelstrafen, Einzel- und Massenexekutionen sowie Vergasungen persönlich anwesend zu sein, oder einen Vertreter zu delegieren. Darüber hinaus führte er ihm aufgetragene Experimente durch und bereitete Listen von kranken und arbeitsunfähigen Häftlingen vor, die angeblich für Transporte in andere Lager vorgesehen waren." Auf die Frage des Staatsanwaltes betreffs der Bedingungen, unter denen die Häftlinge in Sachsenhausen lebten, erklärte der Angeklagte Baumkötter: "Die Lagerbedingungen waren katastrophal. Nicht nur die Kleidung, sondern auch die Ernährung war vollkommen ungenügend für die Sicherstellung des menschlichen Existenzminimums. Es war verboten, die Baracken zu beheizen sowie Schuhe mit Ledersohlen zu tragen. Die Arbeitszeit betrug 10-14 Stunden. Das alles mußte zur völligen Erschöpfung, zum langsamen Tod der Häftlinge führen." Während der Amtierung von Baumkötter in Sachsenhausen starben nach seinen Angaben ungefähr 8000 Häftlinge aufgrund der schlechten Lebensbedingungen. Die Ernährung war sehr schlecht. "Vor allem mangelte es an Eiweiß, dem wichtigsten organischen Naturstoff. Auf diese Art und Weise kam es zum allmählichen Verbrauch des eigenen organischen Eiweißes, was in seiner Konsequenz zur äußersten Auszehrung führen mußte."

Zu den Pflichten des SS-Arztes gehörte auch die tägliche Unterzeichnung namentlicher Aufstellungen der im Lager gestorbenen Häftlinge mit Angabe der zumeist ausgedachten Todesursachen. Denn es ist bekannt, daß über 90 % der von den SS-Ärzten in den Akten angegebenen Todesursachen "Kreislaufstörungen" waren. Eine solche Diagnose unterschrieb Dr. Baumkötter sogar dann, wenn er selbst kurz vorher den Häftling mit Zyankali getötet hatte. Der SS-Arzt hatte so viele verbrecherische Dienstpflichten, daß es ihm an Zeit mangelte, das Krankenhaus wenigstens zum Schein ärztlich zu beaufsichtigen. Der SS-Arzt erschien in den Krankenhausbaracken nur, um eine Selektion der Kandidaten für den "Todestransport" vorzunehmen oder um Experimente durchzuführen. Im Prinzip wurde die gesamte Pflege der Kranken, sowohl die stationäre als auch die ambulante, dem Häftlingspflegepersonal überlassen.

FUNKTIONEN INNERHALB DER LAGERSELBSTVERWALTUNG

Die Funktionen des "Revierältesten", der Blockältesten, Sanitäter und Pfleger wurden in den Jahren 1940-1941 von deutschen Häftlingen, sowohl politischen als auch kriminellen, "Asozialen" sowie sog. "Forschern der Heiligen Schrift" ausgeübt. Über die Besetzung der Funktionen des Revier- und der Blockältesten entschied im Prinzip die Häftlingsselbstverwaltung (Lagerältester), die der Lagerleitung entsprechende Vorschläge unterbreitete. Da die Häftlingsselbstverwaltung während dieser Zeit aus Kommunisten bestand (Harry Naujoks, der heute in Hamburg lebt, sowie Werner Staake, nach dem Krieg Konsul der DDR in Polen), bemühten sich diese, im Rahmen der Möglichkeiten auf die Besetzung der Funktionsposten im "Revier" Einfluß zu nehmen. Sie wählten ehrliche Menschen aus, von denen bekannt war, daß sie sich bemühen würden, die Leiden ihrer kranken Mithäftlinge zu lindern. Das Kriterium bestimmter moralischer Werte, das in der Auswahl des Krankenpersonals angewandt wurde, war der einzig mögliche Ersatz für das völlige Fehlen von fachlicher Vorbereitung.

Von den Blockältesten selbst wurden dann die Sanitäter sowie die Pfleger ausgewählt. Dies waren vor allem Genesende, die schon imstande waren, sich aus eigenen Kräften zu bewegen und die von sich aus die Pflege der Schwerkranken übernahmen. Sie halfen beim Verbandswechsel, beim Krankentransport, der Ausgabe von Medikamenten und anderen pflegerischen Tätigkeiten. Von dem Blockältesten des jeweiligen Krankenblocks, der die Häftlinge beobachten konnte, hing die Auswahl der Kandidaten ab.

Man kann also feststellen, daß die Haltung des Blockältesten über die in den einzelnen Krankenblocks herrschende Atmosphäre, über das Verhältnis zwischen dem Personal und den Kranken, über die Gerechtigkeit bei der Essensverteilung, über Sauberkeit u.ä. entschied. Leider waren nicht alle Funktionsposten von "Judyms" besetzt (Dr. Judym ist die Hauptfigur eines Romans von Stefan Zeromski; in Polen Synonym für einen selbstlosen Arzt. /Anm. d. Übers./). Als Beispiel kann man das Ambulatorium erwähnen, dessen Vorarbeiter August Born (deutscher "Asozialer") bestimmt nicht zu den Altruisten gehörte. Auch der Kriminelle Otto, der Pförtner des Krankenhauses, gehörte, gelinde ausgedrückt, nicht zu den gutmütigen Menschen. Trotzdem waren sogar dort, wo die Pfleger sich viel Mühe gaben, die Möglichkeiten einer wirklichen Hilfeleistung den Kranken gegenüber sowohl durch den Mangel an fachlichem Wissen der Pfleger wie auch durch den schlechten physischen und psychischen Zustand der Kranken eingeschränkt. Im übrigen ermöglichte das Qualifizierungssystem der Kranken im Prinzip nur den Schwerkranken, deren Zustand schon von vorneherein über ihr Los entschied, ins Revier zu gelangen. Schwere Krankheiten, wie z.B. Ruhr oder Lungenentzündung, die keine deutlichen äußeren Symptome aufwiesen, wurden von den Blockältesten oder SS-Männern oft als Simulation betrachtet, und die Kranken wurden zur Arbeit getrieben. Ein Teil der ins Revier geschickten Kranken wurden nur im Ambulatorium behandelt. Von dort wurden sie, nachdem ihnen ein Verband angelegt, Kohle- oder Aspirintabletten ausgegeben worden waren, wieder zurück in den Block oder auch zum Stehkommando geschickt.

ABTEILUNGEN DES KRANKENREVIERS

In den Jahren 1940-1941 bestand das Krankenrevier aus sechs Baracken, von denen höchstens zwei dieser Funktion angepaßt waren, nämlich die sog. "Reviere" R I (Chirurgie) sowie R II (Inneres). Die übrigen Abteilungen befanden sich in gewöhnlichen Lagerbaracken. Die Baracken R I und II waren durchaus gut eingerichtet, besonders für die anfangs angenommene Zahl von 2000-3000 Häftlingen. Es gab dort zwei Operationssäle, Verbandszimmer, einen Röntgenraum und ein Zahnarztzimmer, eine Physiotherapie, Apotheke, Diätküche, Krankensäle und ein Ambulatorium. Die Einrichtung und Ausstattung all der erwähnten Räume war ausreichend. In späteren Jahren wurde noch ein separates Gebäude angebaut, die "pathologische Anatomie", mit einer ca. 200 Quadratmeter großen Leichenkammer im Kellergeschoß. Diese Mustereinrichtungen mußten im ersten Augenblick sogar auf die Häftlinge einen großen Eindruck machen.

Die faschistischen Machthaber brachten ausländische Journalisten, Vertreter befreundeter Staaten und sogar häufig mißtrauische höhere Wehrmachtsoffiziere nach Sachsenhausen, um ihnen zu zeigen, wie man in Deutschland, entgegen der "böswilligen Propaganda der Gegner des Faschismus", "das feindliche Element" behandelt. Zu den Musterobjekten gehörten eben jene Blocks R I und II. Vor solch einem Besuch wurden natürlich alle Kranken aus dem Ambulatorium fortgeschafft, und über das ganze Lager wurde die Lagersperre verhängt. Den Besuchern wurden die zwei erwähnten Krankenbaracken gezeigt, in denen die Leichtkranken lagen (oft die "Lagerprominenz"). Jeder Kranke lag in seinem eigenen Bett mit ordentlicher Bettwäsche, das heißt es war ein Bild wie in einem normalen Krankenhaus, und das alles für die Staatsfeinde! Aber das, was buchstäblich zehn Meter weiter geschah, in den nächsten Krankenbaracken R III, IV, V und in der sogenannten Station E (Endstation), das wurde keiner Besuchergruppe gezeigt.

Dort lagen Kranke mit großen Phlegmonen, Eitergeschwüren, Erfrierungen, Ruhr und verschiedenen weit fortgeschrittenen Krankheiten.

In den Baracken herrschte unbeschreiblich stickige Luft, verursacht durch Eiter, verwesende Körper und die Exkremente der Ruhrkranken. Hier herrschte solch eine Überfüllung, daß die dreistöckigen Betten je zwei, manchmal auch drei Kranke lagen. Das war die Folge dessen, daß die große Zahl der Kranken, die im Revier liegen mußten, hier zusammengepfercht worden war. Aus wenigen erhaltengebliebenen Informationen geht zum Beispiel hervor, daß am 22. Februar 1942 von 9034 Häftlingen, die sich an dem Tag im Lager befanden, 1250 im Krankenrevier lagen. 13,5 % aller Häftlinge waren also krank, und das waren nur die, die sich im Krankenbau befanden. Bis zum 12. März jenes Jahres stieg die Zahl der Kranken auf 1500 Personen an.

EUTHANASIEAKTIONEN

Ein Teil der im Revier befindlichen Häftlinge waren ältere, chronisch kranke und dauernd arbeitsunfähigen Menschen. Im Revier untergebracht und so mit einem Dach über dem Kopf, ohne den täglichen Lagerschikanen ausgesetzt zu sein, waren diese Kranken fähig, dahinzuvegetieren, auch wenn sie praktisch ohne ärztliche Behandlung blieben. Da sie jedoch im Sinne der faschistischen Ideologie eine unproduktive Last für den Staat waren, begann man das Revier von chronisch Kranken zu "säubern".
 Die erste Selektion dieser Art wurde in der Zeit vom 4.-7. Juni 1942 durchgeführt. Damals wählten die SS-Ärzte 269 Häftlinge verschiedener Nationalitäten aus, die dann mit dem "Transport S" weggeschickt wurden ("Euthanasieaktion"). Später wurden solche Aktionen noch einige Male durchgeführt. Bei der Selektion bediente man sich auch der Ergebnisse einer im Jahre 1942 durchgeführten Massenaktion von Untersuchungen an Lungentuberkulose, die mit Hilfe von Schirmbildaufnahmen bei allen Häftlingen durchgeführt worden waren.
 Im Zusammenhang mit dem Ausbruch einer Flecktyphusepidemie im Lager verschlechterte sich die Situation im Revier im November 1941 bedeutend. Die Epidemie verbreitete sich sehr schnell, aber erst das Auftreten von Krankheits- und Todesfällen unter den SS-Leuten führte zur Ergreifung von Gegenmaßnahmen. Über das ganze Lager wurde Quarantäne verhängt. Die Entlausung bestand darin, daß alle Wohnbaracken der Reihe nach mit Gas desinfiziert wurden. "Bei der Gelegenheit" vergaste man mehrere sowjetische Kriegsgefangene, die in eine nicht ausgelüftete Baracke geführt wurden. Um Unterwäsche und Kleidung zu desinfizieren, wurde Lausetto angewendet. Endlich wurde die Typhusepidemie beseitigt, aber sie kostete viele Menschenleben, deren Zahl schwer zu erfassen ist.

MEDIZINISCHE EXPERIMENTE AN HÄFTLINGEN

Ein besonderes Kapitel der Tätigkeit der SS-Ärzte in Sachsenhausen stellen verschiedene verbrecherische Experimente an Häftlingen dar. So z.B. das Hervorrufen von schweren örtlichen und allgemeinen Infektionen durch tiefe Einschnitte in die Schenkel- und Unterschenkelmuskeln und das Einführen von infektiösem Material in die Wunden. Die

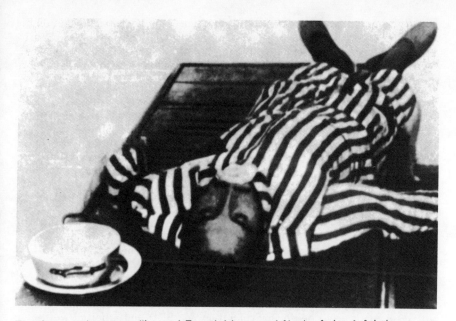

Wunden wurden zugenäht und Entwicklung und Verlauf der Infektion sowie die Wirkungseffekte verschiedener Medikamente beobachtet. Darüber hinaus wurden Verbrennungen verschiedener Körperteile mit Hilfe von Kampfmitteln, unter anderem mit Yperit, hervorgerufen, um dann verschiedene Medikamente gegen die aufgetretenen Verbrennungen anzuwenden. Es wurde auch die Wirkungszeit von Zyankali geprüft, welches in einer Ampulle enthalten war, die der Häftling durchbeißen mußte. Ebenso die Wirkung einer tödlichen Giftdosis, die mit einem Pistolenschuß in die Bauchdecke des Häftlings geschossen wurde. Es wurden Wirkungsproben neuer "chemischer" Handgranaten und tödlicher Gase durchgeführt. An einer Gruppe sowjetischer Kriegsgefangener wurde die Zeit gemessen, die notwendig ist für die tödliche Wirkung von Verbrennungsgasen, die in das Innere eines luftdichten Lastwagens geleitet wurden (sog. Todesauto). Die Experimente mit chemischen Granaten und mit Todesautos wurden von dem Chemiker Dr. Herbert Witmann an sowjetischen Kriegsgefangenen durchgeführt. Nach dem Krieg wurde er für diese Verbrechen zu drei Jahren Gefängnis verurteilt.

Nähere Informationen über verbrecherische Experimente an jüdischen Kindern aus Polen gab Bruno Mayer, der die pflegerische Aufsicht über die Opfer dieser Experimente ausübte. Seinen Bericht zusammenfassend muß man erwähnen, daß im August 1943 acht jüdische Kinder aus dem Lager Auschwitz nach Sachsenhausen gebracht wurden. Unmittelbar nach ihrer Ankunft im Lager wurden sie in der Abteilung R II des Krankenreviers untergebracht. Diese Gruppe wurde von den übrigen Häftlingen vollkommen isoliert. Es sind nur die Namen von dreien dieser Kinder bekannt: Hirsz Litmanowicz (ca. 16 Jahre), Saul Hornfeld (ca. 11 Jahre) und Wolf Silberglett (ca. 8 Jahre).

An ihnen wurden Experimente durchgeführt, die höchstwahrscheinlich auf dem Versuch beruhten, epidemische Gelbsucht zu verpflanzen. Das Infektionsmaterial wurde ihnen durch intramuskuläres Einspritzen und mit einer Zwölffingerdarmsonde durch die Speiseröhre verabreicht. Bei den Kontrolluntersuchungen wurde u.a. auch eine Leberpunktierung durchgeführt. Diese verbrecherischen Experimente führte ein Arzt durch, der nicht im Lager arbeitete. Es war Dr. Arnold Dohmen, Stabsarzt der Wehrmacht. Er war angeblich Mitarbeiter der Universitätsklinik in Gießen. Bei den verbrecherischen Experimenten arbeiteten der leitende Lagerarzt Dr. Heinz Baumkötter und Dr. Rudolf Horstmann mit ihm zusammen. Nur dem glücklichen Zufall und vor allem der Entwicklung der Kriegsgeschehnisse ist es zu verdanken, daß die Experimente abgebrochen wurden und keines dieser Kinder starb. Trotz des deutlichen Verbots von seiten der SS gelang es, die Kleinen während der Evakuierung aus dem Lager zu führen, und sie alle erlangten die Freiheit.

Außer Baumkötter (erster Lagerarzt der SS in den Jahren 1942-45) haben die SS-Ärzte Dr. Emil Schmitz, Dr. Karl Fischer, Dr. Alois Gaberle und Dr. Hattler die erwähnten verbrecherischen Experimente persönlich durchgeführt. Es ist zu betonen, daß die Mehrzahl der Opfer dieser Experimente (außer den jugendlichen Juden) das Lager nicht überlebt hat. Von den erwähnten SS-Ärzten dagegen leben sogar die zwei größten Verbrecher, Baumkötter und Schmitz, nachdem sie einige Jahre im Gefängnis waren, heute in Freiheit in der BRD und arbeiten weiter als Ärzte.

Von den anderen Experimenten, die vielleicht weniger gefährlich in den Folgen, aber sicherlich unvereinbar mit der ärztlichen Ethik waren, müssen noch die Versuche erwähnt werden, Lungentuberkulose durch das Eingeben von Inhalationen verschiedener Substanzen und Nierensteinkrankheiten mit der Methode des sog. Auflösens der Steine zu heilen, sowie die Wirkung von Reizmitteln zu untersuchen. Diese letztgenannten Versuche wurden an Häftlingen durchgeführt, die vorwiegend der Strafkompanie angehörten und in der sog. Schuhprüfstelle, einem der zahlreichen Betriebe der SS, beschäftigt waren. Dort wurde die Haltbarkeit verschiedener Schuharten und vor allem der Schuhsohlen geprüft. Die dort beschäftigten Häftlinge marschierten in den zu prüfenden Schuhen auf einem zuvor speziell gebauten Weg um den Appellplatz herum. Dieser Weg setzte sich aus vielen Teilen zusammen, die mit Schotter, Asphalt, Beton, Morast oder Sand bedeckt waren. Die Marschierenden wurden mit Ziegeln beladen (20-30 kg). Die tägliche Marschroute betrug wenigstens 30 km, die im Laufe von 10-12 Stunden überwunden werden mußten. Das war eine mörderische Anstrengung. Einen Teil dieser Gruppe wählten die SS-Ärzte als Versuchskaninchen aus und gaben ihnen Reizmittel. Nach dem Einnehmen dieser Reizmittel mußten die Geprüften den Marsch während der Nacht fortführen, wobei der Grad der Vergrößerung ihrer physischen Ausdauer gemessen wurde. Diese Versuche wurden jedoch bald verworfen, vermutlich wegen des Mangels an positiven Ergebnissen.

Unabhängig von den angeordneten Experimenten nutzten die SS-Ärzte ihre Stellungen aus, um eigene, nicht aufgetragene Experimente durchzuführen. Dr. Ernst Frowein z.B. suchte sich Häftlinge, vorwiegend ältere

Menschen, aus, die an Störungen beim Urinieren litten, und "heilte" sie durch eine Operation. Ohne die Krankheitsursachen zu analysieren, ohne den allgemeinen Zustand des Kranken zu berücksichtigen, führte er Eingriffe durch, die darauf beruhten, eine neue Blase innerhalb einer isolierten Darmschlinge zu entwickeln. Man muß wohl kaum betonen, daß all diese Eingriffe fatal endeten. Auch andere SS-Ärzte, wie z.B. Dr. Rindfleisch, ließen ihren eingebildeten chirurgischen Fähigkeiten freien Lauf, wobei sich das Fehlen grundlegender Kenntnisse auf diesem Gebiet tragisch auf die Gesundheit und das Leben der Operierten auswirkte.

VERNICHTUNG DURCH ARBEIT

Gegen Ende 1942, also im dritten Kriegsjahr, begann das faschistische Deutschland, den Mangel an Arbeitskräften immer stärker zu verspüren. Auf der Suche nach zusätzlichen Arbeitskräften wurde man auf die Reserven aufmerksam, die die Häftlinge der Konzentrationslager darstellten. Dabei wurde festgestellt, "daß die meisten der ins Lager geschickten Menschen durch die hohe Sterblichkeit für die Produktion untauglich wird". Das ist die wörtliche Formulierung aus einem Schreiben des "Wirtschaftsverwaltungsamtes der SS in Sachsenhausen" vom 28. Dezember 1942 (nach "SS im Einsatz", Seite 167). In diesem Schreiben wurde angegeben, daß z.B. "rund 70.000 von 136.000 neuen Häftlingen, die in letzter Zeit in die Konzentrationslager gebracht worden waren, durch Tod unproduktiv wurden". Das Schreiben, das sich auf eine persönliche Anordnung von Himmler beruft, beauftragt die Kommandanten und Ärzte der Konzentrationslager, Schritte zu unternehmen, um die Sterblichkeit der Häftlinge schnell herabzusetzen und so ihren Anteil an der Kriegsproduktion zu vergrößern.

In der Praxis bedeutete das keineswegs eine radikale Kursänderung den Häftlingen gegenüber, sondern es ging nur um eine noch größere Ausbeutung der "Arbeitskraft" und die Eliminierung der durch die Arbeit zerstörten und produktionsunfähigen Menschen. Damals wurde unter anderem entschieden, daß die Hilfe der Familien diese Arbeitskraft zusätzlich erhalten könnte. Und so wurde gestattet, den Häftlingen Lebensmittelpakete in begrenzter Menge zu schicken. Das war die einzige nützliche Folge der zitierten Anordnung. Denn die berühmte Z-Station, das heißt die Einrichtung zur massenhaften Ermordung von Menschen, arbeitete weiter auf vollen Touren. Ihre Leistungsfähigkeit wurde sogar durch den Bau einer Gaskammer noch weiter gesteigert. Im übrigen war die Mehrzahl der Opfer nicht einmal im Häftlingsregister erfaßt. Die Arbeit im Lager wurde noch mörderischer; Wecken war um 4.30 Uhr, Nachtruhe um 22.00 Uhr, und die Arbeitszeit betrug zusammen mit Hin- und Rückweg 12-14 Stunden am Tag. Ständig kamen neue Häftlingstransporte aus verschiedenen Ländern, unter anderem aus Norwegen, Dänemark und Frankreich.

DIE "ÄRZTEINTERNATIONALE" IM KRANKENREVIER

Da jede Gruppe der neuankommenden Häftlinge in der ersten Zeit des Lageraufenthaltes der Dezimierung unterlag (im Laufe von drei bis sechs

Wochen der "Anpassung" starben 30-50 % der Neuankömmlinge), füllte sich das Krankenrevier mehr und mehr. Auch seine Vergrößerung um zwei weitere Baracken half nicht viel. Durch die ungewöhnlich brutale Ausbeutung der Häftlinge verschlechterten sich ihr Gesundheitszustand und die Arbeitsfähigkeit rapide. In dieser Situation war das Krankenrevier nicht einmal mehr in der Lage, selbst die bisherigen primitiven Aufgaben zu erfüllen. In Absprache mit der damals noch kommunistischen Häftlingsselbstverwaltung schlug eine Gruppe der im Krankenbau arbeitenden Häftlinge (u.a. der Kollege Kazimierz Frąckowski (2)) den SS-Ärzten vor, dort Häftlingsärzte wie auch inhaftierte Medizinstudenten zu beschäftigen. Die Erlaubnis hierzu wurde erteilt, und nach und nach nahmen 40 Ärzte verschiedener Nationalitäten ihre Arbeit im Revier sowie in den Krankenstuben der größeren Nebenlager auf. Zuvor waren nur drei polnische Häftlingsärzte in den "Isolationsbaracken", in denen sowjetische Kriegsgefangene untergebracht waren, beschäftigt. Es waren dies Dr. Stanisław Kelles-Krauz, Dr. Mieczyław Olek und Dr. Antoni Tomicki aus Bydgoszcz. Dr. Tomicki starb an Flecktyphus. Er infizierte sich, als er während der Epidemie sowjetische Kriegsgefangene pflegte.

Durch die Beschäftigung von Häftlingsärzten konnte das Krankenrevier seine Aufgaben etwas besser erfüllen - natürlich im Rahmen der gegebenen Möglichkeiten. Denn nach wie vor fanden Selektionen der chronisch Kranken statt, und die SS-Ärzte führten auch weiterhin verbrecherische Experimente an Menschen durch. Doch in gewisser Weise fühlten sie sich durch die Anwesenheit der Häftlingsärzte in ihrer Tätigkeit eingeschränkt. Die letzteren unterstanden direkt dem "Ältesten der Häftlingsärzte", dem deutschen politischen Häftling Dr. Herman Pistor. Keiner von uns wußte, warum er sich im Lager befand, aber wir wußten mit Sicherheit, daß er ein deutscher Nationalist war. Man kann Vorbehalte haben, was seine politische Tätigkeit im Lager betrifft, aber in bezug auf die kranken Häftlinge war er ein tadelloser Arzt. Zu seinen Aufgaben gehörte unter anderem, die zur Arbeit ins Revier geschickten Häftlingsärzte zu empfangen und ihnen entsprechende Stellungen in der Arbeit zuzuweisen. Die Häftlingsärzte behandelten ihn mit gebührender Achtung und mit Vorsicht. Im übrigen gestaltete sich die Zusammenarbeit dieser "Ärzteinternationale" im Krankenrevier hervorragend. Es gab auch keine "Zwistigkeiten" zwischen den Ärzten und dem übrigen Pflegepersonal.

Die Ärzte repräsentierten fast alle Länder des okkupierten Europa. Relativ zahlreich war die polnische Gruppe, da außer den drei schon erwähnten Ärzten auch die Doktoren Zygmunt Zakrzewski, Bohdan Wróblewski, Antoni Nowak, Stanislaw Jodko-Narkiewicz und der Zahnarzt Florian Mlyszczyk zu ihr gehörten. Außerdem waren dort zwei Franzosen, Dr. Emil Coudert und Dr. Maurice Gallouen, die Tschechen Dr. Antoni Pirek und Dr. Sotona, die Norweger Dr. Sven Oftedahl, Dr. Peer Graessli und Dr. Paul Glörsen, die Russen Dr. Wachtan Chatsapuritse und Dr. Nikita Szeklakow, der Belgier Dr. Albert Delanois, der Däne Dr. Henri Meyer, der Österreicher Dr. Willy Lohnsdorf sowie der Deutsche Dr. Fritz Busse tätig. Man sollte hier noch den Arzt Dr. Wójcikowski

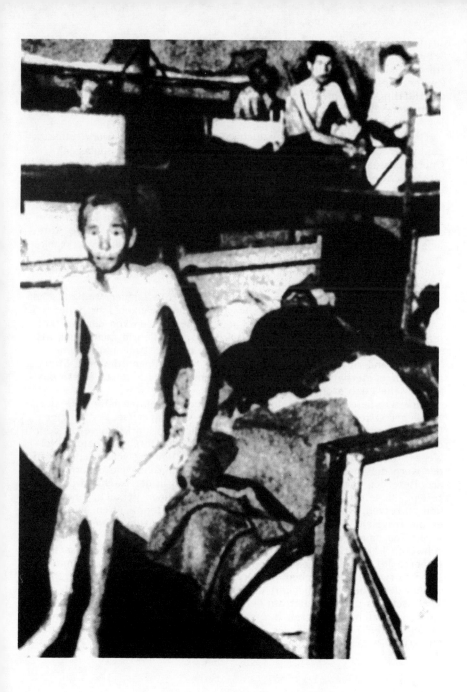

aus Gdynia erwähnen, dem es leider nicht mehr gegeben war, für die Seinen im Lager zu arbeiten. Nach einigen Monaten in Sachsenhausen starb er im Jahre 1940 infolge von Phlegmonen der Gliedmaßen im Revier. Vielleicht hätte man ihn retten können, wenn zu der Zeit schon die Häftlingsärzte im Krankenrevier gearbeitet und die Operationssäle solche eine Besetzung gehabt hätten wie die, über die sie in den Jahren 1943-45 verfügten.

Dr. Emil Coudert, ein ausgezeichneter französischer Chirurg, bildete zusammen mit Dr. Bohdan Wróblewski die Besetzung des "sauberen" Operationssaales. Durch ihre Tätigkeit zeigten sie, daß man sogar unter diesen schweren Bedingungen viele Menschenleben retten konnte. Ebenso aufopferungsvoll arbeiteten die Ärzte im "septischen" Operationssaal: Dr. Willy Lohnsdorf, Dr. Maurice Gallouen und der damalige Medizinstudent Kazimierz Frąckowski. Um sich um alle Kranken kümmern zu können, achteten sie nicht auf die offizielle Arbeitszeit. Diese Abteilung war wohl am stärksten mit Arbeit überlastet, denn die Eiterkrankheiten und vor allem die Phlegmone der Gliedmaßen waren besonders häufig im Lager. Dr. Gallouen erlebte die Befreiung nicht; er ging mit einem Transport nach Bergen-Belsen.

Dr. Zygmund Zakrzewski, nach dem Krieg Professor der Medizinischen Akademie in Gdańsk und Kraków, war unter den Kranken sehr beliebt und wurde für seine Humanität und sein großes Wissen von den Arztkollegen sehr geschätzt. Dr. Antoni Pirek blieb uns allen in Erinnerung als ein Mensch von ungewöhnlicher Heiterkeit, der nicht nur unter seinen Kranken sondern auch unter den gesunden Mithäftlingen die gute Stimmung aufrechterhalten konnte. Sein Landsmann, Dr. Sotona, leitete das analytische Laboratorium.

Eine wirklich internationale Gruppe bildeten die Internisten, die zwei Norweger Oftedahl und Graessli, der Russe Chatsapuritse, der Belgier Delanois und der Pole Clek. Mit ihnen war ich am stärksten verbunden, da ich als Sanitäter in der inneren Abteilung arbeitete. Die beiden Norweger, die über die größte Berufspraxis und Erfahrung verfügten, waren der Kern dieser Gruppe. Graessli, scheinbar sehr ruhig und beherrscht, arbeitete den ganzen Tag und nicht selten auch in der Nacht in der Abteilung. In seiner exakten Arbeit unterließ er keinen Versuch, einen Kranken zu retten. Nur diejenigen, die ihn näher kannten, wußten, wie stark er die tragische Wirklichkeit des Lagers, jede öffentliche Exekution, jeden Tod eines gequälten Häftlings, erlebte. Unzweifelhaft sind diese schweren Lagererlebnisse die Ursache für die Krankheit (eine bösartige Hypertonie), die gleich nach der Befreiung, auf dem Weg ins heimatliche Norwegen, dem Leben von Dr. Graessli ein Ende setzte.

Von der hohen Sterblichkeit der ehemaligen Häftlinge auch nach dem Verlassen des Lagers zeugt am deutlichsten die Tatsache, daß von 22 Häftlingsärzten ein Drittel, d.h. sieben, nach dem Kriege, vorwiegend in den ersten Jahren nach der Befreiung, starb (Graessli, Kelles-Krauz, Oftedahl, Pirek, Pistor, Sotona, Zakrzewski).

SOLIDARITÄT

Dr. Sven Oftedahl, Sozialist, der "geborene" Aktivist, reagierte vollkommen anders auf die Realität des Lagers als sein Landsmann und Freund Graessli. Er bemühte sich auf jede nur erdenkliche Art und Weise, nicht nur durch seine ärztliche Tätigkeit die Folgen der Bestialität und Brutalität der SS zu lindern. Trotz der großen Arbeitsbelastung im Revier fand er immer Zeit für Kontakte mit seinen Landsleuten im Lager, für die er eine große Autorität war. Er knüpfte auch sehr schnell Verbindungen zu der illegalen "führenden" Gruppe" von politischen Häftlingen, vorwiegend Kommunisten unterschiedlicher Nationalitäten, die mit verschiedenen Mitteln, unter anderem durch das Organisieren von Selbsthilfeaktionen, versuchten, der Vernichtung von Häftlingen entgegenzuwirken. In Zusammenarbeit mit ihnen war Oftedahl Mitorganisator einer Solidaritätsaktion, die von Norwegern und Dänen durchgeführt wurde, um den Mithäftlingen anderer Nationalitäten, vor allem den Polen, Russen und Franzosen, zu helfen. Die Skandinavier befanden sich in einer etwas besseren Lage als die übrigen Häftlinge, da sie regelmäßig Pakete vom Dänischen Roten Kreuz und darüber hinaus Sammelsendungen mit Medikamenten und Tran bekamen. Man muß wohl nicht erwähnen, daß die SS-Männer aus verständlichen Gründen sämtliche Solidaritätsaktionen, die auch schon vorher durch die Gruppe von kommunistischen Häftlingen realisiert worden waren, bekämpften und ihre Organisatoren streng bestraften. Daher mußten diese Aktionen streng konspirativ durchgeführt werden. Dr. Oftedahl, einer der Verbindungsmänner dieser Aktionen, war so etwas wie ein Bevollmächtigter der Norweger und Dänen, der diese Hilfe verwirklichte und gerecht verteilte.

Die Krönung der Tätigkeit von Dr. Oftedahl war das Organisieren einer Blutspende unter den Häftlingen. Die Möglichkeiten der Anwendung von Bluttransfusionen waren natürlich sehr begrenzt, da sich nur eine kleine Gruppe von Häftlingen zum Blutspenden eignete. Nach den normal verpflichtenden Prinzipien der Qualifizierung von Blutspendern wäre sicher Die Mehrheit der Spender unter den Häftlingen nicht annehmbar gewesen. Trotz allem gab Dr. Oftedahl die Blutspendeaktion nicht auf, was wohl die Gestalt dieses außergewöhnlichen Arztes am besten charakterisiert. Er unternahm jeden Versuch, sogar einen scheinbar nicht ausführbaren, um menschliches Leben unabhängig von den Bedingungen zu retten.

Das Blutspenden war wie eine Herausforderung Oftedahls gegenüber den SS-Ärzten, die im Grunde genommen schon aufgehört hatten, Ärzte zu sein und nur noch SS-Offiziere und Mörder blieben. Dieser heldenhafte Häftling führte nämlich seine Aktion zur gleichen Zeit durch, als der Hauptsturmführer SS, Dr. Baumkötter, als Arzt bei der Massenermordung von sowjetischen Kriegsgefangenen oder bei der Tötung von vorher selbst ausgewählten kranken und alten Häftlingen in den Gaskammern assistierte und anschließend als Todesursache "Kreislaufstörung" in ihre Akten schrieb. Und der ihm unterstehende Obersturmführer SS, Dr. Emil Schmitz, führte verbrecherische Experimente an wehrlosen Häftlingen durch.

Es gab etwa 100 registrierte Blutspender. Oftedahl wandte sich vor allem an die Norweger, da sie verhältnismäßig gut ernährt waren.

Auch Vertreter anderer Nationalitäten, u.a. polnische und deutsche Häftlinge, darunter auch ein Teil des Pflegepersonals, waren Blutspender. Das Privileg, von dem sie profitierten, war eine zusätzliche Portion Suppe sowie ein arbeitsfreier Tag. Die größte Prüfung bestand das Blutspenden beim Retten von Kollegen, die durch Luftangriffe auf die neben dem Lager lokalisierten Rüstungsbetriebe und auf die Nebenlager verletzt wurden. Einen ersten solchen Luftangriff erlebten wir am 22. März 1944. Der nächste war auf die Flugzeugwerke Heinkel gerichtet (19. April 1944) und verursachte den Tod von ungefähr 230 Häftlingen. Beim letzten Luftangriff schließlich, am 10. April 1945, fanden 250 Häftlinge im sog. Klinkerwerk den Tod. Natürlich gab es wesentlich mehr Schwerverletzte, die ins Krankenrevier kamen.

Neben den Anordnungen zur sofortigen Bluttransfusion wurden diese Eingriffe in einzelnen Fällen auch auf internistische Anweisung hin ausgeführt. Es ist bemerkenswert, daß wir bei einigen Zehn der insgesamt durchgeführten Transfusionen keine schwerwiegende Reaktion beobachtet haben. Von der Wirksamkeit der Bluttransfusionen im Lager zeugt die Tatsache, daß nicht wenige der ehemaligen Sachsenhausen-Häftlinge dank des geopferten Bluts eines ihnen unbekannten Leidensgenossen zu den Ihren zurückkehren konnten.

Ein Ruhmesblatt in der Geschichte des Krankenbaus in Sachsenhausen schrieb auch die Mehrzahl der Häftlinge, die nicht als Ärzte im Revier arbeiteten. Von ihrer menschlichen Ehrlichkeit hingen oft die Schicksale der Kranken ab, die sich unter ihrer Obhut befanden. Das war vor allem zu der Zeit wichtig, als es noch keine Häftlingsärzte gab. Es ist nicht möglich, hier alle zu erwähnen, die sich durch ihre Arbeit und Herzlichkeit die höchste Anerkennung und Dankbarkeit der Mithäftlinge verdient haben. Von den Polen kann man beispielhaft anführen die Kollegen Kazimierz, Frackowski, Zenon Szeglag, Waclaw Musia, Brunon Smol, Tadeusz Sych, Bernard Domzalski, von den tschechischen Kollegen Rotislaw Balastik (den populären "Benesz"), Jurij Skoumal, Honse Skorpik, von den Norwegern Peer Roth, Rolf Skauge, Karsten Pettersen, den Luxemburger René Traufler und viele andere.

Im Revier arbeitete auch eine Gruppe deutscher Häftlinge, die sich von der Mehrheit ihrer Landsleute, die wir bisher kennengelernt hatten, deutlich unterschied. Es waren deutsche Kommunisten, die zahlreiche und lange Gefängnisstrafen für ihre politische Tätigkeit hinter sich hatten. Diese Häftlinge waren als "Unverbesserliche" ins Lager geschickt worden. Und so waren sie wirklich, denn sogar hier in Sachsenhausen ließen sie nicht von ihrer Tätigkeit ab, die darauf beruhte, mit persönlichem Beispiel auf die Umgebung Einfluß zu nehmen. Das ließ uns Ausländer daran glauben, daß es unter den Deutschen entschiedene, aktive Gegner der faschistischen "neuen Ordnung" gab. Im Lager traten sie auf als Initiatoren von Solidaritätsaktionen, die besonders den Häftlingen fremder Nationalitäten dienten.

Das Krankenrevier in Sachsenhausen stellte eines der Hauptzentren dieser internationalen Solidarität dar. Hier liefen viele Fäden der Konspiration zusammen. Geheime Versammlungen von Vertretern verschiedener Nationalitäten fanden oft in der Isolierstation statt, die von den SS-Männern aus Angst vor einer Ansteckung gemieden wurde. Die Lager-

leitung war sich über die illegale Tätigkeit der Häftlinge im klaren. Um die Organisation der Widerstandsbewegung im Lager aufzudecken, kam eine "Spezialkommission" aus Berlin. Diese Kommission stützte sich in ihrer Arbeit hauptsächlich auf Materialien, die ihnen von Spitzeln aus den Reihen der Häftlinge zugetragen wurden. Diese Spitzel, hauptsächlich Berufsverbrecher, rekrutierten sich aus verschiedenen Häftlingskreisen. Einer der Spitzel war der Blockälteste der Tuberkuloseabteilung, der deutsche Kriminelle Willy Thierhof. Nach langwierigen Ermittlungen wurden fast alle Kommunisten der Funktionen, die sie in der Häftlingsselbstverwaltung erfüllt hatten, enthoben. 24 wurden erschossen (11. Oktober 1944), unter anderem der "Revierälteste" Hans Rothbarth, und 103 Deutsche, Franzosen, Tschechen, Luxemburger und sowjetische Kriegsgefangene wurden mit einem Straftransport in die Steinbrüche von Mauthausen geschickt. Unter ihnen waren auch Bruno Leuschner, Willy Kling und Helmuth Welz aus dem Krankenrevier.

Der Abtransport von Kling bedeutete einen unwiederbringlichen Verlust. Kling war immer sehr unscheinbar und bescheiden, er arbeitete in der Schreibstube des Reviers, und zwar in dem Teil, der sich mit dem Zusammenstellen der Todeslisten beschäftigte. Über fast zwei Jahre hinweg fertigte Kling zusätzliche Kopien dieser Listen an und bereitete so das Beweismaterial über die faschistischen Verbrechen vor. Diese Kopien bewahrte er in einem leeren Sarg in der Leichenkammer auf. Als er von der Gestapo abgeführt wurde, füllte sein Archiv schon fast einen ganzen Sarg aus. Es wäre ein unschätzbares Quellenmaterial aus dem Lager Sachsenhausen gewesen, um so mehr, als zwei Monate vor Kriegsende die gesamte Dokumentation des Lagers vernichtet wurde. Leider mußte nach dem Abtransport von Kling der Inhalt des Sarges aus Angst vor dem rasenden Terror der "Sonderkommission" und besonders im Hinblick auf die Tätigkeit der Spitzel mit äußerster Vorsicht verbrannt werden.

Zu den Menschen, die sich im Lager verdient gemacht haben, wenn sie auch der breiten Mehrheit der Häftlinge weniger bekannt waren, gehörte auch der deutsche Kommunist Hans Rosenberg. Auf nur ihm bekannte Art und Weise organisierte er als "Apothekergehilfe" viele in Deutschland schwer zugängliche Medikamente und medizinische Ausrüstung. Und dies in Mengen, die die von der SS für die Konzentrationslager vorgesehenen Normen, vor allem in Kriegszeiten, wesentlich überstiegen. Dank seiner Tätigkeit konnte Dr. Kelles Krauz in seinen Lagererinnerungen feststellen, daß er eine angemessene Menge an Medikamenten, Verbandsmaterial u.ä. bekam. (3) Nur wenige Eingeweihte wußten, daß ein Teil dieser Medikamente, besonders die streng reglementierten, im Lager eintraf, obwohl es offiziell in den Anforderungen und Einnahmen der Fronteinheiten der SS vermerkt war.

Unter den Polen war der deutsche Kommunist Franz Cyranek besonders beliebt. Als Schlesier aus Racibórz beherrschte er die polnische Sprache sehr gut und half den Slawen von ganzem Herzen. Er arbeitete im Röntgenzimmer und mußte diese Tätigkeit mit schweren Strahlenschäden bezahlen, durch die er zum vollkommenen Invaliden wurde. Er war immer kompromißlos den SS-Ärzten gegenüber und zu jeder selbst riskanten Hilfe für seine Mithäftlinge bereit.

ANMERKUNGEN:

1) Vor allem zwei der Sanitätsdienstgehilfen hatten diese Stellung über längere Zeit inne. Es waren dies Hans Fabisch (Hauptscharführer SS) und Rudolf Ullman (Oberscharführer SS). Der Erste erfüllte eine eher administrative Rolle, der Zweite dagegen machte sich besonders durch die Tötung von Häftlingen, vor allem von sowjetischen Kriegsgefangenen, mit Hilfe von Venen- und Herzinjektionen mit Phenol oder Benzin einen Namen. Ullman beging 1946 Selbstmord. In der Sache Fabisch trägt die Staatsanwaltschaft der BRD Material zusammen.

2) Gegenwärtig Doktor der Medizin, Autor der Dissertation "Die Medizin des faschistischen Konzentrationslagers Sachsenhausen-Oranienburg", die zahlreiche Fotokopien enthält und in den Bibliotheken der Medizinischen Akademien ausgelegt ist.

3) S. Kelles-Krauz: Erinnerungen eines Arztes aus dem Konzentrationslager Sachsenhausen. Przegląd Lekarski, 1963, Nr. 1a, S. 89.

Hein Meyn, Bundesrepublik Deutschland

Hein Meyn wurde am 12.3.1906 geboren. Er erlernte den Beruf eines Schiffbauers. Die Werftarbeiter von Blohm und Voß wählten ihn während eines großen Streiks in der Zeit von Weimar zu ihrem Vertrauensmann in der Streikleitung.

1924 trat er von der Sozialistischen Arbeiter-Jugend zum Kommunistischen Jugendverband über. Seit 1926 bekleidete er Funktionen erst im KJV, dann in der KPD.

Als Hafensekretär der KPD Hamburger Hafen war er den Nazis besonders verhaßt. Er wurde bereits am 30.1.33 verhaftet. Von dieser Zeit an war er fast lückenlos ihrer unbarmherzigen Gewalt ausgeliefert. In seiner 1936 für kurze Zeit wiedererlangten Freiheit setzte er den Kampf gegen die Nazis bis zu seiner erneuten Verhaftung fort.

Er blieb auch nach 1945 seiner politischen Überzeugung treu. Seine Genossen wählten ihn in den Landesvorstand ihrer Partei. Er ist Mitarbeiter der Geschichtskommission der VVN in Lübeck. Seit November 1983 ist er der Präsident des Sachsenhausenkomitees der Bundesrepublik.

Damals im KZ Sachsenhausen

Verhaftet wurde ich am 30. Januar 1933 in Altona vom KzbV.) Bei der Vernehmung hat man mir einen Schädelbruch beigebracht und das Nasenbein eingeschlagen. Nach einigen Wochen kam ich in das KZ Lichtenburg bei Torgau. Hier wurde ich mit fünf Kameraden in eine Zelle gepfercht. Wir hatten weiter nichts als unsere Kleidung, einen Löffel und einen primitiven Eßnapf, in den wir auch unsere Bedürfnisse verrichten mußten und ihn dann nur mit kaltem Wasser reinigen konnten. Zur Latrine, die im Freien stand, durften wir selten! Diese bestand aus vier bis fünf Kästen, die einzeln etwa 60 cm hoch, 50 cm breit und einen Meter lang waren. Wenn diese Kästen überliefen, war die Entleerung per Hand als Strafarbeit vorgesehen. Im Keller gab es Strafzellen; eine von ihnen war mit Hals- und Beineisen versehen, in denen die Zeit stehend verbracht werden mußte. Ich kam im Juli 1933 nach Lichtenburg. Kurz zuvor hatte es hier eine Meuterei gegeben, die grauenhaft niedergeschlagen wurde.

Im Januar 1934 wurde das ganze KZ evakuiert, und ich kam in das KZ Hümlingen bei Papenburg. Die dortigen Gefangenen kamen in die Lichtenburg. Der Austausch wurde vorgenommen, weil die dortige SA-Bewachung wegen Räubereien in der Umgebung abgelöst werden sollte, aber gemeutert und den Gefangenen Waffen angeboten hatte. Die Arbeit bestand hier im Ausschachten des Moors mit Spaten nach dem Zählkommando der SA-Bewachung. Der Hin- und Abmarsch zur Arbeit erfolgte in Holzschuhen, die mit Schäften aus Autopneus bestückt waren. Wunde Füße waren die Folge. Wer schlapp machte, kam in Lebensgefahr. Eine der vielen Strafen bestand aus "Krummschließen". Man lag auf dem Bauch, und Hände und Füße wurden nach oben gebunden.

Bei Nacht und Nebel brachte man mich im Februar 1934 in das KZ Fuhlsbüttel bei Hamburg (Kolafu), dies ist noch heute ein fester Bau. Nachts wurde ich hier eingeliefert und noch vernommen. Die Vernehmungen waren mit Mißhandlungen verbunden. Danach stieß man mich in ein Verließ, das man Hundehütte nannte. Es war dunkel, im Liegen konnte ich mit dem Arm an die Decke kommen. Da ich Körper neben mir fühlte und Stöhnen hörte, wußte ich, daß noch mehr Gefangene hier lagen. Kurze Zeit später, noch in der Dunkelheit, wurde ich wieder zur Vernehmung herausgeholt. Danach kam ich in eine Zelle, deren Tür gepolstert war. In ihr stand eine Art Bärenzwinger mit Tür, in den ich hineingeschleppt und stehend nach oben per Handschellen an Armen und Beinen an die Eisenstangen gefesselt wurde. Der Hosenboden war herausgeschnitten, unter ihm lag ein Sandhaufen, falls man Bedürfnisse hatte. Das Klosett war abgebrochen, aus ihm krochen Ratten. Die Zelle war dunkel, Vernehmungen fanden mit Jupiterlampen statt. So mußte ich stehend drei oder vier Tage verbringen. In der Zelle war ich insgesamt einige Wochen, am Tage dauernd mit der Acht auf dem Rücken, nachts auf dem kahlen Bett mit zwei Achten angeschlossen. Am 22. Dezember 1934 erhielt ich wegen Vorbereitung zum Hochverrat eine Zuchthausstrafe; diese war im April 1936 beendet. Nach einem Jahr wurde ich wieder verhaftet, kam wieder für sieben Wochen nach "Kolafu" (Konzentrationslager Fuhlsbüttel) in Einzelhaft, ohne Freistunde und mit halber Kost.

Meine letzte Station vor Sachsenhausen war das Polizeigefängnis "Alex" in Berlin am Alexanderplatz. Hier waren so viele Gefangene in einen Raum gesperrt, daß aus Platzmangel nur zehn zur gleichen Zeit schlafen konnten. Die anderen ca. fünfzehn mußten inzwischen stehen. Ich verblieb hier, glaube ich, drei Tage und kam dann mit einem Gefangenentransport per Auto in das KZ Sachsenhausen. Hier wurden wir mit Gebrüll, Schlägen und Fußtritten von der SS empfangen. Ich kam auf Block 18, das war damals die Strafkompanie. Sie befand sich, vom Tor aus gesehen, ganz links, unmittelbar an den "Spanischen Reitern". Eine Mauer gab es damals noch nicht.

Blockältester war Rudi Rothkegel. Wir bekamen alte Polizeiuniformen ausgehändigt. An den Hosenbeinen und auf der Brust mußten wir ca. 30 cm lange und ca. 15 cm breite rote Streifen annähen. An die linke Brustseite und das rechte Hosenbein kam die Häftlingsnummer, außerdem hatten wir auf diesen Streifen und dem Rücken einen gelben Punkt. Der zeichnete uns als Mitglieder der Strafkompanie aus. Gleich nach der Ankunft im Block, der verschiedene Mißhandlungen durch die SS vorausgegangen waren, mußten wir einen Lebenslauf schreiben. Mein Nachtlager befand sich unmittelbar am hinteren Fenster des Schlafsaals. Ich konnte den SS-Posten sehen und auch den Stacheldraht, weil der durch Scheinwerfer hell erleuchtet war. In der ersten oder zweiten Nacht sah ich, wie ein Häftling aus dem Fenster stieg, und hörte, wie Schüsse knallten. Der Häftling mit dem Spitznamen "Blümchen" wurde erschossen.

Erwähnenswert erscheint mir noch, daß ich im Zusammenhang mit der Erschießung von "Blümchen" vom Standesamt Oranienburg vernommen wurde. Denn Ordnung wurde auch hier von der SS markiert. Tod und Ursache wurden amtlich registriert. Man fragte mich, ob der SS-Mann vor der Schußabgabe den Häftling angerufen habe. Ich verneinte, glaubte also im Unterbewußtsein an eine Ordnung im SS-Staat - und das noch 1937! Noch heute wundere ich mich darüber, daß die SS meine damalige Aussage nicht zum Anlaß nahm, sich zu rächen. Vielleicht hat mich der Standesbeamte geschützt?

Wir mußten täglich von früh morgens bis zum Dunkelwerden schwere Arbeit leisten. Da, wo später der Industriehof stand, rodeten wir Bäume. Danach stellten wir ein Lorenkommando: Vor dem Lagertor wurde für einen SS-Neubau ausgeschachtet. Sand und Erde mußten durch uns auf Zählkommando durch die SS - eins - zwei - in Loren verfrachtet werden. Dann ging es im Laufschritt zur Gärtnerei. Hier wurden die Loren gekippt, und im Laufschritt ging es an den Ladeplatz zurück. Jede Lore wurde von drei Häftlingen geschoben, hinten links und rechts je einer; der in der Mitte mußte auf den freiliegenden Schwellen laufen. Dabei stolperte er oft und fiel hin. Für die SS war dies ein zusätzlicher Grund, ihn zu mißhandeln.

Abends, ermattet und zerschunden, wurden wir von unseren Kameraden moralisch und körperlich wieder aufgemöbelt. Die Wunden wurden gekühlt und verbunden und die Glieder massiert. Für neue Strümpfe und besseres Schuhzeug wurde gesorgt. In den ersten Tagen meines Daseins in Sachsenhausen erlebte ich auch die erste Auspeitschung eines Kameraden. Das ganze Lager mußte antreten. Ein Bock stand mitten auf dem Appellplatz. Der Delinquent, nur mit einem dünnen Drillichanzug bekleidet, wurde auf den Bock geschnallt. Links und rechts waren SS-Leute postiert, die im Takt auf das Opfer einschlugen, das laut die Schläge zählen mußte. Ich kann mich noch genau daran erinnern, daß ich vor Wut fast ohnmächtig wurde. Später habe dann ich eine Auspeitschung über mich ergehen lassen müssen. Die Schläge erhielt ich, weil wir Häftlinge es gewagt hatten, den von den Nazis ermordeten kommunistischen ehemaligen Reichstagsabgeordneten Lambert Horn aufzubahren und durch Vorbeidefilieren zu ehren.

Als im Sommer 1940 die SS-Unterkunft brannte, mußten wir Häftlinge für den Leichtsinn der SS büßen. Ich wurde mit anderen an den Pfahl gehängt. Im Anschluß daran wurden wir mit Dunkelhaft "bestraft".

Im Oktober 1942 wurde ich mit siebzehn anderen Kameraden sieben Wochen lang in Sachsenhausen in Dunkelhaft gehalten und dann in das KZ Flossenbürg bei Weiden gebracht. Wie es uns hier erging, hat Fritz Selbmann in seinem Buch "Die lange Nacht" geschildert.

Josef Polivka, VR Polen

Heinz

Die deutschen Kommunisten waren innerhalb des Lagers gut organisiert. Sie waren in vielen Stellen innerhalb der Lagerselbstverwaltung vertreten und versuchten, jeden zu retten, den sie nur retten konnten.

Ich erinnere mich immer an unseren ersten Blockältesten Heinz, der seit 1933 im Lager war, und an die Geschichte mit seinem Radio. In mancher Nacht war ein leises Piepen zu hören. Ein Spitzel unter uns hat es der SS verraten. Eines Tages, als Heinz gerade die Rapportmeldung in das Tagebuch schrieb, kam der "Eiserne Gustav". Er nahm den Besen aus der Ecke, riß den Stock 'raus und fing an, Heinz zu schlagen. Heinz schützte seinen Kopf, aber er stand wie eine Kerze. Der "Eiserne" setzte sich aufs Fahrrad, mit einer Hand lenkte er es, mit der anderen trieb er Heinz bis zum Tor. Dort ließ er ihn stehen. Zum Mittag kam Heinz zurück, blutend, aber mit gemessenen Schritten. Als ob nichts geschehen wäre, setzte er sich an den Tisch und schrieb die Rapportmeldung zu Ende. Wir hatten schon erfahren, daß es sich um einen Radioempfänger handelte. Darum also nachts immer das Piepen. Ein Lump hatte ihn verraten, aber die Lagerorganisation der Kommunisten war wachsam. Noch in der gleichen Nacht konnte Heinz das Radio beiseite schaffen, so daß die SS-Männer nichts fanden.

Wir schauten Heinz an, er tat uns leid, er aber lächelte und sagte zu uns: "Jungs, immer Kopf hoch!"

Er ging aufrecht zur Tür, hob die Faust und sagte nochmal: "Die Köpfe hoch, Jungs!"

Es hat uns gestärkt, doch wir fürchteten für ihn das Schlimmste, denn er verschwand aus unserer Sicht. Eine Woche später ging aus dem Lager ein großer Transport von etwa 1000 Häftlingen. Unter ihnen war zu meiner großen Verwunderung auch Heinz, mit einer anderen Nummer und sicher mit falschem Namen.

So entkam er mit der Hilfe seiner Genossen der SS. Für diesmal war er gerettet.

Wolfgang Szepansky, KZ-Außenlager-Baukommando hört Radio

Franz Fragner, Österreich

Am 10. Juli 1904 als Arbeiterkind geboren. Mit 17 Jahren Mitglied der Sozialistischen Arbeiterjugend. Verschiedene Funktionen - u.a. Obmann einer Bezirksgruppe (17. Gemeindebezirk von Wien).
1926 Mitglied der Arbeitsgemeinschaft sozialistischer Erzieher bei den Kinderfreunden. Gruppenführer und später Bezirksführer der Roten Falken, schließlich dritter Landesführer von Wien.
12. Februar 1934 als Schutzbündler Teilnahme am Aufstand der Wiener Arbeiter gegen die faschistische Regierung Dollfuss.
2. Juni 1934 bis 15. April 1935 Schutzhaft im Anahltelager Wollersdorf (österreichische Form des Konzentrationslagers). Verhaftet bei der illegalen Tätigkeit im Rahmen des KJV, Aufbau und Führung der illegalen Roten Falken.
1934-1938 Führung der illegalen Roten Falken. Nachher im Rahmen der KPÖ illegale Arbeit.
22. August 1939 Verhaftung als Präventivmaßnahme zur Vorbereitung des Krieges gegen Polen.
4. Januar bis 31. Dezember 1940 im Konzentrationslager Sachsenhausen (ein Jahr befristete Schutzhaft).
3. März 1941 eingezogen zur Wehrmacht - Nordnorwegen und "Ostfront".
10. April 1945 Gefangennahme in Königsberg. Anschließend Lager Asbert (Ural). Dort Mitglied der Leitung des Antifaschistischen Lagerkomitees.
1946-1947 (6 Monate) Teilnahme am neunten Antifa-Lehrgang bei Moskau.
14. November 1947 Heimkehr. Seither Mitarbeit in der Jungen Garde (österreichische Form der sozialistischen Kinderorganisation). Aufbau und Leitung der Wiener Jungen Garde bis zur Pensionierung 1965. Nachher freiwillige Mitarbeit daselbst.
1968 Nicht einverstanden mit dem Einmarsch der Sowjettruppen in der ČSSR, seither von der KPÖ zurückgezogen.

Weihnachten im KZ

Es war am 24. Dezember 1940 im KZ Sachsenhausen. Sie hatten uns auf dem Appellplatz einen Weihnachtsbaum hingestellt, gleichzeitig aber für den Heiligen Abend den Beginn der Lagerruhe, in der kein "Schutzhäftling" den Block verlassen durfte, von 21.00 auf 19.00 Uhr vorverlegt. Die Möglichkeit, Freunde in einem anderen Block zu besuchen, war so um zwei Stunden verkürzt. Ich war damals in Block 23 untergebracht und hatte einen Kameraden im "Judenblock" besucht, der im sogenannten "Kleinen Lager" lag, und mußte mich sehr beeilen, noch vor sieben Uhr in meinem Block zu sein. Ich lief über den Appellplatz, und als ich am Weihnachtsbaum vorbeikam, sah ich dort einen Kameraden, nur mit einem Hemd bekleidet, vor dem Lichterbaum knien und beten. "Der arme Mensch", dachte ich mir, und ich konnte ihm nicht einmal ein gutes Wort sagen, da ich ja noch vor dem Versperren des Blocks dort sein mußte. Die ganze Zeit bis zum späten Einschlafen sah ich immer wieder diesen armen nackten, betenden Mann vor mir.

Am nächsten Morgen hieß es, wieder sei ein Häftling, ein Tscheche, "in den Draht gegangen". Ich dachte wieder an den Menschen vor dem Weihnachtsbaum und suchte den Mann, der in dem mit Starkstrom geladenen inneren Stacheldrahtzaun hing. Er war es. Nackt, nur mit dem Hemd bekleidet, hing er da. Nun hatte er all sein Elend überwunden und sein Antlitz war still und friedlich. Und es war mir, als wäre ein leises, stilles Lächeln um seinen erstarrten Mund, gleichsam als wollte er sagen: "Nun bin ich euch doch entkommen".

Niemals kann ich diesen Anblick und den armen Menschen vor dem Weihnachtsbaum in Sachsenhausen vergessen.

Christian Smit, Niederlande
Häftlings-Nr. 42392

Mein Vater war Kommunalarbeiter in der Gemeinde Amsterdam. Schon in jungen Jahren beteiligte er sich an einem Generalstreik. Mich führte er schon als Kind mit in die Arbeiterversammlungen.
 Dort wurde der Grundstein für meine spätere Bildung und Überzeugung gelegt. Als Achtzehnjähriger trat ich in den kommunistischen Jugendverband ein und wurde alsbald mit einer Funktion belastet, dann in der Vorkriegszeit als Sekretär des Jugendverbandes gewählt. Das habe ich vier Jahre gemacht. Hierauf folgte mein Übertritt in die KPN, in der ich eine Reihe Funktionen als Mitglied der Parteileitung erfüllt habe. Als 1940 der Krieg ausbrach, befand ich mich beim Militär. Nach vier Kriegstagen erfolgte in Holland die Übergabe, und die holländischen Soldaten waren einige Wochen Kriegsgefangene.
 Ich war kaum zu Hause, als ich beauftragt wurde, unseren Verlag zu leiten. Der Verlag wurde nicht von Anfang an von den Nazis verboten.
 Im September 1942 wurden in drei großen Städten - Amsterdam, Rotterdam, Haag - 1000 Geiseln festgenommen. Ich war einer von ihnen.
 Nach vierzehn Monaten im KZ Amersfoort und Vught fand dann eine Entlassungsvernehmung statt, 95 Personen wurden freigelassen, fünf wurden festgehalten, unter ihnen war ich. Auf meine Frage an den Gefangenen (Protokollführer), was der Chef über mich gesagt habe, bekam ich zur Antwort: Er hatte gesagt, "dem traue ich nicht, der bleibt drin".

So kam ich dann im September 1944 mit einem Transport von 7000 Häftlingen nach Sachsenhausen.

Nach der Befreiung habe ich mich zu Hause sofort in die Arbeit gestürzt. Ich bekam die Aufgabe, die Schulungsarbeiten zu leiten. In den fünfziger Jahren wurde ich mit der Arbeit in der Widerstandsbewegung "Verenigd Verzet" beauftragt. Ich wurde Sekretär. Im Jahre 1960 haben wir den Freundeskreis Sachsenhausen gegründet. Wir machten Ausstellungen über den Widerstand und das KZ. Unser Verein "Verenigd Verzet 1940/45" hat sehr starke Verbindung mit zahlreichen anderen Widerstandsorganisationen und Komitees.

Sie kämpften um das nackte Leben

Im September 1944 kam ich mit 7000 meiner Landsleute als "Schutzhäftling" nach Sachsenhausen. Das war ein harter Schlag für uns.

Solange wir in einem KZ auf holländischem Boden lebten, hatten wir noch Kontakt mit unseren eigenen Leuten. Wir konnten schreiben, hin und wieder ein Paket empfangen und sogar, wenn es notwendig war, heimlich Briefe aus dem Lager schmuggeln.

Der Transport nach Oranienburg war eine furchtbare Qual. Je 80 Mann wurden in einen Viehwagen verfrachtet. Vier Tage und Nächte dauerte die Fahrt. Wir bekamen kein Essen, nur ab und zu einen Schluck Wasser. Zunächst kamen wir in das KZ Sachsenhausen. Doch schon am nächsten Tag marschierten wir zu den Heinkelhallen. Wir wurden in Arbeitskommandos eingeteilt und mußten gegen die Interessen unseres eigenen Landes in der Rüstungsproduktion arbeiten. Zu unserem Glück gab es dort auch deutsche Zivilarbeiter. Die SS fühlte sich von ihnen beobachtet und wagte es nicht, uns vor ihren Augen zu schikanieren.

Doch der Hunger machte uns fertig. ich magerte immer mehr ab. Das schlimmste stand uns noch bevor. Die Front rückte näher. Da wir nicht in die Hände der "Feinde" fallen sollten, wurden wir unter Bewachung der SS ohne Verpflegung auf einen langen Marsch geschickt.

Toter am Wege des Todesmarsches

Nie werde ich vergessen, wie die Gefangenen um ihr nacktes Leben kämpften: Auf dem Wege lagen des öfteren tote Kühe oder Pferde, die von Kugeln getroffen waren. Mit Messern stürzten sich etliche Gefangene auf die Kadaver und schnitten pfeilschnell große Stücke heraus. Diese Situationen wurden zu einem Gefecht auf Tod und Leben. Mit Brüllen, Schlagen und Treten versuchte die SS, die Verhungernden immer wieder in die Reihen zu zwingen. Später wurde einfach dazwischen geschossen. Einige, die Fleisch erbeutet hatten, kochten daraus abends eine Suppe. Ich habe mir oft die Frage gestellt, wie kamen die Burschen zu den Messern? Wo hatten sie die Töpfe her? Auf jeden Fall, sie hatten sie!

Jeder, der diesen Marsch überlebte, hatte Glück, auch ich. Am 1. Mai, als ich mit fünf holländischen Kameraden zusammenlag, kamen einige Belgier auf uns zugerannt: "Die SS haut ab!" sagten sie, "sie suchen Zivilkleidung und flüchten. Wir sind frei. Kommt mit, wir suchen die Amerikaner!"

Meine Freunde wollten sofort aufbrechen. Ich fühlte mich zu elend und sagte: "Wo wollt ihr eigentlich hin? Es ist stockfinster. Wie wollt ihr die Amerikaner finden?" Sie gaben mir recht. Wir konnten nun ungehindert von der SS ein Feuer anmachen und die Nacht durchhalten. Am nächsten Morgen liefen wir bei hellem Wetter aus dem Wald. An einer Straßenkreuzung sahen wir in Pyramidenform aufgeschichtetes Kriegsmaterial: Gasmasken, Karabiner, Helme und ... Mehl- und Zuckersäcke. Im übrigen war meine Befürchtung vom Vorabend begründet. Ich sah zahlreiche tote Häftlinge. Sie waren erschossen worden. Sie hatten den Versuch, in die Freiheit zu kommen, mit dem Leben bezahlen müssen!

Richard Mohaupt , DDR

Ein Nachmittag in Sachsenhausen
Erinnerungen und Überlegungen, vor allem zum Thema *Angst*

von Oskar Sahlberg

Die folgende Erzählung von Richard Mohaupt entstammt einer Tonbandaufnahme, die ich zusammen mit Erika Runge im Sommer 1977 während einer Führung durch das ehemalige KZ Sachsenhausen machte. Ich danke Erika Runge für ihre Hilfe bei der schriftlichen Ausarbeitung des Interviews und für ihre Anregung und Kritik bei der Abfassung des Aufsatzes.

I.

Als ich 1942 ins Lager Sachsenhausen kam, wurden wir hier ausgeladen, man kann wirklich sagen ausgeladen: runter vom Auto und im Laufschritt rein, durchs Tor durch und vorn aufstellen. Am Tor stand dran: Arbeit macht frei. Nun war ich in sechs Jahren Zuchthaus mit vielen bekannt geworden - z.B. lernte ich Mathias Thesen kennen, der in Sachsenhausen gewesen war und uns erzählte, wie es im Lager aussieht - ich hatte also schon einige Vorstellungen, und außerdem wußte ich: Ich komm nicht frei. In Berlin, bei der Gestapo, hatten sie gesagt: vorläufig ist nicht daran zu denken. Da dachte ich: Sechs Jahre Studium hab ich, die zählen als Fachschule, und jetzt - das hab ich sogar meiner Mutter geschrieben -, jetzt geht's auf die Hochschule. Ich hab sie mir nicht ausgesucht, ich muß sehen, ob ich bestehen kann.

Als wir vom Wagen hopsten, vom Polizeiauto, schlug die SS gleich auf uns ein. Hier standen wir, mit dem Gesicht zur Mauer. Ich schielte immer nach links und nach rechts, ich war ja lange genug in den Händen dieser Banditen gewesen: Woher kriegste die erste? Von wem? Mit mir kamen Leute, die ich am Alex, im Polizeipräsidium, kennengelernt hatte, unter anderem ein ehemaliger Regierungsrat, der gehörte der Demokratischen oder der Zentrumspartei an. Der war von einem Nachbarn, einem Blockwart, auf hundsgemeine Art denunziert worden, angeblich hätte er ein Sittlichkeitsverbrechen begangen, nämlich gegenüber seinen Töchtern das Geschlechtsteil gezeigt. Dieser Blockwart hat ihn zum Nationalsozialisten machen wollen, aber der Regierungsrat hat sich gewehrt, und das galt als Widerstand. Ich habe oft über seine Psychologie nachgedacht.

Er war ein gutbürgerlich situierter Mann und ekelte sich vor diesem ganzen Geschmeiß, er war unbeholfen und hat sich an mich gehängt wie ein kleines Kind, er hat in mir, wie man so sagt, einen Helden gesehen, schon deshalb, weil ich mich am Alex auch gegenüber den Beamten durchsetzen konnte. Als z.B. zwei Kriminelle eingeliefert wurden, hab ich denen gleich die Lebensmittelkarten abgenommen. Es dauerte nicht lange, da kamen Kriminalbeamte an und wollten sich die selber unter den Nagel reißen: "Wo habt ihr eure Lebensmittelkarten?" Sagten die natürlich: "Die haben wir dem Stubenältesten gegeben." Waren die gleich ran bei mir: "Lebensmittelkarten her!" Ich, weil ich das ganze Getriebe schon kannte: "Die liegen im Klosettbecken, die habe ich weggeschmissen." - "Das werden wir dir anstreichen, du gehst ins KZ!" Sagte ich: "Ihr könnt mir keinen besseren Gefallen tun, damit ich aus dieser Hunger- und Lauseburg rauskomme." So was wirkte schon damals. Ich war eigentlich nie verzweifelt, obgleich ich den Ernst der Lage einschätzen konnte, auch als ich noch im Zuchthaus war. In einem Kassiber, den ich meiner Mutter rausgeschoben hatte, habe ich versucht, ihr meinen Weg zu erklären. Ich habe ungefähr geschrieben: "Ich warte aufs KZ." Und was leichtfertig war: "Wenn die Brüder das in die Finger kriegen, werde ich an die Traverse marschieren. Aber auch da werde ich noch lächeln: denn es ist ihr Untergang, sie werden zugrunde gehen, selbst wenn sie noch viel Unheil anrichten. Den Krieg haben sie begonnen - gewinnen werden sie ihn nie!" Das habe ich ganz hart geschrieben.

Also dieser Regierungsrat kam mit mir ins Lager, und der Blockführer schlug gleich auf die Häftlinge ein: die ersten ins Gesicht, in die Magengrube, mich tritt er in die Kniekehlen. Und ich, was ich in den Zuchthausjahren gelernt hatte, mach sofort eine Kehrtwendung! Er fragt: "Wegen was bist du hier?" Ich: "Vorbereitung zum Hochverrat, sechs Jahre Zuchthaus, anschließend Lager." Das hatte ich von Mathias Thesen: "So eine Meldung muß man sich angewöhnen, zackig, darauf legen sie Wert, dann kann man durchkommen." Der Genosse Thesen hatte mir vom Eisernen Gustav erzählt, einem Mörder, einer ganz elenden Kreatur, der immer beweisen wollte, daß er mit einem Schlag jemand umhauen kann. Ich dachte: der muß doch zuschlagen! Auf einmal fragt er: "Bist du heute noch Kommunist?" - "Jawohl!" sage ich und dachte: Jetzt ist's passiert, das ist das Ende. Ich meine, es war nicht Mut von mir, es war einfach ein Reflex, "Jawohl" zu sagen. Dabei bekam ich nicht mal das Zittern oder stotterte rum, sondern nahm Haltung an: So, vor dem drückst du die Brust noch mehr raus! Auf einmal lachte der Regierungsrat, es war eher ein schreckhaftes Lachen, eine innere Angst meiner Meinung nach, ein Angstschrei um mich: "So was zu sagen nach sechs Jahren Zuchthaus!" Und der Blockführer stößt ihn an: "Was lachst du! Weswegen bist du hier!" Ich machte sofort wieder kehrt und dachte: Was ist los? Hat der dich gerettet? "Ja, ich soll...", fing der an und fand nicht gleich den richtigen Ton, "eh, mein Geschlechtsteil gezeigt haben." - "Ach, nee! Haben dich die kleinen Mädchen verführt? Du armer Unschuldiger!" Der Blockführer hatte so eine Art Tischbein dabei, und plötzlich merke ich, wie das über meinem Kopf saust und er dem hier an die Halsschlagader haut. Der Mann fiel um und hat nichts mehr gesagt. Ganz am Ende der Reihe stand noch ein jüdischer Bürger, ein gedrungener, Kraftsportler

Ankunft im KZ Sachsenhausen

irgendwie, er hatte eine richtige kleine Boxerfigur, den fragte er auch: "Wegen was bist du hier?" - "Rassenschande", sagt der ganz gelassen. Das hör ich noch heute. Und dann kamen die vulgärsten, ordinärsten Ausdrükke: "Du Schwein, dreckige Judensau!" und so, und schlägt zu, erbarmungslos. Der Mann war nur noch eine blutige Masse, aber er hatte Energie, er kam immer wieder hoch. "Der Hund ist noch nicht krepiert?" Und wieder drauf. Das war eine fiese Sache, da mußte man versuchen, die Nerven zu behalten.

Auf einmal kamen Kommandos über den Platz, die mittags einrückten, es wurde abgezählt, und einer, den ich aus dem Emsland-Moor kannte - der ist auch hier geblieben, ist hier kaputtgegangen. Arno Petsch - kommt vorbei, zischt: "Richard, aufpassen! Mit den Augen arbeiten! Nicht vorne und nicht hinten aufhalten, Moorerfahrung nutzen - ein Moorkumpel geht nicht unter!" So leise hin, im Rennen, denn links und rechts waren Posten mit Gewehren, und oben stand das schwere Maschinengewehr. Es dauerte nicht lange, da kommt noch einer, auch im Tempo, Hanns Rothbarth, dem war ich in den sechs Jahren oft begegnet, unsere Wege kreuzten sich vom Zuchthaus Brandenburg, Görden, übers Moor in Bayern bis an den Alex. Er war früher nach Sachsenhausen eingeliefert worden und hatte schon eine Funktion. Der sagte: "Richard, wenn ihr hintergeht, nachher, aufpassen!" Na, ich wußte sofort: Hier ist die Partei, ich bin avisiert.

II.
Das ist der Galgenplatz; und wie der Galgen wurde hier auch der Weihnachtsbaum aufgestellt. Mit normalem Menschenverstand würde man sagen, so was ist unmöglich, aber es war eben doch möglich. Einmal hat man mehrere junge sowjetische Soldaten zur Abschreckung aufgehängt,

ihr Verbrechen: Widerstand. Sie hatten eine Komsomol-Gruppe organisiert. Unter diesen Russen war ein kleines Kerlchen, der nahm vorm Galgen seine Mütze und schmiß sie dem Kommandanten ins Gesicht: "Es lebe Stalin! Es lebe die Sowjetunion!" Und: "Kommandant, wenn wird kommen Rote Armee, du wirst sein so klein! Ja, Kameraden: es lebe die Sowjetunion!"

Wir mußten an den Leichen, an den Erhängten mit gezogener Mütze vorbeigehen, und wir haben Hochachtung gehabt vor diesen Opfern. 21.000 sowjetische Soldaten hat man nach Sachsenhausen gebracht. 18.000 wurden von der SS abgeschlachtet, liquidiert. Die Genossen, die Kommunisten, haben Solidaritätsaktionen für die ausgemergelten Russen organisiert, die halb verhungert von den Außenlagern kamen - und wenn jeder eine Scheibe Brot abgab. Manche Gruppierungen haben im Lager nur ihre Belange gesehen, aber Kommunisten, besonders verantwortliche Funktionäre wie Ernst Schneller, Mathias Thesen, Gustl Sandtner und wie sie alle hießen, waren angesichts ihrer eigenen Vernichtung noch ständig bemüht, anderen das Leben zu retten, Tausenden und aber Tausenden. Man mußte sich präparieren, unter Bestien zu leben, und jederzeit damit rechnen, erschlagen, erschossen oder sonstwie umgebracht zu werden. Doch man darf nicht Fatalist sein, man muß kämpfen: einer für alle und alle für einen. Manche können sich das vielleicht nicht vorstellen, es war eine Frage der Solidarität, des Gemeinsamen, des in den Zuchthäusern Gewachsenen.

III.

Ich bin Maurer von Beruf gewesen, und Gustl Sandtner sagte mir: "Du gehst ins Kommando Bau-Unterhalt, dann kommst du überall rum und kannst sehen, was los ist." Und ich hatte nicht nur zwei Augen - jetzt hab ich vier -, aber damals waren es ohne Brille sechs. Ich hab eben alles und nichts gesehen und habe berichtet. Die Partei war natürlich eine verschworene Gemeinschaft, da gab's ein Zusammengehörigkeitsgefühl, man wußte, dort steht ein Kumpel und dort steht die Partei. Ich habe manchmal Dinge gemacht, bei denen ich dachte: Kannst du das verantworten? Ein Beispiel: Als die Faschisten 1943 vor Stalingrad das große Rennen bekamen, ging bei ihnen Heulen und Zähneklappern los: Dunnerwetter, der Russe hat die ganze 6. Armee zerschlagen. Und im Lager sind sie wild geworden, haben gesagt: "Draußen unsere Landser frieren, und dieses Gesindel liegt noch unter Wolldecken." Es wurde angeordnet: "Die Decken von den Strohsäcken runterziehen und nach vorn bringen!" Da war eine Baracke, wo sie gelagert wurden, die sollten an die Front als Spende für die frierende Armee. Wir haben sofort geschaltet, d.h., es wurden von uns Kameraden beauftragt, ich auch, und wir fuhren mit dem Rollwagen vor. Das war organisiert, aber ich mußte es verantworten, hätte ja sagen können: "Kumpel, leck mir doch die Bollen, laß mich in Ruhe!" Denn wenn sie mich gekriegt hätten, wär ich an den Galgen gegangen, wär ich kaputt gewesen. Also, auf der einen Seite ließ die SS die Decken einlagern, auf der anderen wurden sie von unseren Kumpels aus dem Fenster gereicht. Und ich hab die Decken, einen großen Teil dieser Decken, wieder zurück ins Lager gefahren. Ich hatte lernen müssen,

Galgen auf dem Appellplatz

im Kollektiv zu handeln, und doch als einzelner, was auch heißt: gegenüber den anderen Verantwortung zu haben.

IV.
Im Sommer 1943 kriegte ich es mit dem Magen zu tun und bin zusammengeklappt: Magenbluten, Nierenbluten. Ich war von den Torturen in der Gestapo-Haft schwer magenleidend, die hatten mich zusammengeschlagen: Schlüsselbeinbruch, das Nierenbecken, die Nieren zwar nicht abgeschlagen, aber als ich acht Wochen später nach Moabit in Untersuchungshaft kam, hatte ich noch ganz grünlichen Urin. Und im Moor hat man mit uns Experimente gemacht mit so einem chemischen Fett. Die Genossen, die Kameraden, haben der SS Medikamente geklaut, ich bekam Spritzen, man hat bald nicht mehr viel auf mich gegeben. Ich wurde im Revier gehalten bis Sommer 1944, und dann kam Bruno Leuschner und erklärte: "Richard, wir werden operieren müssen." Ich sagte zu ihm und zum Hanns Rothbarth, der dabei war: "Liebe Freunde, nicht von der SS! Ich will deren Versuchskaninchen nicht sein. Wenn ich schon draufgehe und hier noch auf die Roste muß, dann seht zu, daß ihr mich in der Nacht illegal auf den Operationstisch packt." Verantwortlich im Revier war damals der SS-Arzt Dr. Baumkötter, aber ab 1943 wurden Häftlingsärzte herangezogen, wir hatten norwegische Ärzte, z.B. Dr. Sven Ofterdal, oder einen polnischen Arzt, Witold Zegarski, und den Dr. Emile Coudert, einen Franzosen.

Unmittelbar danach kam es zu Verhaftungen im Lager, im Revier fingen sie an: Bruno Leuschner, Hanns Rothbarth, Gustl Sandtner, auch von den Lagerältesten welche und aus der Schreibstube. Die Begründung für die Verhaftungen war, daß kommunistische Zellen vorhaden sind, daß es eine illegale kommunistische Organisation gibt. Die SS glaubte, die illegale Lagerleitung gefaßt zu haben. Im Lager waren ja nicht nur Politische, sondern auch kriminelle Elemente, die mit der SS gemeinsame Sache machten, Spitzel, die im Auftrag der Gestapo bzw. direkt für die SS angesetzt wurden. Und die haben unsere Freunde, unsere Genossen denunziert. Gustl Sandtner erzählte mir, als er aus Revier 3 verhaftet wurde, ist der August Born, ein Asozialer, mit der SS reingekommen und hat geschrien: "Wo ist der Rundfunk, mit dem du illegal Nachrichten hörst?" Bei verantwortlichen Genossen wie Ernst Schneller, der Reichstagsabgeordneter war, einem führenden Kopf im Parteileben, oder Mathias Thesen, der mit zur Leitung gehörte, ging man auch von der politischen Herkunft aus. Es wirkte eins wie das andere.

Ich wurde im Juli 1944 verhaftet, aus dem Krankenrevier heraus, und wir trafen uns alle - über hundert Häftlinge - im Block 58. Dieser Block war im Lager noch mal isoliert, und die Bedingungen dort waren wirklich grausam. Unter uns hatten wir natürlich gute Kontakte, aber es war nicht möglich, irgend etwas zu organisieren, wir bekamen nichts als Schwarzbrot, und dadurch, daß ich schwer magenkrank war, sah es schlecht für mich aus. Ich kriegte sofort Magenbluten, habe gebrochen, auch Blut, und wurde wieder mit den brutalsten Methoden verhört. Unter anderem wollte die SS rausbringen, ob man zur Gruppe "Rote Kuhle" gehört. Das Stück Brot, was wir im Lager bekamen, nannten die Häftlinge "Kuhle", und wenn einer ein Stück entbehren konnte, wurde das sowjetischen Gefangenen oder anderen Häftlingen als Solidaritätsspende gegeben. Das war die sog. rote Kuhle, und aus dieser Unterstützungsaktion wollte die SS eine Widerstandsorganisation machen. Es gab die Theorie, das Lager hätte eine Häftlingsselbstverwaltung gehabt, das stimmt nicht, geschaltet hat die SS. Doch wir haben um jede Funktion gekämpft und sie für uns ausgenutzt, wo es ging. Das war ein unerbittlicher Kampf: Sie wollten ihre Pläne durchsetzen, und wir schwächten sie ab, entschäften ihre Waffen.

In der Folgezeit kamen welche aus Block 58 raus, und andere wurden geholt, ich wurde mit entlassen und sollte wieder ins Krankenrevier. Bei mir war wohl die Ulcus durchgebrochen, man hat mich hier reingeschleppt, ich fahlgelb. Sonntags kamen mich die Genossen noch besuchen, Walter Nelkowski und so verschiedene, die haben von mir Abschied genommen. Als mich meine eigenen Kameraden eigentlich aufgegeben hatten und ich mich selbst mit dem Gedanken vertraut machen mußte: du gehst jetzt kaputt, haben mich manchmal Depressionsstimmungen befallen. Aber ich habe immer noch gekämpft, habe verlangt, sie sollen mir die Karte aus dem Völkischen Beobachter bringen, auf der wir die Front gesteckt hatten, die der Wehrmachtsbericht angab - wie viele hundert Kilometer die Nazis nach Stalingrad wieder das Rennen gekriegt hatten. Der Genosse Leuschner hat sich direkt amüsiert: "Mensch!" sagte er, "du bist ja schon wieder bei! Gestern haben wir nicht mehr viel für dich gegeben, und heute machste große Politik!" Das hat mich gleich hochgezogen. Und der Genosse Thomas Meinusch, der war Sanitäter im Revier, der sagte noch: "Wat wird denn kommen, du alter Militärstratege?" Ich sag zu ihm: "Oh, ha! Nach ihren Angaben sind sie bis Rostow zurück, dann ist die Krim abgeschnitten. Das zeigt die Erfolge der sowjetischen Armee!"

Ich kam auf den Operationstisch, da gab es eine Lumbal-Spritze, ich mußte einen krummen Buckel machen, und zwischen die Wirbel ging's rein. In der Spiegelung der Lampe konnte ich noch sehen, wie der Dr. Coudert den Bauchschnitt ausführte, und hörte, daß er sagt: "Merde, ein faustgroßer Ulcus!" Bei mir hat sich jedoch in dem Dämmerzustand, wo man wahrnimmt und nicht wahrnimmt, eingeschlichen: "Ein Karzinom!" Und ich dachte: Es ist aus, die nähen dich zu, und dann ist Feierabend.

Nach der Operation hatte ich schwer zu kämpfen, weil ich tagelang nicht schlucken konnte, so war meine Zunge geschwollen. Ich dachte, es ist innen alles kaputt. Thomas Meinusch erzählte mir, ich hätte immer protestiert: "Von den SS-Banditen lass' ich mich nicht operieren!" Und wie der SS-Arzt, der Gabele, dazukam - der hat dem Coudert assistiert - und wissen wollte: "Was sagt der?", konnten sie nicht anders: die Zunge rausgeholt und eine Klammer angesetzt. "Und du hat geschluckt und gearbeitet, das Ding hätten wir bald durchgequetscht, damit du nicht mehr quatschst." Der Dr. Coudert hatte sehr gut verstanden, als Arzt, als Fachmann, auf den Gabele Einfluß zu nehmen. Wenn mal eine Kommission durchs Revier ging - ich weiß, einmal kamen spanische faschistische Elemente -, wurde ich von Gabele direkt vorgeführt, er hat damit Reklame geschoben, daß das seine Arbeit ist, ich war für ihn so eine Art Schau-Objekt. Daß er mich im Revier gehalten hat, war auch eine Machtfrage, es gab Differenzen zwischen der SS und der Sonderkommission der Gestapo, die im Lager rumschnüffelte, um die Korruption unter der Lager-SS aufzudecken - da gab es Widersprüche.

V.

Hier ist der Bock, auf den wurde der Häftling gelegt, und dann gab's Schläge mit dem Ochsenziemer, er mußte mitzählen; hatte er sich verzählt, mußte er manchmal von vorn anfangen. Wir mußten Achtungsstellung einnehmen, und dann ging das: klatsch, klatsch, klatsch! Es war, als wenn dich einer mit Nadeln sticht oder mit dem Messer. Zu Anfang hörte man das Zählen und dann nur noch Wimmern, bei jedem Schlag - von fünf bis hundertachtzig. Reinhold Scheil, der hier im Außendienst tätig war, bis 1944 alle verhaftet wurden, hat hundertachtzig Schläge bekommen, ihm ist das Gesäß ausgefault. Er hat noch einige Jahre überlebt, aber ein kleiner sowjetischer Junge - 14 oder 15 Jahre alt -, der hatte sich im Betrieb hinten, wo sie Wehrmachtstornister machten, ein Leder für Schuhsohlen rausgeschnitten - dafür ist er auf den Bock gegangen, hat fünfundsiebzig Schläge gekriegt und anschließend hat man ihn an den Galgen gesteckt, aufgehängt. Das war grausig, es hat bei uns erbitterten Haß hervorgerufen.

Wenn ihr mir die Frage nach dem Überleben stellt, dann muß ich sagen: Wer für eine Sache steht, bringt alle Kraft auf. Ja, es war der Kampf für die Sache, der Glaube an die Arbeiterklasse und die Kraft der Arbeiterklasse - den Sozialismus erkämpfen, wahre Demokratie schaffen, das hat mich immer gehalten. Ich habe nie gedacht, kaputtzugehen. Ich war überzeugt, ich komm durch. Als die Faschisten rankamen, hatte ich mir vorgenommen, gegen die kämpfe ich bis zum letzten Blutstropfen: entweder Hammer oder Amboß sein, das hat Dimitroff formuliert. Ich sagte mir: Ich werde Hammer, ich will versuchen, die zu zertrümmern. Ich war der Auffassung, wir können den Krieg verhindern, noch 1934, nach der Röhm-Geschichte, war ich überzeugt, daß es gelingen wird, die Einheit der Arbeiterklasse herzustellen. Sozialdemokraten und Kommunisten für den Kampf zu vereinen. Aber es ist uns nicht gelungen, die rechten SPD-Führer saßen wie der Wurm im Gebälk.

VI.

Wenn wir einen Plan der SS entdeckt hatten, versuchten wir sofort, Maßnahmen einzuleiten. Am 11. Oktober 1944 wurden auf einmal Handschellen und Ketten vor der Schreibstube abgeladen und siebenundzwanzig Häftlinge aus dem Block 58 herausgeholt; davon waren, glaube ich, dreiundzwanzig Deutsche, insbesondere die leitenden, verantwortlichen Genossen wie Ernst Schneller, Mathias Thesen, auch vom Revier der Lagerälteste, Heinz Bartsch und andere. Es ging wie ein Lauffeuer rund: Man muß auf das Äußerste gefaßt sein. Und als es hieß: "Mokry, fertigmachen! Nach vorn!", haben wir festgelegt, offensiv: Mokry nimmt die Häftlingsnummer von der Hose in die Hand, und wenn Schluß ist, Schluß sein sollte, schmeißt er sie weg. Die Siebenundzwanzig wurden gefesselt und abends nach dem Appell mit dem Auto aus dem Lager gebracht. Uns sagte man: die sind auf Transport gegangen. Aber an der Autogarage beim Krematorium hat die SS sie zusammengeschossen, wir haben am nächsten Tag Mokrys Nummer gefunden. Die SS, dieses feige, hinterhältige, brutale Mördergesindel hat die Siebenundzwanzig selbst verbrannt in der Nacht, um alles zu vertuschen. Wir wußten Bescheid, Mokry hat uns die Informationen gegeben, das war konspirative Arbeit, Kollektivität. Wir wußten, die sind dort hinten liquidiert worden, das hat geschockt, aber dadurch wurde nichts wirklich zum Stoppen gebracht. Sie haben uns Schaden zugefügt, aber die Partei konnten sie nicht zerschlagen.

Unsere Genossen haben den Widerstandskampf gegen den Faschismus organisiert bis zum letzten Atemzug. 1939 sind einige Kommunisten aus dem Lager entlassen worden. Der Kleinbürger hätte gesagt: "Gott sei Dank, ich habe das hinter mir, ich habe überlebt." Diese Genossen aber haben keine Minute gezögert und sofort weitergekämpft. Alfred Ahrendt war bei den Siebenundzwanzig, er ist mit mir zusammen gekommen, der müßte zwei Nummern vor mir gewesen sein oder zwei nach mir. Und Mathias Thesen, der für mich Lehrer und Erzieher wurde! Oder Herbert Tschäpe, der war 1933/34 aus der Haft entlassen worden und ist sofort wieder in die illegale Arbeit eingestiegen. Wir haben in Berlin-Charlottenburg zusammengearbeitet, er als Leiter vom Unterbezirk der Kommunistischen Partei, ich als Org-Leiter. Er ist von der Gestapo bespitzelt worden, ist aber noch weggekommen in die Tschechoslowakei und dann nach Spanien gegangen, war Offizier in der republikanischen spanischen Armee. Nachher wurde er in Vichy, Frankreich, verhaftet und von der SS nach Sachsenhausen gebracht. Hier hat er gleich zur Gruppe des Widerstands gehört, ist im Auftrag der Partei raus aus dem Lager und hat Verbindung zur Saefkow-Gruppe aufgenommen, ist verhaftet und umgebracht worden. Und Gustl Sandtner, alter Revolutionär von 1918, roter

Matrose, der hat in der Münchner Räterepublik eine entscheidende Rolle gespielt. Das waren alles gute Genossen, wir haben zusammengearbeitet. Eine harte Geschichte, die der Siebenundzwanzig - ihr Vermächtnis muß man wahren!

Ich dachte manchmal, ich könnte zusammenbrechen, schlappmachen, doch ich hatte immer Lebensmut, und nicht nur ich, so waren viele. Ein Kämpfer ist ja nicht unbedingt ein Draufgänger, ich habe welche kennengelernt, die hätte man als Mimose eingeschätzt. Bei uns Bauarbeitern war Robustheit gefragt, das ist heute noch so. Arbeiterklasse, da ist man einen härteren Ton gewöhnt. Aber ein Pfarrer wie Niemöller oder Pfarrer Schneider, das waren auch Kämpfer, nicht nur mit der Faust in der Tasche, sondern in Wort und Tat, aktive Kämpfer gegen den Faschismus, die bereit waren, konsequent den Weg zum Sturz dieser Faschisten zu gehen. Andererseits gab es Menschen, die keinen festen Standpunkt hatten, die haben sich aufgegeben.

VII.

Wenn ihr mich fragt, ob ich nicht doch mal Angst gehabt habe - ja, so eine Situation gab es, zum Schluß, in Bergen-Belsen. Ich hatte im März 1945 von Ernst Grube und vom Genossen Albert Tschetka den Auftrag, in der Schreibstube festzustellen, wieviel Politische noch da sind. Ich weiß es wie heute, das war eine Zahl wie das Jahr Tage hatte, wenig über dreihundert. Ich dachte: Noch so viele Kommunisten und Sozialdemokraten, auch fortschrittliche Pfarrer hatten wir einige bei; die vom 20. Juli haben wir gar nicht erfaßt, also Leute, die aus dem militaristischen Lager kamen. Der Vater vom Stauffenberg war z.B. in Sachsenhausen, er war in den achtziger Jahren, lag bei mir im Revier, ein alter, ostpreußischer Krautjunker, aristokratisch, so'n Offizierstyp. Der hatte Dysenterie, und den hab ich, möchte ich sagen, sogar gepflegt und bewirtet. Ich sagte zu ihm: "Tja, Vater, da staunste. Die Kommunisten putzen dir den Hintern. Damals hast du sie erschießen lassen und würdest es heute genauso tun." Der alte Mann war noch im vollen Besitz seiner geistigen Kräfte, der sagte: "Ich habe Achtung vor Ihnen als Kommunist."

Also in Bergen-Belsen habe ich mich sterben lassen. Ein junger Bursche, der war als Läufer in der politischen Abteilung, kam an und sagte: "Dein Name und deine Nummer sind angestrichen." Ich wollte flüchten, hab mir Sachen besorgt, war sogar ein paarmal draußen - zum Leichenverbrennen mußte man Holz aus dem Wald holen -, aber es gab keine Chance, Lüneburger Heide, Militär, alles war besetzt. Daraufhin beschlossen wir, ich soll versuchen, das Chaos auszunützen. Die SS war nicht mehr imstande, alle Zugänge zu registrieren, der Zusammenbruch kam, der Osten griff an, der Westen griff an. Die Toten lagen rum, und ich wußte, wir sollen vernichtet werden, und habe individuell und entschlossen gegen die Vernichtung gekämpft. Ich habe meine Häftlingsnummer abgerissen, hab sie einem Toten fein säuberlich draufgelegt und mir aus den Lumpen eine andere rausgesucht, einen roten Winkel, die hab ich an die Brust geheftet, an der Hose hatte ich gar keine mehr. Holländische Juden, das Leichenkommando, sammelten im Lager die Toten zusammen und brachten sie zum Krematorium. Der eine schrieb die Nummern auf, und da bin ich hingegangen, hab ihm über die Schulter geguckt, und gesehn, wie der meine Nummer notierte. 51293 war also gestorben. Eines Abends kam der ganze Stab, Kramer, der Kommandant, mit Emmerich, Reberhase, und wie sie alle hießen. Ich stand vor dem Lagertor, und einer sagte: "Hier, die Liste dem Lagerältesten geben! Wo ein Kreuz hinter ist, die sind krepiert. Die anderen fünf vorführen!" Ich guck, ich wurde nervös: 51293? Ein Kreuz hinter? Mir wurde schwummelig. Der Stubendienst hat dann die fünf vorgeführt und: Bumm, bumm, Kugel in den Kopf! Einen Engländer seh ich noch, der war im Delirium, vom Flecktyphus, der kam kaum zu sich, hatte ihn die SS erschossen. Hätte ich mich nicht sterben lassen, wäre ich einer von denen gewesen.

Aber die Situation spitzte sich noch zu. Wir kriegten in Bergen-Belsen zwölf Tage nichts zu essen, es herrschte Kannibalismus, grauenhaft! An den Leichen, das Muskelfleisch, die Waden, das Gesäß - ich möchte es nicht schildern. Grauenhafte Dinge. Zu mir kamen zwei jüdische Kommunisten, die waren von Berlin, Prenzlauer Berg, und baten, ob ich nicht vom deutschen Lagerkommando rote Rüben besorgen kann. "Ja, ich besorge was." In dem Moment kam der Rapportführer, der hieß Emmerich, ein Mieser, noch Jüngerer, aber ein Sadist. Kommt an, besoffen, sagt zu mir in seiner fiesen Art: "Was sollen denn die beiden Itzigs hier? Die wirst du totschlagen." Und das war für mich, da habe ich geschwitzt, da ging durch mein Gehirn alles durch, ich dachte: Fünf Minuten vor Toresschluß will der mich zum Mörder machen. Sagt er: "Du willst nicht?" Ich sage: "Rapportführer, ich bin selber Häftling." Ich hab doch diese andere Nummer gehabt, dachte: Jetzt platzt du sowieso. Ich guck ihn an und er mich: "So, ein Roter? Du kannst es nicht?" Ich sage: "Nein." Der war angesoffen, fummelt an der Pistolentasche und holt seine Knarre raus. Und ich hatte mal einen ungarischen Revolutionär kennengelernt, der hat mir einen Rat gegeben, den habe ich angewandt: er sagte: "Wenn du so einen vor dir hast, dem mußt du in die Augen gucken, aber den Blick auf die Nasenwurzel konzentrieren, dann wird der nervös, weil die Augenstellung ganz anders ist. Starr bleiben und Haltung annehmen, dann verliert jeder die Nerven." Also hab ich den Emmerich angeguckt, ich wußte, es ist aus mit mir, reiße meine Jacke auf, schreie: "Schieß doch! Lieber ein Ende mit Schrecken als ein Schrecken ohne Ende! Zum Mörder werd ich nicht!" Und in dem Moment war mir klar, die Kraft, dem an die Gurgel zu gehen, hab ich noch. Ich hatte Zähne wie ein Wolfsgebiß, die hab ich auch immer gepflegt, mir Steinchen besorgt, die Zähne in Ordnung gehalten. Ich dachte: dem beiß ich die Gurgel durch! Der muß das empfunden haben, kam ein Krimineller vorbei, ruft er ihn ran, und der: "Jawohl, Rapportführer!", nimmt eine Eisenstange und schlägt zu, der übliche Schlag hier, über die Halsschlagader, den haben sie wohl gelernt bei der SS. Die beiden jüdischen Genossen brachen zusammen. Der Blockführer sagte: "Das wirst du auch noch lernen!" Jeden Tag kam er und rief: "Wo ist der lange Deutsche?" Und der Lagerälteste, ein Asozialer, legte gleich los: "Emmerich kommt! Mensch, geh raus, geh raus!" Der hat Angst gekriegt. Wenn Emmerich auftauchte, mußte ich Meldung machen, "Achtung!" brüllen, und er hat dann die kranken Häftlinge - in Bergen-Belsen herrschte Flecktyphus! -, die sich aufgrund der Meldung auf ihren Pritschen aufgerichtet haben, abgeschossen. Die Baracken hier, die Schlafsäle, waren berechnet für fünfundsiebzig, aber zu der Zeit lagen

Pfahl und Erdbunker

in jedem Block mindestens hundertfünfzig. Es war grauenhaft, hat mich
aufgeregt, ich sprach mit Ernst Grube, dem früheren Reichstagsabgeordneten, und mit dem Genossen Tschetka, die sind später noch kaputtgegangen, nur achtzehn Politische haben überlebt - die SS und die Häftlinge
haben Tag und Nacht Leichen beseitigt, die Engländer haben noch 15.000
Tote vorgefunden, und noch mal so viele sind nach der Befreiung gestorben. Über das zu sprechen - ich möchte sagen, wenn man es nicht überlebt hätte, würde man es selber nicht glauben. Also, ich sagte zum Ernst
Grube: "Ich kann nicht mehr, ich schlag den zusammen, mach den fertig,
ich nehm ihm die Pistole ab und knall ihn übern Haufen und mich dann
auch." Ernst Grube wurde wütend: "Das ist doch Wahnsinn! Eine Provokation!" Er sagte: "Man muß alles genau überlegen", und wir sprachen die
Sache durch, haben überlegt: Fleckfieber gab's in Massen, Läuse hatten
wir, die wimmelten, also: aufpassen, wenn gerade einer gestorben ist, von
dem die Läuse ablesen - ich habe mir eine Schachtel besorgt, sieben, acht
oder zehn abgeklaubt, und wie der Emmerich in den Block reinkommt, hab
ich die Schachtel aufgemacht und sie ihm angeschmissen. Dabei hab ich
selber eine abgekriegt, die ist mir den Arm hoch, ich spürte, wie sie lief.
Im nächsten Block hatte ich sie schon gefunden, aber ich war infiziert,
weil ich ja auch schwach war. Läuse übertragen Fleckfieber - hatte ich.

Aber in dieser Situation, ich bin ganz ehrlich, da hat bei mir alles gespielt: da hatte ich Angst, Selbstmordabsichten, also - den wenigstens wollte ich mitnehmen! Solche Dinge.

VIII.

Ich komme aus einer Arbeiterfamilie, Vater war Maurer, und wir waren
vier Kinder, ich der Älteste. Ich bin auf dem Land in die Pantinenschule
gegangen, in Schlesien, Gröbline, das ist bei Militsch, damals unmittelbar
an der polnischen Grenze. Die herrschende Gruppe waren die Malzahns,
Graf Malzahn, diese großen Rittergutsbesitzer, und ich hab bittere Not
kennengelernt. Zu Hause mußte ich immer schwer arbeiten, schon als Kind,
und ich war vom Vater her sozialdemokratisch beeinflußt. Der hat mich
vermittelt zu einem Onkel, einem Polier in Waldenburg, Kohlengebiet, das
war damals die Hungergegend, und dort hab ich Maurer gelernt. Ich hatte
ein Hobby, die Astronomie, die Sternengeschichte: ich konnte die halbe
Nacht Sterne beobachten. Und ich war auch in der Gewerkschaft, gleich als
Jugendfunktionär. Als organisierter Lehrling bin ich zwei-, dreimal entlassen worden, wegen Streik. Ich kam als SPD-SAJler nach Berlin, mein Onkel
hatte mir noch mitgegeben: "Junge, wenn du achtzehn bist, im September,
wirst du in die Partei übernommen." In Berlin war der Hexenkessel los!
Dreiunddreißig Tote am 1. Mai, als Zörgiebel, der Polizeipräsident, ein
Sozialdemokrat, auf die Arbeiter schießen ließ. Der blutige Mai 1929. Ich
bin mit in die Protestdemonstration gegen diese Mörder reingekommen.
Sogar Sozialdemokraten und eine SAJlerin waren erschossen worden, und
ich war doch glühender Patriot und SAJler! Nach Weihnachten gab's eine
SAJ-Versammlung, da hat der 2. Vorsitzende des Bezirks Berlin angefangen, daß die Kommunisten versuchen würden, bei uns einzudringen, und
daß sie als Spitzel kommen: "Einer dieser Spitzel sitzt unter uns." Ich hatte
nämlich in der SAJ-Gruppe den Antrag gestellt, Zörgiebel aus der SPD
auszuschließen. Der Leiter, Müller hieß er, weiß ich noch heute, sagte:

"Geh du zu deinen Kommunisten!" Sage ich: "Mein Lieber, da werde ich wohl hingehen. Aber vielleicht wirst du noch mal zum Faschisten. Mein Weg kann nur links sein." Ich weiß noch, daß ich gesagt habe: "Der Arbeiter kann nicht links genug stehen." Ich war immer eine Kämpfernatur, ich habe nie stillgehalten und mich immer auseinandergesetzt. Im Kapitalismus hätte ich nicht mal schlecht zu leben brauchen, hätte nur den Mund halten müssen, aber ich bin für meine Sache eingestanden. Der Krauter, d.h. der Unternehmer, Bauunternehmer, hat mich sogar zum Polier gemacht, der sagte: "Nun haste einen Groschen mehr, nun halt endlich deine Schnauze. Du mußt deinen Vorteil sehen!" Er hat gedroht, er schmeißt mich raus, weil ich Unruhe stifte. Ich sage: "Natürlich, ich rüttle an deinem gerechten Schlaf!" Ich hab mir vorgestellt, die Ausbeutung des Menschen durch den Menschen zu beseitigen. Mit so einer Ideologie gehört uns die Zukunft, und wir sind nicht kleinzukriegen. Jedes Jahr, jeder Tag ist ein Geschenk, immer wieder, zum Leben. Und wenn man sieht, es geht vorwärts, das treibt einen.

Mein Bruder allerdings, der ist Landarbeiter gewesen und ist zur CDU gegangen. Der älteste Sohn von ihm hat mir glatt erklärt: "Onkel Richard, du hast ja die Heimat verraten. Schlesien ist die Heimat." Meine Eltern mit ihrem Katen, ihrer elenden Hütte, die haben nur geschwärmt: "Wieder nach Schlesien!" Die waren wurzellos, sind auch gestorben daran. Heimat bleibt Heimat, ist ja verständlich, die Frage bleibt nur: Wer hat sie verspielt? Ich hab meinem Bruder gesagt: "Ihr habt geglaubt, eure Heimat auf der Krim und an der Wolga zu finden, das heißt, ihr habt sie verraten. Aber das wollt ihr mir unterstellen." Mein anderer Bruder, der meinte: "Wenn es um Schlesien geht, nehm ich sofort wieder die Knarre, Schlesien hole ich zurück." Da hab ich gesagt: "Lieber Kurt, wenn du nach Schlesien willst, dann mußt du durch die DDR, und da kriegst du von mir die ersten blauen Bohnen, denn wir bauen hier unser Land auf. Als ihr in der Sowjet-Union wart" – er war bei der Wehrmacht –, "da habt ihr erst Polen überrollt und kaputtgemacht, und wenn ihr jetzt nach Schlesien wollt, das ist polnisch, müßt ihr vorher uns in der DDR kaputtmachen. Glaub ja nicht, daß ich dann stillhalte!" Bis mein Vater anfing: "Also, der Bruder will auf den Bruder schießen." Ich sage: "Nee, er kommt doch nicht als Bruder, umgekehrt wird ein Schuh daraus: er hat eben gesagt, er nimmt die Knarre und will hier rein, also, er kommt als Räuber."

Nachdruck mit freundlicher Genehmigung der Autorenedition

Georg Rosef, Norwegen

Ich bin am 26. November 1916 in Evje (Süd-Norwegen) geboren. Teilnehmer im illegalen Widerstand bis zur Verhaftung im September 1942. Häftling in verschiedenen KZ-Lagern in Norwegen, Deutschland, Frankreich und Polen. Ich flüchtete von einem Transport in Polen Anfang März 1945 und folgte einer Abteilung der Roten Armee als Sanitäter hinter der Front. Ich kam Ende Juni 1945 nach Norwegen zurück. 1954 wurde ich Vorsitzender der Freundschaftsgesellschaft Norwegen - DDR. 1956 Generalsekretär für Internasjonalt Kultursamband, ein Dachverband für Organisationen für kulturelle Beziehungen zwischen Norwegen und den sozialistischen Ländern. Die ganze Zeit war ich besonders verantwortlich für die Freundschaftsgesellschaft Norwegen - DDR. Die Freundschaft und die Zusammenarbeit zwischen den Völkern ist wichtig für Entspannung und Abrüstung. Eine friedliche Koexistenz in der ganzen Welt und keine militärische Konfrontation ist die einzige Lösung in unserer Zeit.

Die antifaschistischen Widerstandskämpfer, die den 2. Weltkrieg überlebten, fühlen eine besondere Verpflichtung, gegen einen 3. Weltkrieg zu kämpfen, und suchen alle Wege, um eine einheitliche Friedensbewegung zu unterstützen.

Begegnung mit Mathias Thesen

Es ist unmöglich, über all das zu schreiben, was ich in Sachsenhausen erlebte. Ich will über das berichten, was auf mich den größten Eindruck gemacht hat und mir half, meine Moral und meinen Willen zum Überleben zu stärken.

Ich kam im Februar 1943 vom Konzentrationslager Grini bei Oslo nach Sachsenhausen. Es war ein schrecklicher Übergang. Zum erstenmal in meinem Leben sah ich, wie jemand erhängt wurde; ich erlitt einen fürchterlichen Schock. Hier erlebte ich den Terror und die Unmenschlichkeit des Nazismus in äußerster Konsequenz.

Nachdem ich den obligatorischen Einsatz im "Schuhläuferkommando" für Neuzugänge hinter mir hatte, wurde ich dem Arbeitskommando SPEER außerhalb des Lagers zugeteilt. Das war jeden Tag eine große physische Anforderung. Es war kalt, und die Arbeitsbaracken waren undicht und zugig. Aber das Schlimmste war die psychische Umstellung und die gefühlsmäßige Zerrüttung.

Wir demontierten Schrott aller Art in Berlins Ruinen und sortierten verschiedene Metalle, die für neues Kriegsmaterial in Hitlers Kriegsindustrie gebraucht wurden. Dieser Gedanke verursachte bei mir ein schlechtes Gewissen und Seelenqualen. Aber wir wurden die ganze Zeit streng bewacht und hatten keine Möglichkeit, die Arbeit zu sabotieren. Ich wünschte mir lediglich irgendeine andere Arbeit anstelle der, die ich hier verrichten mußte.

Durch einen Zufall wurde ich eines Tages zum Revier II gerufen und dort als Krankenpfleger eingesetzt. Das stinkende Elend und die menschliche Erniedrigung, deren Zeuge ich hier wurde, haben mich stark erschüttert. Der Gestank der kranken, sterbenden und verfaulenden Mitgefangenen machte mich krank. Da hatte sich mein Wunsch nach einem anderen Arbeitsplatz erfüllt, aber so etwas hatte ich mir selbst in meiner Phantasie nicht vorstellen können. Eines Abends, nachdem ich einige Wochen im Revier gearbeitet hatte und mich sehr deprimiert und heruntergekommen fühlte, traf ich in dem schmalen Korridor auf einen Mann. Er hielt mich an und wir kamen ins Gespräch. Ich erzählte ihm, wer ich war, und von meinen Problemen. "Ich möchte am liebsten an anderer Stelle arbeiten", sagte ich. Der Mann fixierte mich einen Augenblick mit festem Blick. "Höre, mein Junge", sagte er dann, "du hast eben davon gesprochen, daß du Höllenqualen ausgestanden hast, als du für den Feind im Kommando SPEER gearbeitet hast. Jetzt hast du eine Arbeit, bei der du wirklich etwas leisten kannst, um möglichst viele unserer Kameraden zu retten und

damit dem Feind zu trotzen. Und wenn es dir auch schrecklich ergeht bei dem Gestank aus den eiternden Wunden, der Dysenterie und Fäulnis, dann mußt du dich stark machen an dem, was ich dir hier gesagt habe. Du wirst sehen, das hilft. Und du kannst versichert sein, ich weiß,was ich sage."
Was ich aus diesem Gespräch gelernt habe, wurde für mich zur moralischen Stütze in den drei Jahren, die ich in Sachsenhausen, Natzweiler, Dachau und Stutthof bei Danzig war.

Der Name des Mannes war Mathias Thesen, und der Blockälteste von Revier II war Bruno Leuschner. Diese deutschen Kameraden waren zusammen mit anderen wie Ernst Schneller und Hans Rotbarth schon viele Jahre eingesperrt gewesen, bevor ich sie traf. Sie hatten Erfahrungen gesammelt und waren gestählte Kämpfer gegen den Nazismus. Sie gaben nicht auf, obwohl sie Gefangene waren.

Viele von ihnen wurden später hingerichtet, als ein Teil der illegalen Widerstandsorganisation im Lager aufflog. Nicht alle wurden entdeckt, wie z.B. Bruno Leuschner. Er war nach dem Krieg viele Jahre Minister der Regierung der DDR. Ebenfalls Horst Sindermann, der heute Präsident der Volkskammer der DDR ist. Er war auch einer von den tapferen, hilfsbereiten Kameraden, die dazu beigetragen haben, viele Mitgefangene vor dem Tod zu retten.

Der jüngste Norweger in Sachsenhausen überlebte und wohnt heute in der norwegischen Stadt Horten. Er verdankt es Horst Sindermanns helfender Hand, daß er lebt. Ich könnte unzählige Beispiele nennen und Hunderte von Namen deutscher Kameraden, die mit ihrer Haltung viele von uns "Ausländern" moralisch stärkten und uns geholfen haben, den Kampf zu gewinnen.

Die deutsche Nation hat es diesen Kameraden zu verdanken, daß wir in den ehemals von den Nazis okkupierten Ländern wieder Respekt und Vertrauen gegenüber dem deutschen Volke empfinden. Es ist die Erinnerung an diese, die uns daran glauben läßt, daß niemals mehr ein Krieg von deutschem Boden ausgehen wird. Ihnen gehört die Zukunft. Hitlers tausendjähriges Reich dauerte nur zwölf Jahre und wird als ein blutiger Fleck in der Geschichte der Menschheit verzeichnet bleiben.

Bohdan Rossa, ČSSR

Ich bin am 11.7.1918 in Moravská Ostrava geboren. Nach dem Abitur im Jahre 1937 studierte ich an der Universität in Brno bis zu der Schließung aller tschechischen Hochschulen am 17. November 1939. Gleichzeitig mit dieser Gewalttat wurden neun Studentenfunktionäre ohne Gericht erschossen und ca. 1200 Hochschüler von der Gestapo und der SS aus den Studentenheimen brutal herausgeholt und in das Konzentrationslager Sachsenhausen verschleppt – unter ihnen auch ich. Das waren Vergeltungsmaßnahmen der nazistischen Okkupanten auf die Protestaktionen der Studenten gegen die Errichtung des sogenannten Protektorat Böhmen und Mähren.

Nach der Entlassung aus dem KZ Sachsenhausen am 22.12.1942 arbeitete ich als Hilfsarbeiter bei einer Baufirma bis zu meiner neuen Inhaftierung am 7.7.1944 in einem der vielen kleineren Konzentrationslager, die auf dem Gelände des SS-Truppenübungsplatzes in Mittelböhmen errichtet wurden. Am 2. Mai 1945 gelang mir die Flucht nach Prag. Mit Hilfe einiger Patrioten hielt ich mich bis zum 5. Mai 1945, dem Tag des Aufstandes, dort auf. Ich beteiligte mich an dem Aufstand.

Nach dem Kriege beendete ich das Studium an der Ökonomischen Hochschule in Prag und bekleidete dann verantwortliche Funktionen im Staatsapparat.

Die Erfahrungen, die ich als aktiver Teilnehmer an der antifaschistischen Studentenbewegung der dreißiger Jahre und hauptsächlich durch die direkte Begegnung mit dem Faschismus in den nazistischen Konzentrationslagern gemacht habe, haben mich veranlaßt, alle meine Kräfte dem Kampf gegen die Neuerstehung des Faschismus und der damit verbundenen Gefahr eines neuen Weltkrieges zu widmen – alles zu tun, daß die junge Generation in Frieden leben kann.

Meine Begegnung mit Musik und Gesang im KZ Sachsenhausen

Musik und Gesang in einem nazistischen Konzentrationslager? Das klingt sehr unwahrscheinlich. Man berichtet ja soviel von den Greueltaten der Lager-SS, und auf einmal zeigt sich, daß man in einem KZ singen und musizieren durfte. Und doch stimmt es. In den KZs haben die Gefangenen gesungen und auch musiziert. Diese Tatsache ändert aber nichts an der Feststellung, daß die KZs zur Vernichtung von Millionen Menschen errichtet wurden und auch dazu dienten. Das Musizieren und Singen wurde von der Kommandantur der KZs bewußt als Ablenkungsmittel und als eine besondere Art von Schikane und Quälerei gegenüber den Häftlingen benutzt. Denn wie anders könnte man das stundenlange Singen nach dem Zählappell oder das Spielen einer Blaskapelle bezeichnen, der die auf dem Appellplatz angetretenen hungrigen und zu Tode ermüdeten Häftlinge zuhören mußten? Und wehe, wenn das Singen nicht klappte, was in der Zeit, wo im Lager Tausende von Polen, Russen, Tschechen, Franzosen und Häftlinge anderer Nationen waren, sehr oft der Fall war. Dann mußte das ganze Lager entweder stundenlang "Mützen ab" üben oder "Sport machen". So kostete das Singen die Häftlinge viel Kraft, manchen sogar das Leben. Und wie soll man die Errichtung einer Musikkapelle nennen, die den zum Tode Verurteilten auf ihrem letzten Wege in die Gaskammer Walzer von Johann Strauss spielen mußte? Das offizielle Singen und Musizieren in den nazistischen KZs kann man nur als eine besonders raffinierte Art von Schikane und Quälerei bezeichnen.

Aber auf jede Waffe wird immer eine Gegenwaffe erfunden. So war es auch mit dem von der SS-Lagerleitung genehmigten Singen und Musizieren. Wenn das Singen auf dem Appellplatz oder bei dem Marschieren der Arbeitskolonnen klappen sollte, so mußte man üben - natürlich nach der Arbeitszeit. Die damit gebotene Möglichkeit zu üben wurde von den Häftlingen bzw. von der sogenannten Häftlingsselbstverwaltung reichlich ausgenutzt. Die Musik, und besonders der Gesang, dienten als eine Zauberheilquelle, aus der die erschöpften Häftlinge neue Kraft für den Kampf ums Leben zogen. Ich selber war Zeuge eines solchen Ereignisses.

Am 17. November 1939 wurden von den Faschisten alle tschechischen Hochschulen geschlossen. Ungefähr 1.200 tschechische Hochschüler wurden verhaftet und in das KZ Sachsenhausen verschleppt. War schon die Verhaftung in den Studentenheimen außerordentlich brutal vor sich gegangen, und hatten bereits viele Studenten, die in den frühen Morgenstunden direkt aus ihren Betten geholt worden waren, mit dem rücksichtslosen Verhalten

der SS-Männer Bekanntschaft gemacht, so übertraf der erste Eindruck in dem KZ bei weitem alle bisherigen Erfahrungen. Hier zeigte sich das wahre Gesicht des Faschismus. Aus den Baracken, in denen die tschechischen Studenten untergebracht waren, hörte man ständig erschütternde Schreie und das Wehklagen der gequälten Menschen. Überall begegneten mir zahlreiche blutig geprügelte Männer. Die Stimmung war begreiflicherweise sehr gedrückt. Besonders spürbar war dies in den Weihnachtstagen von 1939. Ich lag damals im Block 51, wo Christian Mahler, ein Hamburger Zimmermann, Blockältester war. Als wir am Heiligen Abend im Tagesraum saßen, konnte man fast spüren, wie sich die bedrückende Atmosphäre steigerte. Ein jeder war mit den Gedanken bei den Eltern. Da fing einer an, laut zu beten, man hörte, daß einige weinten. Die Stimmung war unerträglich. Das merkte auch der Blockälteste Christian und rief einige von uns, die er während der paar Wochen näher kennengelernt hatte, zu sich. Er sagte zu uns: "Jungs, so kann es nicht weitergehen, sonst springt ihr alle in den Draht, wir müssen etwas dagegen tun. Könnt ihr singen?" "Natürlich", sagten wir. "Dann singt mal was!" Wir gingen zurück an unseren Tisch und fingen an zu singen. Was das für ein Lied war, weiß ich nicht mehr, aber eines weiß ich ganz genau: Zu den Sängern gesellten sich bald mehr und mehr Stimmen, und es war wie in einem Märchen, die Köpfe erhoben sich, das Beten und Weinen hörte auf, und auf einmal sangen alle. Ein 150-stimmiger Sängerchor sang ein Lied nach dem anderen. Wir vergaßen für einen Augenblick, wo wir waren, und sangen mit voller Stimme Volks- und Studentenlieder. Der Blockälteste Christian lächelte, er konnte natürlich nicht mitsingen, so tanzte er auf die Melodie eines temperamentvollen Liedes eine Art Matrosentanz, zuerst auf dem Fußboden, dann auf dem Tisch. Wir sangen und klatschten im Takt. Ich weiß nicht, was geschehen wäre, wenn plötzlich ein Blockführer hereingekommen wäre. Zu unserem Glück haben die Blockführer, die nicht nach Hause fahren konnten und Dienst hatten, ihre Wut im Alkohol ertränkt. Christian, der schon seit 1933 im KZ war, wußte davon. Wir haben es erst später erfahren. An diesem Abend enthüllten wir die wie ein Zauber wirkende Kraft und Macht des Liedes. Wir haben auch später bewußt und wenn es nur irgend möglich war gesungen. Das Singen hat uns sehr geholfen, es stärkte unseren Willen zum Überleben. Es half nicht nur uns, sondern auch vielen, vielen Kameraden aus anderen Blocks, die sich vor unseren Fenstern versammelten, um zu hören, wie die tschechischen Studenten sangen.

Zum Musizieren brauchte man natürlich Musikinstrumente. Da diese verboten waren, gab es im Lager nur ein paar Geigen und Mundharmonikas, die heimlich benutzt wurden. Ein deutscher Antifaschist aus der Schreibstube kam auf die Idee, im Lager ein Streichquartett zu bilden. Er wußte, daß unter den tschechischen Häftlingen viele gute Musiker waren. Sogar ein Violinvirtuose namens Dr. Bohumil Červinka, der das Prager Konservatorium bei dem berühmten Violinpädagogen Mařak absolviert hatte, war dabei. Unter uns war aber kein Violoncellist. Glücklicherweise fand sich einer unter den Deutschen. Er hieß Eberhart Schmidt und war Spanienkämpfer.

Dr. Červinka hatte zu Hause eine kostbare Meistergeige. Er wollte sie gerne im Lager haben, doch hatte er Angst, daß ihm die Geige nicht ausgehändigt würde. In einem glücklichen Moment nutzte der Kamerad aus der Schreibstube die Eitelkeit des damaligen Rapportführers Gustav Sorge aus und informierte ihn über die Schwierigkeiten mit der Geige. Rapportführer Sorge reagierte so, wie es der Kumpel aus der Schreibstube hoffte. So kam es zu der paradoxen Situation, daß einer der größten Massenmörder, genannt der "Eiserne Gustav", nach dem Zählappell den Häftling Červinka zu sich rufen ließ und ihm befahl, sich die Geige schicken zu lassen. So konnten die Kameraden nach kurzer Zeit Konzertstücke von Paganini, Ludwig v. Beethoven, Dvořák und anderen Komponisten hören.

Eines Sonntags, es war nach dem letzten Zählappell, kam der Lagerälteste Harry Naujoks zu mir und fragte, ob ich mir nicht die Probe des Quartetts anhören möchte. Ich war begeistert. Wir gingen in die Entlausungsstation, wo das "Probenzimmer" des Quartetts war. Dieser Ort war klug ausgewählt. Die Blockführer betraten diesen Raum nicht, da sie Angst vor einer Ansteckung hatten. Die Entlausungsstation war ein großer, kahler Raum mit einem Abfluß in der Mitte des Fußbodens. Hier saßen B. Červinka, K. Stancl, J. Škorpik, E. Schmidt und spielten das F-Dur Quartett von Antonin Dvořák. Ringsum standen noch einige andere Kameraden, die auch das Glück hatten, dabei zu sein. Nach den ersten Tönen dachte ich, ich hätte Fieber. Es lief mir heiß und kalt über den Rücken. Es war wie ein Traum. Schon über zwei Jahre hatte ich keine Musik mehr gehört, nur das Geschrei und Weheklagen der gequälten Menschen; und jetzt, in diesem grauen, trostlosen Raum so eine Musik! Ich kannte das F-Dur Quartett gut und wußte auch, daß Dvořák für die Komposition die Volksweisen der amerikanischen Indianer benutzt hatte - darum nennt man es auch das "amerikanische Quartett". Doch mir klang es damals so tschechisch wie keine andere Musik. Danach spielte das Quartett noch ein Werk von Borodin. Ich weiß nicht, wie lange die Probe dauerte, ich war nicht müde, ich hätte noch stundenlang stehend zuhören können. Als ich dann zurück in meinen Block ging, wußte ich, daß ich niemals mehr so etwas Erhebendes hören würde. Ich lebte noch lange Zeit von diesem außerordentlichen Erlebnis, das in einem so starken Widerspruch zu dem stand, was um uns herum passierte. In mir festigte sich die Überzeugung, daß das Schöne, das Humane im Menschen stärker, ja unbesiegbar ist.

Karel Štancl, ČSSR

Es klingt immer noch...

Schon zum hundertsten Mal nehme ich eine wertvolle Reliquie, ein dünnes Buch aus schlechtem Papier mit einem blauen Einbanddeckel, das letzte aufbewahrte Liederbuch des Ensembles Sing-Sing-boys aus dem Konzentrationslager Sachsenhausen, in die Hand, und es tut mir leid, daß ich nicht ein Magnettonband mit den mir vertrauten Melodien abspielen kann.

Als Augenzeuge erlebte ich 1130 Tage im Konzentrationslager. Die Schrecken dieser Zeit sind mir unvergessen geblieben. Mich quälte die Sorge, daß es mir nicht gelingt, mitzuteilen, wie wir diese Prüfung bestanden haben.

Ich weiß nicht mehr, wer auf die Idee kam, den Namen des bekannten amerikanischen Gefängnisses mit dem Wort "Singen" zu verbinden für die Bezeichnung Sing-Sing-boys. Es war aber witzig, und es erinnerte uns an die "Melody-boys" von Dvorský.

1940, als wir den ersten grausamen Winter hinter uns hatten, hörten wir auf, unseren Aufenthalt im Lager nach Tagen und Wochen zu zählen. Damals hatten wir das Glück, daß man unseren Studentenblock wegen Scharlach unter Quarantäne stellte. In dieser Zeit kamen wir zusammen: die Rechtsanwälte Mirek Pilař und Evžen Seyček, die Mediziner Vojta Schnurpfeil, Vláďa Raska und Tonda Paldus, der Veterinär Jura Volf und die Philosophen Pepík Mlček und ich. Vielleicht lag darin am Anfang ein physischer und geistiger Selbsterhaltungstrieb. Ich wurde Dirigent dieses wunderbaren Kollektivs, das bis heute eine große Freundschaft verbindet und dem diese Zeilen gewidmet sind.

Keiner von uns hatte Musik studiert. Uns verband das gleiche Schicksal und die gemeinsame Liebe zur Musik und zum Singen. ...Es ist unglaublich, welche Kraft in unserem Gesang lag, wie er half, die Beziehungen in den unmenschlichen Verhältnissen und in der unmenschlichen Zeit menschlicher zu gestalten. Unsere Lieder wirkten wie Balsam auf unsere verwundeten Seelen.

Täglich zählten wir Hunderte von Toten. Wir froren und hungerten - aber abends haben wir gesungen und musiziert. Wir organisierten unsere Programme in den Blöcken. Wir wußten, daß viele von denen, die uns zuhörten, morgen oder übermorgen oder in einer Woche nicht mehr da sein würden. Aber so war das Leben im Lager: voller Gefahren und unglaublicher Widersprüche.

Wir jungen Sing-Sing-boys brachten neue Töne, neue Rhythmen ins Lager. Nicht umsonst sagten die SS-Männer zu den tschechischen Studenten "die lachenden Bestien". Wir sangen, weil wir es selber brauchten und weil uns die anderen brauchten...

Wir stellten hohe Ansprüche an uns selbst. Die arrangierten Lieder haben wir wirklich geübt. Proben konnte man im Waschraum. Dort standen wir keinem im Wege. Unsere treuesten Hörer lauschten vor den Fenstern. Wir bildeten mit der Zeit einen besonderen Stil heraus, vergleichbar mit dem Stil der "Lišákü, der Füchse und Settler".

Wir sangen am meisten: "Der Himmel auf der Erde", "Der Henker und der Narr", "Die Urgroßmutter", "Auf Wiedersehen in besseren Zeiten", "Es dämmert", "Die hundertprozentigen Männer" u.a. Den Sinn der Texte haben die Blockführer nie begriffen. Einmal sangen wir "Der Henker und der Narr" in Anwesenheit eines der brutalsten SS-Männer. War es eine Heldentat oder ein Hasardspiel? - Eher das zweite, wir wollten keine Märtyrer werden. Wir wollten überleben und das faschistische Deutschland auf den Knien sehen und irgendwie dazu beitragen.

Im Laufe der Zeit hat sich unser Repertoir internationalisiert. Von den Spanienkämpfern lernten wir spanische Lieder. Wir sangen tschechisch, deutsch, französisch, polnisch, englisch und spanisch.

Mitten im Krieg sangen wir das englische Lied "Tipperary" und auch die sowjetischen Lieder "Široká strana", "Das breite Land" und "Das Glöckchen".

Ich weiß nicht mehr, mit welchem Lied wir angefangen haben. Vielleicht war es das Lied: "Allein mit dem Mädchen im Regen". Das erste von 150 Liedern in unserem Liederbuch hieß: "Blau und Weiß". Es war aber gar nicht das ganze Repertoire, weil wir viele Lieder ohne Noten einstudierten. Unser Programm endete mit dem Lied: "Bei mir bist du schön" und den Worten:

>..."Vielleicht in hundert Jahren
>verändert sich die ganze Welt,
>und dann wollen wir noch einmal leben."

Prof. Dr. Wilhelm Girnus, DDR

Geboren 1906 in Allenstein. Vater 1918 Vorsitzender des Arbeiter- und Soldatenrats in Heydekrug-Silutè, heute Litauische Sozialistische Sowjet-Republik. Nach dem Abitur Studium der Kunst und Literatur 1925-29 in Breslau und Paris (Sorbonne). 1929 Eintritt in die KPD (Berlin). Studienreferendar in Berlin-Dahlem (Arndt-Gymnasium) und Potsdam (Realgymnasium). Danach arbeitslos. Studienassesor. Juli 1933 erste Verhaftung, Deportation in das Konzentrationslager Oranienburg. Flucht im März 1934. Illegale Arbeit unter Studenten. Erneute Verhaftung März 1935 in Berlin. Zuchthaus Plötzensee, Brandenburg, Amberg (Oberpfalz). 1939 Konzentrationslager Sachsenhausen, 1942 Überführung in das Todeskommando des Konzentrationslagers Flossenbürg (Oberpfalz). Selbstbefreiung im April 1945. Festnahme durch US-Army.

Juli 1945 in Weimar Übernahme der Leitung des höheren Schulwesens. Ab November 1945 in Berlin, tätig im Rundfunk.

1949-1953 Redaktionskollegium "Neues Deutschland", 1953-57 Sekretär des Ausschusses für deutsche Einheit, 1957-1962 Mitglied des Ministerrats der DDR (Hoch- und Fachschulwesen), 1962-1971 Professor an der Humboldt-Universität Berlin, zugleich 1964-1971 Chefredakteur von "Sinn und Form" (Zeitschrift der Akademie der Künste der DDR). Ordentliches Mitglied der Akademie der Künste der DDR und des Vorstandes der Internationalen Goethe-Gesellschaft.

Buchveröffentlichungen: 1) Voltaire, 1946, 2) Goethe über Kunst und Literatur, 1953, 3) Wozu Literatur, 1976, 4) Aus den Papieren des Germain Tawordschus, 1982.

Eine Scheibe Brot

Im Herbst 1941 waren 18.000 sowjetische Kriegsgefangene im "Industriehof" Sachsenhausen durch die SS mit Genickschuß ermordet worden, 450 jede Nacht, sechs Wochen lang. Wir hatten die Uniformen der Ermordeten einsammeln müssen, wir hatten sie nach Lebenszeichen der Ermordeten durchsucht, wir hatten ihre Wehrpässe entziffert. Briefe der Mütter, der Bräute, der Freunde; Fotos, auf denen sie mit Brüdern oder Schwestern, Mitschülern oder Studienkollegen für die Nachwelt überlebten. Es war ein ungeheurer Schock für die politischen Gefangenen im Lager. Die Ermordeten waren unsere Brüder, unsere Kampfgefährten, sie hatten mit uns den gemeinsamen Feind, sie hatten für unsere Befreiung ihr Leben hingegeben.

Heute wissen wir, daß damals 3,6 Millionen von 5,8 Millionen sowjetischen Kriegsgefangenen ermordet worden sind. Zwei Drittel aller Gefangenen. Ihnen zu Ehren hatten wir unter der Tarnung einer Weihnachtsfeier ein Ehrengedenken veranstaltet. Im Block 65. Unter den Augen der SS-Blockführer, der Mörder der 18.000. Eine Lesung aus Tolstois "Auferstehung", jene Szene, da ein zarter jüdischer Knabe in einem Gefängnis gehenkt wird, weil er Flugblätter gegen den Zarismus verteilt hatte. Für uns war er in diesem Moment zum Symbol emporgewachsen, zum Gleichnis für die ermordeten Sowjetsoldaten, zum Gleichnis für alle, die im Kampf gegen die faschistischen Bestien ihr Leben hergegeben hatten und hergaben. Was aber, wenn der Krieg noch Jahre dauerte? Würde Sachsenhausen, würden die deutschen faschistischen Konzentrationslager zu Meuchelmordstätten an allen werden, die in Europa ihr Vaterland gegen das braune Barbarentum zu verteidigen bereit waren?

Über eine Verbindung nach außen hatten wir durch den Stettiner Kameraden Erich Schenke einen genauen Bericht über die faschistischen Greuel an die Außenwelt gegeben. Er schien getroffen zu haben. Ein tschechischer Freund - er hieß Navratil und war in seiner Heimat bei der Radio-Abteilung der Post angestellt gewesen, jetzt arbeitete er im Lager an der Ausrüstung der Nachrichtenwagen der SS - hörte jeden Tag die Nachrichten der Alliierten in tschechischer und deutscher Sprache ab; er berichtete mir eines Tages, daß diese Sender über die heimtückische Ermordung sowjetischer Kriegsgefangener und den Protest der Sowjet-Regierung berichtet hätten. Hatte unsere Information vielleicht doch ihr Ziel erreicht?

Wochen waren vergangen. Wieder wurden neue Transporte sowjetischer Kriegsgefangener ins Lager gebracht. Was würde geschehen? Wieder wurden sie wie die ermordeten 18.000 in das Sonderlager - mitten im Lager -

gebracht, das von uns durch strenge Stacheldraht-Absperrung getrennt war. Tage vergingen, unsere Nerven waren gespannt: was hat die SS-Führung mit ihnen vor? Neue Genickschußserie? Nichts dergleichen folgte. Sie sollten ausgehungert werden ohne Munitionsverbrauch. "Tod durch allgemeine Kreislaufschwäche", so lautete die Sprachregelung. Sozusagen eine ganz "natürliche" Todesursache. Hermetisch sollten sie von den anderen Gefangenen abgeriegelt sein. Aber so einfach geht das nicht, z.b. müssen Tote hinaustransportiert werden für das Krematorium, und andere Dienstleistungen sind unumgänglich: Seuchengefahr; Ansteckung des ganzen Lagers? Übergreifen auch auf die SS, auf die Zivilbevölkerung der Umgebung? Genug, auch ich gelangte in das abgesperrte "Kriegsgefangenenlager". Ein furchtbarer Anblick bot sich mir dar: Dahinsiechende röchelten im Hungerkoma auf den Strohsäcken zwischen denen, die noch Lebenshoffnung hatten. Andere, durch schwere Ernährungsschäden niedergeworfen, stöhnten, mit schrecklichen Phlegmonen an Hals, Beinen, Armen, die sich - oft handgroß - bis zu den Knochen fressen und die Menschen lebendig verfaulen lassen. Ein fürchterlicher Gestank nach Eiter und Fäulnis erfüllte den Raum.

Konnten wir hier helfen? Konnte man die teuflischen Pläne der Lagerleitung durchkreuzen? Wir mußten es, es war elementarste Menschenpflicht trotz der ungeheuren Gefahr für die Helfenden. Die Widerstandsleitung der politischen Gefangenen gab die Losung aus: Jeder politische Gefangene opferte täglich eine Scheibe Brot. Eine Scheibe Brot? Im KZ? Bei der kärglichen Brotration? Würden alle politischen Gefangenen dafür zu gewinnen sein? Es gab ja nicht nur mit der Sowjetarmee Symphatisierende unter ihnen. Nicht sehr viele, aber immerhin. Man muß alle überzeugen, so war unser Gebot. Antifaschistische Solidarität ist eine moralische Verpflichtung auf Gegenseitigkeit: Du hilfst mir, damit ich dir helfe, und umgekehrt. Könnte vielleicht nicht doch eines Tages die Stunde kommen, da die geretteten waffen- und kampfgeübten Sowjetsoldaten uns helfen müßten? Du hilfst mir, damit ich Dir helfe, und umgekehrt, galt das nicht auch für uns alle politischen Gefangenen untereinander? Miteinander? Einige an meinem Tisch - ganz wenige - zögerten im ersten Moment, dies Opfer zu bringen, denn ein Opfer war es bei unserer Hungerration. Wir sagten: Können wir diese Hölle durchstehen, ohne das Gebot der gegenseitigen Hilfe? Wie sollen wir zu dem stehen, der sich diesem Gebot versagt? Will er, daß ihm nicht geholfen werde eines Tags, wenn er dieser Hilfe bedarf? Wer wird dein Brotgeber, wenn du eines Tags, vielleicht erkrankt und geschwächt, seiner bedarfst?

Ich hatte einst - es war in dem schneidenden Winter 1939/40 - diese solidarische Hilfe an mir erfahren. Mit einer schweren Lungenentzündung war ich erwacht, das Fieber über 41 Grad trübte meine Sinne. Obwohl ich Glück hatte, weil ich in der Buchbinderei arbeitete, mußte ich dreimal am Tag fast eine Stunde mit meinem Fieber bei 20 Grad minus auf dem Appellplatz zum Zählappell stehen und die Mittagssuppe im Freien stehend einnehmen. Die Kameraden hielten mich. Sie stahlen in der SS-Apotheke Tabletten. Zehn Tage schwebte ich zwischen Leben und Tod. Dann - urplötzlich - sank das Fieber, die Krise war überstanden. In wenigen Tagen war mein 35. Geburtstag. Auf meinem Werktisch lagen drei "Kuhlen" - drei dicke Stücke Brot. Das war das Geburtstagsgeschenk meiner Kame-

raden. Ich konnte mich wieder auf meine Beine stellen. Ohne Stütze. Ich war gerettet.

Jetzt - 1942 - hieß es, den sowjetischen Soldaten auf die Beine zu helfen. Unsere Argumente schlugen durch. Die Brotscheiben wurden gesammelt. Alle Politischen standen wie ein Mann. Dieses Brot der Solidarität wurde heimlich in die Kriegsgefangenen-Baracken des Lagers geschmuggelt. Die sowjetischen Kriegsgefangenen gewannen wieder Kräfte, stärker und stärker. Dann, eines Tags, war es so weit, sie wurden zum Arbeitsappell befohlen. Und das Blatt hatte sich gewendet, Arbeitskräfte wurden dringend gebraucht, jetzt hatte sogar die SS Interesse an der Arbeit der roten Soldaten. Ohne Arbeit kann nichts auf der Erde bestehen, dessen der Mensch bedarf. Die sowjetischen Soldaten marschierten auf: Mit festem Schritt, mit festem Blick, in strenger Disziplin und Ordnung. Die SS staunte. Noch wußte sie nicht, daß "eine Scheibe Brot" hinter diesem Wunder stand. Noch ahnte sie nicht, daß die antifaschistische Gemeinschaftstat der ganzen Welt ihr eines Tages die Waffe aus der Hand schlagen, daß sie Europa vor dem Untergang in die Barbarei retten würde. Wen die Götter verderben wollen, den schlagen sie mit Blindheit. Eine Scheibe Brot, das wurde uns zum Symbol unseres Sieges: Eine Scheibe Brot!

L. I. Nikol'skij, Sowjetunion

Vom Regen in die Traufe

Am 3. Juli 1941 trat ich als junger Ingenieur und Kommunist den Reihen des Moskauer Volkslandsturms bei. In den unruhevollen Tagen des Rückzuges unserer Truppen war ich bei der Aufklärung und geriet in Gefangenschaft.

Das Grauen, das ich in den Kriegsgefangenenlagern in Smolensk, Belostok, Guggenstein und Fürstenberg an der Oder erlebt habe, spottet jeder Beschreibung. In Fürstenberg genügte es, daß ich einige begeisterte Worte über den Sieg der sowjetischen Truppen bei Stalingrad sagte und mich über den Diebstahl durch Blockälteste äußerte, daß ich viehisch geprügelt und dann, halbtot, dem Leiter der Lagergestapo, Hauptmann Krause, vorgeführt wurde.

Er klopfte mit dem Bleistift und sagte:
"Ich werde dich nicht schlagen. Du bist so schon nicht schlecht ausgeschmückt. Außerdem ist bekannt, daß du an der Meuterei in Guggenstein teilgenommen hast. Und nun kannst du darüber nachdenken. Doch wisse, wenn es dir früher gelungen ist zu verheimlichen, daß du Kommissar und außerdem auch noch Jude bist, dann wirst du jetzt niemanden mehr betrügen können! Gibst du das alles zu?"

"Nein, ich gebe nichts zu. Das ist alles nicht wahr."

"Du gestehst nicht? Erinnerst du dich, was du dem Kommandanten auf die Frage danach, wen man ins Lager getrieben hat, geantwortet hast?"

"Ich erinnere mich nicht..."

"Aber wir erinnern uns... Du hast geantwortet: Russen, aber wenn es Russen sind, sind es Kommunisten."

Mit 24 Juden und denen, die verdächtigt wurden, dieser Nationalität anzugehören, wurde ich als "Aufrührer und Kriegskommissar" in das Konzentrationslager Sachsenhausen gebracht. Als wir an das Lagertor geführt wurden, sagte ein großer Brünetter mit einem ausdruckslosen Gesicht, indem er tief seufzte:

"Warum bloß habe ich in den Fragebogen geschrieben, daß meine Mutter Jüdin ist? Warum bloß?"

Hinter dem Hauptwachturm begann der Appell. Eine harte, metallische Stimme aus dem Turm rief die Familiennamen auf und bestimmte das Schicksal eines jeden: "Links, rechts, rechts, links..."

ZWEI WOCHEN QUARANTÄNE

Acht Mann wurden aus unserer Gruppe ausgesucht und kamen nicht mit uns in die Desinfektion. Sie verschwanden spurlos, unter ihnen auch der Brünette mit dem matten Gesicht.

In den folgenden Tagen schufen weder der Hunger, noch der Drill und die Schläge eine solche Verwüstung unter den Häftlingen wie die Ruhr. Es war schrecklich, wie die Menschen aussahen. Sie glichen Skeletten. Auf den Hof, der vom Januarschnee schon weiß war, wurden täglich einige Leichen hinausgetragen.

Schnell, sehr schnell hörte vieles von dem, was wir in Sachsenhausen durchmachen mußten, auf, uns schrecklich zu erscheinen. Niemals hing der Alptraum des Todes mehr über uns als hier. Aber allmählich stumpfte das Bewußtsein ab, und ich hörte auf, auf alles zu reagieren, was mich umgab: ich schlief nackt unter einer dünnen Decke, bei 10 Grad Frost, nahm gelassen die Schläge hin, ging wie ein Ölgötze zu den endlosen Appellen auf den Quarantänehof...

Ich schloß Freundschaft mit dem Moskauer Ingenieur Konstantin Gorbunov. Gemeinsam sahen wir uns die Menschen genau an und bemühten uns, diejenigen zu finden, die an die Zukunft glaubten und fähig waren, Widerstand zu leisten. Es war nicht einfach, das unter den Bedingungen des Lagerregimes zu machen. Die Häftlinge erfüllten die Befehle nur im Laufschritt. Dreimal in vierundzwanzig Stunden traten sie zum Appell an, stundenlang standen sie "still" im Wind, der durch Mark und Bein ging. Die Verspottung der Menschen kannte keine Grenzen.

Wehe, wenn nicht das einheitliche Anschlagen der gestreiften Mützen an den rechten Schenkel auf das Kommando "Mützen ab!" erfolgte. Die ganze Baracke - fünfhundert bis sechshundert Menschen - wurde gezwungen, sich mit nach vorn ausgestreckten Händen hinzuhocken. Wehe, wenn die Zählung der Häftlinge beim Appell auch auf nur einen Menschen nicht stimmt - das ganze Lager muß bei Wind und Wetter soviel Stunden stehen, wie nötig sind, um einen Eingeschlafenen zu wecken oder einen Ohnmächtigen wieder zu Bewußtsein zu bringen.

Die zwei Wochen Quarantäne gingen zu Ende, wir mußten antreten und wurden nach den Berufen gefragt. Gorbunov und ich kamen in das Flugzeugwerk "Heinkel", das schwere Bomber herstellte.

Ein riesiges, bedecktes Auto brachte uns zu einer dreifachen Reihe Stacheldraht, durch die der Strom geleitet wurde. Tafeln mit der Abbildung eines Totenkopfes warnten "nicht nähertreten", "photographieren verboten".

Auf dem Appellplatz wurden die Elektriker ausgewählt, und die übrigen wurden in die Werkhallen gestopft. Gorbunov kam mit einer kleinen Gruppe in Halle 6 und ich mit der anderen in Halle 3. Unter uns war ein deutscher Ingenieur aus Kiel - Helmut. Bis er ins Lager kam, diente er in einer Militäradministration in Polen und fing einmal an, die "Internationale" zu singen. Dafür kam er ins Lager.

Das Werk habe ich so gesehen: auf großem Territorium standen sieben große Gebäude aus Eisenbeton - die Haupthallen - und zwanzig bis dreißig kleine Hilfshallen. Neben jeder Zeche standen flache Gebäude: oben war der Aufenthaltsraum, im Keller ein Waschbecken mit Wasserhahn und ein Luftschutzkeller, der als Wohnstätte der Häftlinge diente. Die Überdachungen dieser Unterstände schienen aus Eisenbeton zu sein, aber schon das erste Bombardement zeigte, daß sie nur aus einer dünnen Schicht Schaumbeton bestanden. Enge, Schwüle, Gestank, harte, dreietagige Pritschen, verzweifelte Gesichter, bis zum Stöhnen heftiger Husten... So sah unsere Wohnstatt aus.

"Wie werden wir existieren, Helmut?" fragte ich meinen Kameraden.

"Nach dem Berliner Zuchthaus ist das ein Paradies! Irgendwie werden wir schon durchkommen..."

Am ersten Arbeitsmorgen schrie mich unser Vorarbeiter, ein junger Offizier der polnischen Armee, Franz, verächtlich an:

"He, du, Elite, bleib hier, am Fließband. Bei uns wird ohne Pause gearbeitet!"

Am langen Tisch arbeiteten ungefähr fünfzehn Häftlinge. Jeder führte eine Reihe unkomplizierter Operationen aus: ich bohrte Löcher, schraubte kleine Bolzen und Schraubenmuttern fest an eine Konstruktion aus Duralteilen und gab sie dem Nachbarn. Ich war schnell fertig und richtete mich auf.

"Idiot", zischte mir mein Nachbar zu. "Beug dich hinunter und arbeite!"

"Aber ich bin doch fertig und halte nicht den Nachbarn auf."

"Nimm das auseinander und setz es wieder zusammen, nur steh bloß nicht ohne Arbeit herum. Dich hat wohl der Gummiknüppel von Franz noch nicht getroffen? Dann wird es bald geschehen!"

Ich begann, mir genau anzusehen, wie die anderen arbeiten, und bald war ich überzeugt, daß sich die Brigade nicht anschickte, alle ihre Kräfte für das Aufblühen "Großdeutschlands" herzugeben. Wie auch meine Nachbarn, verschaffte ich mir ein fertiges Teil für den Fall, daß sich Franz oder auch der "Zivil"-Meister für meine Arbeit interessieren könnte.

Im Aufenthaltsraum der Baracke fuhr Franz fort, den Herrn der Lage zu spielen - die besten Portionen erhielten seine Lieblinge, aber wir durften nicht ein Wort des Protestes äußern: die Suppenschüssel mit der dünnen, aber heißen Suppe wäre uns ins Gesicht geflogen.

Nach einigen Tagen mußte ich andere Einzelteile montieren und wurde als erster an das Fließband gestellt. Jetzt hing von mir das Arbeitstempo ab. Und ich bemühte mich, es zu verlangsamen. Anstelle von drei Minuten führte ich die Operation in fünfzehn Minuten aus. Alles lief gut. Die Nachbarn schwiegen, einer lächelte mir freundlich zu. Die Hallenuhren hingen uns vor den Augen, ich riskierte noch mehr. Ich erweiterte die Arbeitszeit für eine Operation auf 25-30 Minuten.

In der Mittagspause kam der Österreicher Karl Deutsch aus Graz, ein alter Kommunist, auf mich zu und drückte meinen Ellenbogen:

"Bist ein Prachtkerl, Junge! Du hast dich schnell akklimatisiert. Die Kameraden brauchst du nicht zu fürchten. In unserer Brigade wird dich niemand verraten."

So arbeiteten wir weiter, indem wir das Arbeitstempo nur dann beschleunigten, wenn sich uns Franz oder der "zivile" Obermeister näherten.

ALLTAG BEI "HEINKEL"

Die Arbeit in der Werkhalle bestand aus kleinen Serien, ich wurde oft von Tisch zu Tisch geschoben. An meinem Tisch arbeiteten russische Jungen, die in die Sklaverei getrieben worden waren. Mischa, Volodja und Kyrill. Sie arbeiteten verhältnismäßig schnell. Ich trat an Kyrill heran und flüsterte: "Warum beeilt ihr euch so? Wollt ihr, daß noch mehr Bomben auf eure Städte und Dörfer fallen?"

"Das alles, Onkelchen, wissen wir. Nur bei einem schnelleren Tempo bekommt man das hier besser. Schau her!"

Er drückte ein wenig auf einen Bohrer, und er brach entzwei. "Jetzt klar?" Kyrill warf einen Blick auf mich und hielt sich fast eine Stunde im Lager auf: er ging den Bohrer auswechseln. Nach ihm gingen Volodja und Mischa weg.

Auf dem Weg in das Vorratslager blieben meine neuen Bekannten immer wieder bei anderen Häftlingen stehen und flüsterten über irgendetwas. Einer von ihnen stand neben mir und sagte: "Im Werkzeugkasten gehen die Zweimillimeterbohrer zu Ende!"

Nachdem ich schnell meine beiden Bohrer zerbrochen hatte, ging ich in das Vorratslager. Dort war eine lange Schlange. Kurz darauf erklärte der Lagerverwalter:

"Zweimillimeterbohrer gibt es nicht mehr, nicht stehenbleiben!"

Aber die Menschen gingen nicht auseinander: sie wollten keine andere Arbeit. An diesem Tage lieferte die Werkhalle nicht sehr viele Einzelteile.

"Das heißt, Onkelchen, daß wir auch so leben!" sagte Mischa nach der Schicht. Volodja und Kyrill kamen hinzu. Ich lobte die Jungen.

"Es ist nur schade, daß wir uns mit den Bohrern abgeben müssen", sagte Volodja mit Unbehagen, "aber was wir sonst machen sollen, wissen wir nicht."

Später, als es mir gelang, die Verbindungen in Gang zu bringen, ging diese Dreiergruppe ein in die illegale Organisation.

Einmal kam Karl Deutsch in der Werkhalle zu mir: "Was bist du, ein Heiliger? Warum hälst du dich so selten in den Toilettenräumen auf?"

Ich antwortete, daß ich dort bin, wenn es nötig ist.

"Und warum bist du nicht dort, wenn es nicht nötig ist?!"

Ich erfuhr, daß die Toilette der Werkhalle einer der Orte der Sabotage und der kleinen Diversionen war. Während die Menschen hier ihre Zeit verbrachten, drückten sie sich nicht nur vor der Arbeit, sondern veranstalteten auch konspirative Treffen für den Austausch von Nachrichten über die Lage an den Fronten.

Hier wurden auch kleine Teile aus Dural, Bolzen, Schraubenmuttern, Stifte und Zwischenfutter in die Kanalisation geworfen. Der Massenbesuch der Toiletten bekam so viel Einfluß auf den Verlauf der Produktion, daß die Deutschen eine Ausgehordnung aus der Werkhalle nach Klingelzeichen einführten.

KL ERNST HEINKEL AKTIENGESELLSCHAFT WERK ORANIENBURG

Wert-Marke RM 1.00

HWO 85-01-1

SABOTAGE

Ein anderer Ort, der sich bei uns großer Popularität erfreute, war die Ambulanz des Werkes, in der der russische Arzt Grigory Fetisov arbeitete. Trotz der Kontrolle durch den SS-Arzt fand er immer eine Möglichkeit, einem Kranken zu helfen und ihm Schonung zu geben. Ich sah, wie er einmal ein kleines Furunkel am Hals eines Kranken aufschnitt, obwohl es nicht notwendig war. Aber die chirurgische Operation gab das Recht auf Arbeitsbefreiung. Und gerade das war sowohl für den Kranken als auch für den Arzt notwendig.

Ich ging zu Fetisov mit einer eitrigen Wunde am Bein. Als mich der Arzt untersuchte, sagte er:

"Ich werde für dich eine Mullbinde suchen. Willst du?"

"Nein, nicht nötig. Verbinden Sie mich so wie alle - mit einer Papierbinde... Ich möchte gern noch einmal zu Ihnen kommen..."

Ich begann, mich mit Fetisov zu treffen, eine Freundschaft entstand.

In einem Gespräch sagte Fetisov, daß Konstantin Gorbunov mich als einen zuverlässigen Menschen empfohlen hatte.

"Ich schlage dir vor, die Kapazität der Werkhallen zu schwächen", sagte er.

"Wie soll ich denn das machen?" wunderte ich mich.

"Nun, folgendermaßen. Hier ist Feinarbeit notwendig. Die SS-Leute sind keine Dummköpfe. Die Maschinen können wir nicht zerschlagen. Das würde Untersuchungen nach sich ziehen, die Menschen würden leiden, aber das Notwendige wäre nicht getan. Man muß nicht die Maschinen aus dem System herausziehen, sondern die Menschen. Sie sollen keine Angst haben, in mein

Ambulatorium zu kommen, es reicht, die Hand ein wenig zu verletzen, und der Duralstaub ruft selbst eine Geschwulst hervor. Das übrige mache ich. Die Menschen werden eine Arbeitsbefreiung bekommen und nicht zur Arbeit gehen. Hast du verstanden?"

Ein Kommentar war überflüssig. Im ersten Monat gelang es, Mischa, Kiryll, Helmut und mir, 30 Leute zu Fetisov zu schicken. Sie alle bekamen Schonung. Und je mehr andere solche "Kranken" schickten, umso mehr "verbummelten" sie im Sprechzimmer der Ambulanz ihre Arbeitszeit, indem sie dort zwei, drei und manchmal auch vier Stunden verbrachten.

Aber dann fand der Vorarbeiter Emil im Tischkasten von Helmut einige verpfuschte Details.

"Sabotage!" donnerte Emil los und beschloß, die anderen zu überprüfen.

Auf meinem Tisch wurde ebenfalls ein Einzelteil mit einem herausgeschlagenen Rand gefunden.

"Sabotage!" brüllte Emil von neuem. "Macht euch weg, Gesindel!"

Der Vorarbeiter hörte sich erst gar keine Erklärungen an, er befahl mir und Helmut, uns auf den Fußboden zu legen, und gab jedem zehn mit der Peitsche.

Aber damit war die Sache noch nicht beendet. Wir wurden in die Kommandantur gerufen. Wir standen lange, ohne uns rühren zu können, die Augen zur Wand gerichtet und warteten auf unser Schicksal. Schließlich wurde Helmut in das Zimmer des Untersuchungsrichters gerufen. Danach wurde ich hineingestoßen.

Ein SS-Offizier musterte mich mit einem durchdringenden Blick und zischte mich an:

"Wir beobachten dich schon lange, gemeines Luder. Du bist Bolschewik und willst in Deutschland nicht ehrlich arbeiten. Aber nicht genug, du hast beschlossen, beständiger Funktionär des Widerstandes zu werden. Uns ist gut bekannt, daß du Sabotageaufträge von diesem stinkenden Hund (hier wies er auf Helmut) bekommen hast und sie gemeinsam mit anderen Russen ausgeführt hast! Du weißt, was es dafür gibt?"

Mir wurde kalt. Solch eine Beschuldigung bedeutete den Galgen. Ich wartete auf die Folterungen, die gewöhnlich angewandt wurden, um ein Geständnis zu erpressen. Aber der Offizier antwortete kaltblütig:

"Ich werde mir an dir nicht die Hände schmutzig machen! Geh, mir ist alles klar. Bald werdet ihr beide euren Lohn bekommen."

Ich kehrte in die Werkhalle zurück, auch Helmut kehrte zurück. Wir warteten beide auf den Tod. Aber es vergingen ein Tag, zwei Tage und niemand schleppte uns zum Galgen. Am dritten Tag trieb uns Emil aus der Werkhalle, und wir kamen in das Baukommando des "Heinkelwerkes".

IM BAUKOMMANDO

"Sollte uns wirklich nichts zu stehen kommen?" freute sich Helmut, obwohl die Arbeit im neuen Kommando viel schmutziger und schwerer war als in der Werkhalle.

"Das Baukommando" beschäftigte sich mit Reparaturen, dem Umbau in den Werkhallen und dem Bau einer Polensiedlung außerhalb des Lagers. Helmut und ich arbeiteten als Hilfsarbeiter - wir bedienten die Maurer und entluden Materialien. In der Märzkälte 1943 erkältete sich Helmut. Der Mann verging buchstäblich vor den Augen. Die deutschen Genossen aus der Schreibstube retteten ihn, indem sie ihn zu sich auf Arbeit nahmen.

Ich blieb allein. Gedanken beunruhigten mich: Wie soll ich hier arbeiten, wie neue Verbindungen in Gang bringen? Schon am ersten Tag zwang der Vorarbeiter, der Kriminelle Heinz, unsere Gruppe, Sand zu einem Haufen zusammenzutragen, während er wegging, um sich in einem Raum aufzuwärmen. Wir führten die Aufgabe aus, indem wir herumstanden und uns auf die Spaten stützten. Da kam Heinz aus der Baracke herausgerannt und holte zum Schlag gegen einen rothaarigen, untersetzten Häftling aus:

"Oh, verfluchte Hunde! Warum arbeitet ihr nicht? Glaubt ihr denn, daß ich die Schläge nicht ebenso wie ihr bekomme? Nehmt die Schaufeln!"

Der Rothaarige kroch den Sandhaufen hinauf und begann ihn wegzuschaufeln und wir schaufelten ihn wieder zusammen. Offensichtlich befriedigte das Heinz, denn er ging wieder weg. So verging der erste Tag. Das Herz freute sich, daß wir dem Feind nicht ein Fünkchen Nutzen brachten.

Die Schipparbeit brachte die Mitglieder unserer kleinen Brigade einander ein wenig näher. Jemand schlug vor, die Schaufelflächen zu verbiegen, damit sie weniger Last faßten. Das haben wir auch getan. Und das half uns, Kräfte zu sparen.

Nicht alles gelang den Häftlingen jedoch. Einmal bekamen wir den Auftrag, einen Graben neben dem Weg ins Lager auszuheben. Wir hatten Beobachter eingeteilt und standen herum, indem wir uns mit den Ellbogen auf die Spaten stützten. Unerwartet kam von hinten der Rapportführer auf einem Motorrad, brüllte und warf den Franzosen Lucianne durch einen Schlag ins Gesicht zu Boden. Der war neu bei "Heinkel".

"Glauben Sie, ich werde im Liegen besser arbeiten als im Stehen?"
"Wa-as?!" brüllte der Rapportführer. "Diese Frechheit wird dich teuer zu stehen kommen!" und er notierte sich die Nummer des Franzosen.

Am selben Abend mußten alle Franzosen nach dem Appell draußen bleiben. Sie wurden gezwungen, zwei Stunden unter den Schlägen von Knüppeln zu marschieren. An der rechten Flanke war Lucianne. Er wurde halbtot in die Baracke gebracht.

STRAFARBEIT

Uns, den Russen, wurde für drei Sonntage die Erholung entzogen, weil wir uns vor der Arbeit drückten. Die Strafe abbüßen hieß, Strafarbeit verrichten, wir mußten zusammen mit den gefangenen Zigeunern arbeiten. Es zeigte sich, daß einer von ihnen in Anwesenheit von SS-Leuten demonstrativ einige als Auszeichnung herausgegebene Lagermark zerriß, weil er in der Lagerkantine nichts dafür kaufen konnte.

Als Verantwortlicher für die Ausführung der Strafarbeit wurde Vasily, ein Vorarbeiter der Zigeuner, benannt. Dies war eine wahre Strafe, denn er schien sehr bösartig zu sein.

Die Strafgefangenen wurden in die Tischlerei geschickt, um in Stücke zersägtes Holz hinüberzutragen. Wir Russen saßen in Erwartung der Befehle auf Klötzen, als der Vorarbeiter noch einen Häftling zu uns brachte.

"Zu dritt könnt ihr diese Klötze nicht hinüberbringen", sagte der Vorarbeiter. "Ihr bekommt einen vierten."

Ein bis aufs äußerste erschöpfter Zigeuner setzte sich neben uns und seufzte:
"Ein guter Mensch ist unser Vasily... Wenn man immer bei ihm arbeiten könnte!"
An diesem Tag arbeiteten wir nicht.
Bald gelang es uns Saboteuren, uns zusammenzuschließen.
Wie seltsam es auch ist, aber dabei halfen uns die deutschen Zeitungen, die mir Freunde - Volodja und Kyrill - lieferten. Beim Lesen der Berichte des deutschen Oberkommandos prägte ich mir die Bezeichnungen der Orte und Bezirkszentren ein, weil die faschistische Presse, die den Verlauf der Kriegshandlungen verschleierte, nicht die großen Städte nannte, die von den Deutschen aufgegeben wurden. Am Abend machte ich in der Baracke die ehemaligen Bewohner der Gebiete der UdSSR ausfindig, wo die Kämpfe stattfanden, und während ich die ungefähre Lage der im Bericht genannten Bezirkszentren erfuhr, erhielt ich eine vollständige Vorstellung von der Lage an den Fronten. Ich besaß eine Karte, die mir Helmut geschenkt hatte, und so trug ich zur allgemeinen Freude auf ihr die neue Linie ein, die Unsere von den Hitlertruppen trennte.
"Das ist ein Ding", sagten die Kameraden und waren stolz auf die Siege der Sowjetarmee.
Einmal kam der Pole Adam zu mir, früher Kämpfer der Internationalen Brigade in Spanien, und fragte, während er von anderen Dingen sprach: "Könnten Sie mir nicht Ihre Karte zeigen? Wir brauchen sie dringend."
Ich: keine Antwort.
"Fürchten Sie sich? Nun, ich verstehe Sie. Entschuldigen Sie."
Am nächsten Tag sagte Kyrill aus der dritten Halle zu mir:
"Du wirst in die Ambulanz gerufen."
Von Grigorij Fetisov erfuhr ich, daß man Adam voll vertrauen konnte, und ich zeigte ihm die Karte. Ich begann Informationen mit den polnischen Kameraden auszutauschen. Sie arbeiteten bei der Flugzeugmontage, und von Zeit zu Zeit hörten sie Radio über die Empfänger, die in den Maschinen eingebaut waren. Ich erinnere mich, mit welcher Freude und Erregung Mischa die Nachricht von der Befreiung Zizdras aufnahm.
"Das heißt, meine Mutter und die beiden Schwestern sind frei!" rief er aus und fügte traurig hinzu: "Wenn sie auch nicht in die deutsche Sklaverei getrieben wurden... Wer weiß, ob wir uns wiedersehn..."
Bald führte mich Adam mit einer Gruppe spanischer Kommunisten zusammen, die gegen Franco kämpften. Der Lagerkoch Gose stand an ihrer Spitze. Seine ganze Ration gab er zur Verteilung an die russischen Illegalen, oft lud er mich, Mischa, Wolodja und Kyrill zur "Bewirtung" ein.

KAMERADSCHAFTLICHE HILFE

Jede Woche erhielten wir von den Spaniern einige Schüsseln Suppe aus Speisemehl und Makkaroni, die sie in Päckchen bekamen. Unsere Leute wurden merklich kräftiger. Auch die kameradschaftliche Hilfe begeisterte.
Ich weilte immer häufiger bei Konstantin Gorbunov, der schon einige Monate in Halle sechs arbeitete. Er zeigte mir Abfälle eines verlustbringenden Kabels von 20-25 cm, die in einen Korb zum Wegwerfen kamen. Zu seinen Pflichten als Elektriker gehörte das Schneiden von Leitungssätzen

verschiedener Länge nach Zeichnungen. Die Hälfte des Kabels schnitt er in Stücke und warf sie in den Korb für Abfälle. Das war natürlich nur wegen der schwachen Kontrolle über den Verbrauch der Materialien möglich: bei "Heinkel" wurde sie kaum berücksichtigt.

"Und wie geht es dir?" fragte er mich.

Ich erzählte von unseren Bemühungen in der illegalen Arbeit.

"Das ist natürlich gut, aber dennoch zu wenig... Ich werde dich mit jemandem von uns bekannt machen. Ich hoffe, du fürchtest dich nicht, in die Organisation einzutreten?"

Das war es, worauf ich schon so lange gewartet hatte! Das heißt, ich hatte recht mit der Annahme, daß es im Werk eine illegale Organisation gibt.

"Du kannt für mich bürgen, Konstantin, wie für dich selbst!" sagte ich erregt zu Gorbunov.

Gorbunov machte mich mit einem jungen, dünnen, halbblinden Musikanten aus dem Tjumeuer Gebiet, Leonid Pjatych, der in der Abteilung sechs arbeitete, und dem Kapitän Alexander Rodin bekannt, der in der Abteilung vier arbeitete. Pjatych, Rodin, Gorbunov, der Arzt Fetisov waren auch die Führer der sowjetischen Illegalität im Werk. Sie sammelten sowjetische Häftlinge um sich herum und vor allem die Jugend, die einen dauerhaften Kontakt mit deutschen, belgischen und französischen Kameraden herstellten, und schufen die unsichtbare Front des Widerstandes bei "Heinkel".

Die Illegalen riskierten ihr Leben, aber den Kampf brachen sie nicht für eine Minute ab. Einmal sagte ein junger Lagerverwalter, der Belgier Leon, unseren Kameraden, daß es im Lager keine Kabel mehr für Laufschnitte gibt. Die Illegalen schnitten alle in der Abteilung vorhandenen Kabel in kleinste Stücke, die auf den Zeichnungen vorgesehen waren. Die Bestände in den Regalen sanken rapide, die Meister der Abteilung wünschten alle zum Teufel, konnten aber an niemandem herumnörgeln: alles war "gesetzlich", aber die Lieferung von Flugzeugen war für einige Tage sabotiert.

In den Abteilungen achteten die Faschisten auf das sorgfältigste auf die Qualität der Arbeit, aber wie ich schon sagte, achteten sie nicht auf den Verbrauch kleiner Einzelteile und Materialien. Auf der harten Abrechnung befanden sich nur Flugzeugvorrichtungen, die nur an deutsche Meister ausgehändigt und in vervollständigte Listen schon im Lager eingetragen wurden. Davon machten unsere Genossen oft Gebrauch.

LEONID PJATYCH

Einmal schaffte die Jugend der Abteilung 3 (dort arbeiteten nicht wenige Jungen, die in die Sklaverei getrieben wurden) im Auftrag der Organisation eben erst eingetroffene Spezialbolzen in die Müllkästen. Solche Bolzen wurden im Werk nicht angefertigt, und die Produktion von Flugzeugen war erneut aufgehalten. Danach wurden Schraubenmuttern für die Befestigung des Bugteils der Maschinen geraubt. Einen Teil der Muttern warf man in die Toilette und in die Abfallkästen, auf die übrigen schlug man Gewinde.

Sehr wichtige organisatorische Arbeit mit den Häftlingen führte Leonid Pjatych durch. Weil er deutsch und französisch sprach, kam er schnell in Kontakt mit Ausländern, insbesondere mit Franzosen, er erzählte ihnen von unserem Land, von der Sowjetarmee und flößte ihnen unauffällig

Sabotagegedanken ein. Die Franzosen enttäuschten nicht die Hoffnungen Leonids. In der Abteilung 3 explodierten einige Male Gasballons. Das lag in den Händen des französischen Kommunisten Pierre und des Autorennfahrers Vladimir Ivanovic Manalygi aus dem Ural. Unbemerkt füllten sie den Ballon so, daß im Metall eine ganz kleine Membran blieb. Dann ließen sie, während sie dabei ihr Leben riskierten, den Ballon "fallen", und er explodierte. Für die "Unvorsichtigkeit" wurden die Helden bestraft, aber sie blieben am Leben. Das war ein doppeltes Spiel mit dem Tod.

Die Freundschaft Leonid Pjatychs mit den Ausländern war außerordentlich nützlich. Die deutschen, französischen, belgischen und polnischen Patrioten Franz Ries, Jaques Dies, Karl Schulz, Josef Maar, Fernand Chatelle, Leon Depolier und Wladimir Kocarovsky wurden illegale Helfer Leonids, "unseres Leon", wie er genannt wurde. Die ausländischen Kameraden verbreiteten in den Baracken die Nachrichten über die Lage an der Front (Leonid informierte sie darüber), sie sammelten unter ihren Landsleuten Lebensmittel für die hungernden Russen. Viele Leben wurden so gerettet. Bei uns betrachteten alle Leonid Pjatych als ihren Führer.

Eines Abends gingen Leonid und ich vor dem Schlafen ein wenig spazieren. Wir blieben neben den fertigen Teilen der Flugzeuge stehen. Ich sagte:

"Was wäre, wenn wir mit einem Hammer in die Kabine eindrängen, alles vernichteten, was drin ist und unseren Herzen Luft machten?"

"Hat denn das Werk zu wenig Arbeiter?" fragte Leonid. "Man wird sie zwingen, alles schnell zu reparieren, einige Leute wird man hängen, manch einer wird sich von der illegalen Arbeit zurückziehen... Nein, laß lieber solche Gedanken sein..."

Und Leonid gab strenge Anweisungen: nur unauffällig schädigen, ohne irgendwelche Spuren zu hinterlassen. Die Hauptaufgabe der Illegalen: maximal langsame Arbeit, kleine Beschädigungen, die man mit Unverständnis, Unvermögen, Dummheit des Menschen, aber nicht mit böser Absicht erklären konnte. Nur so konnte man die Menschen vor Blutbädern schützen, nur so konnte man die Organisation im ganzen erhalten. Wenn ein Kollektiv von fünf- bis sechstausend Gefangenen geschickt Sabotage zu betreiben lernt, so wird das der faschistischen Produktion große Verluste zufügen.

Und die erfreulichen Nachrichten von den Siegen der Sowjetarmee sickerten immer häufiger durch die Mauern des Werkes hindurch. Jedesmal, wenn ich sie erhielt, konnte ich lange nicht einschlafen. Ich erinnere mich an solch eine Nacht, als in mir ein Lied entstand, das sich an die Kämpfer der Sowjetarmee wandte:

> Ihr lieben Verwandten,
> teure Brüder!
> Spornt die Pferde an,
> beschleunigt den Gang der Maschinen!
> Laßt den Panzern freien Lauf,
> laßt sie den Schnee auf den Feldern festfahren!
> Kommt schneller,
> befreit uns, damit wir, Brüder,
> neben euch kämpfen können!

"MAN WIRD MICH ABSCHLACHTEN WIE EIN KARNICKEL"

Anfang Juni 1943 kam ich in die Halle 7 zur Vernietung der Zwischenwänden in den Tragflächen der Flugzeuge. Das halbmeterlange Blatt aus Dural wurde mit Hunderten kleiner Nietnägel mit Hilfe eines fußbetriebenen Schlagbolzens an der Werkbank befestigt.

Von dieser Arbeit hatte man eben erst einen Ukrainer als "Faulpelz" vertrieben, der in einer Schicht nicht mehr als ein Blatt bearbeitet hatte.

Neben mir arbeitete ein eingeschüchterter Junge aus Westbelorußland, Ivan K. Er bearbeitete in einer Schicht sieben Bleche. Was tun? Ich versuchte, mit Ivan zu reden, ihm ins Gewissen zu reden, aber er fürchtete so die Peitsche des Vorarbeiters, daß er meinen Ermahnungen gegenüber taub blieb.

Es begann ein Spiel mit den Nerven. Ich beschloß, etwas mehr zu machen als mein Vorgänger, aber nicht mehr als anderthalb Bleche in einer Schicht. Der Vorarbeiter kommt zu mir - ich nehme die Nieten heraus und verteile sie über den Tisch. Und das geschieht einige Male in der Schicht. Der Vorarbeiter kommt zu mir - ich spanne mühselig die Nieten in die Löcher, er dreht sich um, geht von meinem Tisch weg - ich nehme die Nieten heraus und verteile sie über den Tisch. Und das geschieht einige Male in der Schicht. Wenn die Nieten schon plattgedrückt sind, lege ich sie wieder unter den Schlagbolzen und arbeite so zum Schein.
auch fiel, ich behielt die Folge bei, die ich am ersten Arbeitstag bei der Vernietung der Zwischenwände begonnen hatte.

Den Illegalen, die im Hauptbetrieb arbeiteten, halfen Häftlinge aus den Hilfswerkhallen. An einem Oktobertag hielten alle Abteilungen, die Pressluft benötigten, ein. Eine Untersuchung begann.

Es stellte sich heraus, daß der Kompressator Pjotr die Kolbenringe im Kompressor so weit abgenutzt hatte, daß der Motor ausfiel, aber Reserveringe hatte Pjotr absichtlich nicht bestellt. Er wurde ausgepeitscht, man drohte, ihn zu hängen, aber das Werk blieb einige Tage ohne Pressluft. Die Vernietung hörte ganz auf, und die Arbeit des Löcherbohrens mit den Elektrobohrern brachte immer weniger Ergebnisse.

"Was soll ich denn tun?" sagte mir Pjotr abends. "Soll ich denn dasitzen und kaltblütig zuschauen, wie der Kompressor arbeitet?"

"Man kann nicht mit dem Kopf durch die Wand rennen, Pjotr", antwortete ich ihm. "Die Kraft des Kollektivs besteht darin, daß alle sabotieren, wie sie können, aber nur unauffällig. Wenn man alle unauffälligen Bemühungen der Illegalen zusammenzählt, dann kommt man fast wie im Sprichwort zu dem Ergebnis: Nur mit Ruhe webst du dem Faschisten sein Leichenhemd."

Pjotr verstand und hielt von nun an nicht mehr den Kompressor an. Er lernte es, seine Arbeit so zu schwächen, daß die komprimierte Luft, die uns entgegenströmte, nicht den nötigen Druck hatte. Die Vernietung mußte angehalten werden, aber die SS-Leute konnten den Grund nicht herausfinden.

Im Septemberg kamen der Belorusse Ivan und ich zur Montage der Flugzeugrumpfe. Wir arbeiteten paarweise: einer hielt den Bolzen, der andere schraubte die Mutter fest. Mein Partner wurde nervös, schaute sich wie

früher nach allen Seiten um, und mir, der an langsame Arbeit gewöhnt war, wurde es schwer, mit ihm zu arbeiten.

"Hör zu, Ivan. Früher oder später kommen Unsere hierher. Sie werden dich an der ersten Kiefer aufhängen. Hör auf, Angst zu haben!"

Das hatte gewirkt, Ivan begann, sich etwas an die Sabotage zu gewöhnen, obwohl hinter uns unverwandt der "grüne" Vorarbeiter aufpaßte, den wir den Banditen Fritz nannten. Ivan war wie umgewandelt.

Der kriminelle Fritz war für seine schreckliche Grausamkeit berühmt. Er genierte sich nicht, direkt in der Werkhalle die "Faulpelze" mit seinen Stiefeletten zu treten, und einmal sprang er vom Zwischengeschoß der Werkhalle auf die Schultern eines erschöpften Häftlings und brach ihm die Wirbelsäule.

Einmal kam Fritz zu uns, Ivan schickte er zu einer anderen Arbeit und mich wollte er "sich bewegen" lehren, "wie es sich gehört". Er stieg hinauf in das Fertigteil eines Flugzeugs und begann die Bolzen selbst festzuschrauben. Mir befahl er, ihm die Werkzeuge, Schrauben und Bolzen zu reichen.

Was auch immer ich ihm reichte, alles flog zurück, mir ins Gesicht. Es bedeckte sich mit Schrammen und Wunden, aber protestieren konnte ich nicht, das würde bedeuten, das Leben zu riskieren. Ich dachte nicht, daß ich das Ende des Tages noch erleben würde, und Fritz schrie ständig:

"Schnell, schnell, faules Scheusal!"

Gegen Ende der Schicht befahl mir Fritz, in das Vorratslager zu gehen, er selbst ging hinterher und schlug mich aus Leibeskräften mit einem SS-Koppel mit einem Koppelschloß aus Kupfer.

"Los, los, schmutziges Fell! In vollem Lauf!" schrie er. Zum Abschied versprach mir Fritz:

KZ-Häftlinge im Klinkerwerk

"Noch ungefähr zwei Wochen und du wirst ein vorbildlicher Arbeiter sein!"

Ich habe die ganze Nacht nicht geschlafen. Mich quälte der Gedanke an die bevorstehenden zwei Wochen unaufhörlichen Drills. Es war klar, daß ich diese Folter nicht aushalten würde. Ich dachte an Fetisov, der mehrmals Häftlinge gerettet hatte. Am nächsten Morgen meldete ich mich beim Blockältesten krank und kam in die Ambulanz.

"Ein Hund fühlt sich nur auf seiner Straße als Löwe", sagte Grigory, nachdem er mich abgehorcht hatte. "Du mußt weg von dieser Straße. Für den heutigen Tag bekommst du Schonung. Geh ins Lazarett, bitte den französischen Chirurg Raimond, dich aufzunehmen und sage ihm: 'Gruß vom Freund'. Dann beklage dich über ein Magengeschwür, nenne es lateinisch - 'Ulcus ventriculi'. Und er wird alles verstehen."

Ich war im siebenten Himmel, als Raimond beschloß: "Morgen wirst du in das Lazarett des Zentrallagers gebracht."

Mich verwirrten auch die Worte des Sanitäters nicht:

"Woran denkst du? Dich wird man dort abschlachten wie ein Karnickel!"

Mochte kommen was wollte, aber der Macht von Fritz mußte ich um jeden Preis entzogen werden!

SO KÖNNEN NUR RUSSEN SINGEN

Am nächsten Tag wurde ich rasiert und, in einer sauberen gestreiften Jacke, unter Bewachung in das Hauptlager gebracht. Die Analysen bestätigten zu meiner Freude die Geschwürerkrankung, und ich wurde aus dem Ambulatorium ins Krankenhaus gebracht.

"Sich hinlegen oder nicht? Wird man mich als Versuchstier benutzen oder heilen?" - grübelte ich.

Zum Glück traf ich hier im Lazarett meinen Freund, den Leutnant Illarion Potapov, einen Teilnehmer der Abrechnung mit den Polizisten im Lager für Kriegsgefangene in Guggenstein.

"Leg dich nicht hin, Leonid, nicht hinlegen", sagte Potapov. "Im Lazarett sind russische patriotische Ärzte, aber wenige. Wenn du unter das Messer eines Gefolgsmannes Baumkötters gerätst, dann wird man dich mit den Füßen voran aus dem Krankenbau tragen. Fahr du mal zurück ins 'Heinkel'."

Ich richtete dem Blockältesten aus, daß meine Schonung beendet ist, und ich wurde in eine Gruppe Gefangener gebracht, die in das Flugzeugwerk zurückgeschickt wurde.

Zum Abschied küßte ich Potapov. Er sagte: "Ihr lebt im 'Heinkel' viel besser, hier wissen wir nicht, ob wir morgen noch am Leben sind. Aber ich werde alles tun, um die Freiheit wiederzusehen!"

Ein offenes Auto, in das ungefähr vierzig Gefangene hineingestopft wurden, brachte uns schnell ins "Heinkel".

Auf dem Werkhof hörte ich, wie ein Vorarbeiter der siebenten Halle, indem er mit dem Kopf in meine Richtung wies, zu seinem Nachbarn sagte:

"Der wird nicht lange durchhalten. Man muß ihm helfen."

Offenbar halfen diese Zauberworte mir, in einen kleinen Raum der siebenten Halle zu kommen, in dem in geschmolzenem Salpeter Aluminiumnieten zur Erweichung gekocht wurden.

Dort arbeiteten insgesamt vier Leute, zwei Russen - Pjotr aus Krasnodar und ich - und zwei deutsche "Zivil"-arbeiter, die, soweit ich mich erinnere, Otto und Adolf hießen.

Ich wußte nicht, wie ich mich unter diesen neuen Verhältnissen verhalten sollte. Von Leonid Pjatych hatte ich erfahren, daß in jeder Werkhalle illegale Gruppen arbeiten. Jede Gruppe kämpfte, so gut sie konnte, indem sie sich nach den örtlichen Bedingungen richtete. Auch ich begann über diese "örtlichen Bedingungen" nachzudenken.

Ich kannte die deutsche Sprache und riskierte es einmal, Otto nach der Lage an den Fronten zu befragen. Er zuckte die Achseln, aber Adolf (er war einfacher als sein Kamerad) erzählte, was in den Zeitungen veröffentlicht wird. Bald wurden Otto und Adolf ständige Zubringer von Nachrichten über die Lage an den Fronten. Und je mehr sich unsere Armeen den deutschen Grenzen näherten, desto schneller änderte sich die Beziehung dieser deutschen Arbeiter zu uns, den Russen. Eines Morgens flüsterte Adolf:

"Leonid und Pjotr, kniet am Kasten nieder."

"Warum das noch?" - wunderte ich mich.

Adolf legte zwei winzige Brötchen auf den Kasten. Pjotr und ich knieten nieder, und wir erhoben uns solange nicht, bis das weiche, wohlriechende Brot in unseren Mägen verschwunden war. Ich verstand, daß man diese Deutschen nicht zu fürchten brauchte, und so füllte ich meine Taschen mit Ausschußschrauben und brachte sie in die Eisenkästen für den Transport.

So vergingen fünf Monate, bis ein Aufwartearbeiter, der schwindsüchtige Pavel, mir erklärte: "Was wirfst du diese Stücke weg, du Teufelskopf! Erstens ist es schwer zu tragen, und zweitens möchte ich nicht mit dir am

Galgen die Zunge hinausstrecken!" Ich erstarrte: "Hast du sie etwa aufgespürt?"

Von dieser Zeit an begann ich, die Schrauben in entferntere Ecken der Werkhalle zu tragen, wo andere Aufwarteleute arbeiteten. Aber dann hielt mich Pavel lächelnd an: "Wovor fürchtest du Dich? Mach hin, wir werfen sie weg wie bisher."

Ich verstand, daß Pavel mich nur erschreckt hatte, um mich zu prüfen. Wir freundeten uns bald an. Pavel war sehr traurig, als ein Röntgenapparat nach "Heinkel" gebracht wurde und die Untersuchung der Häftlinge begann. Er wußte, daß alle Tuberkuloseverdächtigen erbarmungslos in die "schwarzen Listen" eingetragen und aus dem Lager zur Vernichtung geschickt wurden.

Eines der ersten Opfer der Untersuchung wurde Pavel selbst. Nach ihm verlor ich meine jungen Freunde aus der dritten Werkhalle - Volodja und Mischa. Sie wurden in das Zentrallager gebracht, vielleicht wurden sie auf dem berüchtigten "Industriehof" zu Asche verwandelt, vielleicht wurden sie auch nach Bergen-Belsen gebracht, wo man sie vernichtete.

Ich gehörte schon einige Zeit der illegalen Organisation an, kannte ihre Führer, aber ich wollte immer wissen, wie groß unsere Kraft ist. Vielleicht stellten wir nur ein klägliches Häuflein Menschen dar? Aber dann kam der Tag, an dem die Illegalen einander kennenlernten.

Ende Oktober 1943 kam Leonid Pjatych zu mir und fragte mich ganz nebenbei:

"Möchtest du am Konzert am siebenten November abends teilnehmen? Der sechsundzwanzigste Jahrestag des Oktober bricht an, man müßte ihn begehen."

"Bist du denn verrückt geworden?" antwortete ich erschrocken. "Willst du, daß alle Musikliebhaber aufgehängt werden?"

"Hab keine Angst! Die Franzosen haben die Erlaubnis, sich zu versammeln und religiöse Lieder zu singen. Sie haben angeblich einen Feiertag. Es werden nur die Ihrigen, unsere und einige ausländische Kameraden dort sein".

"Das ist eine andere Sache. Nur - ich kann nicht singen, ich habe keine Stimme", antwortete ich.

"Auf deinen Tenor zähle ich nicht. Einen Chor haben wir schon."

Der siebente November brach an. Am Morgen erhielten drei andere Kameraden und ich eine Einladung, zur "Bewirtung" zur Viererguppe der Franzosen zu kommen. Die Hausherren betrachteten mit Interesse die Eingeladenen, darunter auch mich, den ihnen bisher unbekannten russischen Kommunisten. Wir sprachen russisch, französisch, zu einem großen Teil mit den Händen und verstanden einander ausgezeichnet, das Gespräch verlief lebhaft.

Nach der "Bewirtung" gingen wir in gehobenem Zustand zum Konzert in eine Kellerbaracke, deren Blockführer jeden Abend auf dem Motorrad zu seiner Geliebten nach Berlin fuhr.

Im "Konzertsaal" traf ich viele bekannte Russen. Ich lernte aber auch viele Unbekannte kennen, die nach Winkeln eingeteilt waren - Franzosen, Deutsche und andere Ausländer.

Niemand spricht über den Oktober, aber alle verstehen, was für ein Abend heute ist, wem er gewidmet ist. Das ist allen anzusehen: an den strahlenden Gesichtern, an den glänzenden Augen, daran, wie die Menschen sich bekanntmachen, indem sie einander lange und warm die Hände schütteln.

Bei seinem kurzen Auftritt sang der Chor, der aus mutigen sowjetischen Menschen zusammengesetzt war und von Leonid Pjatych geleitet wurde, unsere wunderschönen sowjetischen Lieder und Märsche. Die Chorsänger konnten die Erregung nicht unterdrücken, als sie halblaut das dem ganzen sowjetischen Volk bekannte Lied von Dunajewski "Vaterland, kein Feind kann dich gefährden" sangen.

Mit großer Kraft und sehr feierlich erklang das Lied.

"So können nur die Russen singen", hörte ich einen Deutschen rufen, der neben uns saß.

"Moskau im Mai!" - rief jemand aus dem Saal auf deutsch.

"Moskau im Mai" erklang...

Die Solodarbietung eines Franzosen wurde abgelöst durch das bei allen beliebte Lied über Stenka Rasin.

Immer wenn es notwendig war, gab Leonid Pjatych kurze Übersetzungserklärungen. Und schon rief am Ende des Saales der Späher: "Es ist dreiviertel zehn, Kameraden! Schluß machen!" Um zehn Uhr abends mußten alle unbedingt in ihren Betten liegen.

Die beflügelten, frohen Menschen, die wieder an sich glaubten, gingen langsam nach diesem Abend auseinander, der sie alle vereinigt hatte...

HEINKELS ZERSTÖRUNG DURCH LUFTANGRIFFE

Am 18. April 1944 näherte sich eine Armada amerikanischer Fahrzeuge. Vor dem Angriff ertönte das Signal "Luftalarm", und die Gefangenen warfen sich wie immer in unterirdische Gasschutzkeller.

Ich schickte mich an, Wäsche zu waschen und freute mich über "Alarm". Ich eilte in den Waschraum, der sich in der Mitte des Kellers befand. Dort hatten sich ungefähr dreißig Leute versammelt: sie hatten sich hingehockt und horchten auf das Getöse der Flugzeuge und die ununterbrochenen Explosionen der Bomben.

Die Gesichter der Gefangenen waren gespannt und finster, aber an allen war zu erkennen, was jeder dachte:

"Das ist sie, die langersehnte Vergeltung!"

Plötzlich geriet alles ringsum ins Wanken, ein furchtbares Krachen ertönte, aber wir hatten Glück: die Bomben trafen nicht die Mitte, sondern beide Enden unserer Baracke. Die eine schlug in den Aufenthaltsraum ein, während die andere zwischen unseren Pritschen explodierte. Ungefähr dreißig Menschen wurden getötet und verletzt. In meinen Armen starb mein polnischer Freund Adam an seinen Verletzungen.

Als wir nach dem Angriff hinausgingen, sahen wir, daß das Werk stark gelitten hatte: die Werkhallen hatten keine Fenster mehr, das Tor war aufgebrochen, aber die Einrichtung war zum großen Teil unversehrt geblieben. Eine Erdbaracke brannte, die Desinfektionsbaracke brach im Feuer zusammen. Durch einen Treffer direkt in die bewohnten Keller wurden mehr als hundert Menschen getötet, genauso viel wurden verletzt. Schwer litt unser selbstloser Freund aus dem Untergrund - der Arzt Grigorij Fetisov. Er wurde, mit schweren inneren Verletzungen, unter den Trümmern gefunden und in das Zentrallager gebracht. Für uns war das ein schwerer Verlust. Die Flugzeugproduktion wurde unterbrochen, die Arbeiter zur Wiederherstellung des Werkes eingesetzt; damit hatte ich zunächst einmal Glück gehabt - es gelang mir, Aufräumearbeiten in einer "privilegierten" Baracke des "Luftschutzes" zu übernehmen.

Zu meinen Verpflichtungen gehörte es, Suppe aus der Küche in die Baracke zu bringen, ich mußte auch die Behälter auswaschen und zurück in die Küche bringen.

Das war ein Glück für mich: blieb doch immer etwas in den Behältern übrig.

Einmal brachte ich zum Abendessen Suppe aus halbverfaultem Kohl. Niemand aß sie. Der Blockälteste erlaubte mir, über die Suppe nach eigenem Ermessen zu verfügen, und ich schleppte den Kübel in meine Baracke: auf diese Weise wollte ich meinen Freunden danken, die oft ihr Essen mit mir teilten. Ich öffnete die Tür und seufzte auf: auf den Tischen standen unberührte Suppenschüsseln mit der gleichen Suppe. Offenbar verzichteten viele auf diese stinkende Lagersuppe. Aber so war es nicht.

"Heute morgen haben sie Belgier hierhergetrieben. Man zählte sie alle nach, aber seit vier Tagen haben sie nicht einen Krümel zu essen gehabt", sagte jemand.

Einige Minuten später schleppten mein Bettgenosse und ich den Kübel mit Suppe zur Desinfektionsbaracke. Die erfreuten Belgier griffen schnell nach ihren Löffeln und Suppenschüsseln und fingen an, mit vollen Backen meine Suppe hinunterzuschlingen. Und wie gut tat es, dankbare Worte von den Lippen dieser noch nicht vom Lagerleben leidgeprüften Menschen zu hören!

"Danke", sagten heisere Stimmen, "vielen Dank, russischer Kamerad!"

Das Werk erholte sich schnell vom Bombenangriff. Schon nach zwei bis drei Wochen begannen einige Werkhallen, die Produktion wieder aufzunehmen. Bald jedoch stoppte das Werk seine Produktion von neuem: die riesigen zweimotorigen "Heinkelflugzeuge" waren für die weiteren Kriegshandlungen nicht mehr notwendig - der Krieg ging auf deutsches Territorium über.

Aus den Werkhallen wurden die Werkbänke entfernt. Nun kamen auch die fertigen Maschinen vom Versuchsartillerieschießplatz wieder zu uns in die achte Werkhalle zurück. Wir haben sie nicht nur mit Freude auseinandergenommen, sondern auch alles zerbrochen, was möglich war und uns mit Einzelteilen aus Plaste versorgt. Die Könner stellten aus ihr Zigarettenspitzen und andere kleine Sachen her, die man immer für irgendwas Eßbares eintauschen konnte.

Das deutsche Oberbefehlskommando entschloß sich zu einem verzweifelten Schritt: im Werk mit der Produktion von Schnelljagdflugzeugen zu beginnen, obwohl es dafür noch gar keine technischen Vorrichtungen gab.

Die Hitlerleute rechneten damit, daß sie, wenn sie einen Teil der Häftlinge zur Herstellung von solchen technischen Vorrichtungen heranzogen, die erste Serie neuer Maschinen schon nach drei Monaten freigeben könnten und somit das Glück im Kriegsverlauf wieder auf ihre Seite zwingen würden.

Aber die Gefangenen beschlossen, die Pläne der Wehrmacht zu durchkreuzen und zu zeigen, daß der Wille der Häftlinge - mochten sie auch

Sklaven sein! - einiges zu bedeuten hatte. Die Zeichnungen der Vorrichtungen entstanden langsam. Sie wurden offensichtlich hastig und mit Fehlern angefertigt. Es kam vor, daß ein Meister eine Zeichnung abgab: die allgemeine Größe des Einzelteils - 300 mm, aber die Größe der beiden Hälften - 200 mm. Ein offenbarer Fehler. Aber wir bemerkten die Fehler der unqualifizierten Zeichner nicht.

Ich bekam zwanzig Rohlinge und schnitt alle Einzelteile nach der Zeichnung auf eine Länge von 300 mm zu. Dann ging ich zum Meister.

"Hier stimmt etwas nicht, Herr Meister", erklärte ich ihm mit aufgerissenen Augen.

"Oh, diese russischen Idioten! Sie verstehen sich auf keine Zeichnung. Kann dein Kopf etwa zweihundert und zweihundert nicht zusammenzählen?"

Er bedeckte mein Gesicht mit Ohrfeigen, aber sie waren ohne Bedeutung für mich: die Sache war getan. Der Meister warf alle Einzelteile in den Abfallbehälter und bestellte neue Rohlinge. Aber sie kamen nicht sofort, erst nach ungefähr fünf Tagen, aber gerade das wollten wir ja auch. Die Inbetriebnahme der Jagdflugzeuge mit höchster Geschwindigkeit verschob sich auf unbestimmte Zeit.

Jeden Tag wurden aus unserem Lager die Häftlinge irgendwohin geführt. Im "Heinkel Werk" sollte nur ein Drittel Arbeiter zurückgelassen werden. Konstantin Gorbunov und danach Leonid Pjatych wurden weggebracht. Der Untergrund schmolz zusammen. Die Freunde gingen weg, und mir war, als ob mein Herz herausgerissen würde.

Ich war auch zum Abtransport bestimmt, aber aus irgendeinem Grund wurde ich aus den Listen gestrichen.

Im Werk blieben die Elektroöfen für die Härtung des Duralaluminiums: die Front rückte immer näher, das Werk bekam immer weniger Elektroenergie.

Eine Werkbank nach der anderen blieb leer, und in den Werkhallen konnte man äußerst malerische Szenen beobachten. An der Bohrmaschine arbeiteten drei: einer hielt das Einzelteil und zwei drehten mit der Hand die Maschine.

Zu dritt war es natürlich lustiger, aber die Sache lief dadurch nicht schneller.

Anstelle der vorgesehenen Minute bohrte man eine halbe Stunde.

Anstelle von drei Monaten, die von den Faschisten festgelegt worden waren, vergingen sieben, aber der Auftrag war immer noch nicht ausgeführt.

Im Januar 1945 wurde ich in das "große Lager" geschickt, von hier kam ich als ehemaliger Bauarbeiter in ein kleines Berliner Kommando, um das Bankgebäude am Ufer der Spree wieder zu errichten. Das war Zwangsarbeit, und wir kamen vor Erschöpfung fast um. Im März wurde unser kleines, halbtotes Kommando wieder in das "große" Lager zurückgeführt.

DIE LETZTEN TAGE VON SACHSENHAUSEN

Zum Schluß werde ich von den letzten Tagen des verfluchten Sachsenhausen erzählen, wo es mir wie durch ein Wunder gelang, mich am Leben zu erhalten und nicht mit den Tausenden anderen Gefangenen zusammen den schauderhaften "Todesweg" gehen zu müssen.

In der dunklen, feuchten Nacht zum 21. April 1945 wurden wir alle hochgetrieben und auf den Appellplatz gejagt. Entgegen der Gewohnheit brauchten wir uns dieses Mal nicht nach Baracken oder Arbeitskommandos aufzustellen. Die finsteren Gerüchte über die völlige Vernichtung des gesamten Lagers schienen sich zu bestätigen.

"In den Tod werden uns diese Schweinehunde führen, spürst du das?" - sagte mir mit verkrampfter Stimme ein Häftling.

"Was, wenn es so ist..." - antwortete ich. Nicht ohne Grund wurden die Norweger und Dänen in weißen Autobussen früher hinausgebracht...

Wir wußten schon, daß wegen der unzureichenden Bewachung der Lagerkommandant Kaindl den deutschen Häftlingen erlaubt hatte, sich als SS-Leute aufnehmen zu lassen. Aber nicht ein einziger Deutscher mit einem roten Winkel tat das. Dem Aufruf des Kommandanten folgten einige zig Häftlinge mit grünen Winkeln, und bald sahen wir die neuen Bewacher in sauberen Uniformen.

Nach einigen Stunden des Stehens ertönte in der kalten Nacht das Kommando:

"Franzosen, heraustreten!"

Die Kolonne Franzosen rückte los. Zu fünfhundert formiert, wurden sie am Haupttor angehalten, mit Brot und Wurst versorgt und danach langsam durch das Tor hinausgeführt. Auf die gleiche Weise wurden die Holländer hinausgelassen, die Belgier und dann die Häftlinge der anderen Länder. Auch einige Russen, die das Zusammentreffen mit der Sowjetarmee fürchteten, schlossen sich ihnen geschickt an... So verschwand der Sohn eines russischen Emigranten aus Jugoslawien, der Zögling des "Kiever Kadettenkorps" in Belgrad, der den Faschisten nicht geringe Dienste erwiesen hatte, der sich dann aber mit den neuen Herren nicht mehr vertrug, die ihn dann nach Sachsenhausen brachten.

Die Illegalen wußten, daß die Häftlinge hinter dem Lagertor nichts Gutes zu erwarten hatten. Die Häftlinge, die in den Lebensmittellagern, in der Brotbäckerei, beim Brottransport arbeiteten, bemühten sich auf jede Art und Weise, den Abmarsch der Häftlinge in die Länge zu ziehen, indem sie sich auf den Mangel an Lebensmitteln beriefen, die den Häftlingen mit auf den Weg gegeben wurden.

Der Morgen ging vorbei, der Tag neigte sich seinem Ende zu, wieder überzog Dämmerung das Lager, und wir, hungrig und durchgefroren, standen immer noch in Reih und Glied. Wie das alles enden würde, wußte niemand.

Ich befand mich ganz am Ende der russischen Kolonne, plötzlich hörte ich, wie ein an mir vorüberlaufender SS-Mann in einer funkelnagelneuen Uniform etwas schnell in gebrochenem Russisch sagte:

"Aber mir ist alles ganz egal, mir ist alles egal..."

Sofort kam mir der Gedanke an die "eigenen" SS-Leute, die noch gestern die gleichen wie wir waren, Häftlinge: "Nur der wird mich nicht erschiessen!" Schnell tauchte ich im ersten Gang zwischen den Baracken unter. Tatsächlich, es klappte: kein Anruf, auch Schüsse folgten nicht. Ich pirschte mich an eine Baracke heran, in der meine Freunde gewohnt hatten, die zuvor beschlossen hatten, um keinen Preis der Welt aus dem Lager hinauszugehen. "Ob ich sie antreffen werde?"

In den letzten Monaten hatten die ununterbrochenen Verlegungen von einem Kommando in das andere und die Transporte in die anderen Lager fast völlig unsere Organisation im "Heinkel" zerstört.
Im Hauptlager kannte ich nur einige Leute, zu denen man offen sein konnte. Ich kam in die Baracke und mußte mich davon überzeugen, daß meine Freunde nicht mehr da waren. "Was tun?" mein Herz zog sich zusammen.
Neben der Wand, über die Holzkästen gebeugt, standen ungefähr zehn russische Häftlinge und ein Pole. Sie sahen aus, als ob sie ihren letzten Weg antreten würden. Einer sah sich um, erblickte mich und kommandierte: "Tarnung fallenlassen!"
Die Menschen richteten sich zu gerader Haltung auf, ihr Führer fragte: "Was geschieht dort? Erzähle!"
"Der Abmarsch hat sich in die Länge gezogen, aber Unsere werden trotzdem schon hinausgeführt... Ach, wenn man sich vor den Augen der SS verbergen könnte!"
Der Führer dachte etwas nach und sagte dann:
"Alle in die Schlafräume und auf die obersten Pritschen!"
-Er zögerte etwas und fügte hinzu: "Das ist eine einfache Rechnung, Kinder. Nachts geht niemand durch die Baracken, irgendwie werden wir uns bis zum Morgengrauen durchschlagen. Und am Morgen entweder... oder... kommen die SS-Leute, bedeutet das - Tod. Wir wollen versuchen, unser Leben so teuer wie möglich zu verkaufen. Sollten aber Unsere kommen, bedeutet das - Freiheit, atme aus vollem Herzen auf... Sage ich nicht die Wahrheit?"

"Das ist wahr! Natürlich ist das wahr", unterstützten wir ihn einmütig.
Von den Pritschen herab beobachteten wir, wie der umstellte Appellplatz immer leerer wurde. Schließlich verlöschten in der zunehmenden Dämmerung die Scheinwerfer, alles wurde still. Im Osten schimmerte die Feuerbrunst rot. Hinter den Toren rollten dumpf Motoren, Eisen klirrte: Panzer fuhren irgendwohin.
Auf den oberen Pritschen, auf denen wir lagen, herrschte Totenstille. Jeder dachte in diesen Minuten mehr als je zuvor an seine Mutter, Frau, die Kinder oder die Braut - jeder an irgendeinen... Dann war Geflüster zu hören, die Leute unterhielten sich ein wenig.
Der Abend verging, die Nacht kam. Niemand betrat die Baracke, uns wurde etwas leichter ums Herz.
"Geht wirklich eine Sache vorbei?" fing ein Häftling an zu sprechen. "Ach, du Kühner!" wandte er sich an mich. "Konnte er aus der Kolonne fliehen, kann er auch auskundschaften, was dort auf der Straße geschieht?"
"Geh, Freund, schau nach", baten andere. "Vielleicht findest du etwas zu essen..."
Es war schon nach Mitternacht. Ich nahm meinen ganzen Mut zusammen und verließ schleichend, in der Hoffnung, etwas in der verlassenen Küche zu erstehen, die Baracke. Ich schaute mich um - niemand war zu sehen. Mit einem Ruck arbeitete ich mich an die Tür der Nachbarbaracke heran. In diesem Augenblick begann auf dem Hauptturm das Maschinengewehr zu rattern, und ich legte mich auf die Erde, während ich verzweifelt dachte, daß alles vorüber sei. Am Morgen würde man uns finden und aufhängen.

Erst nach einer Viertelstunde riskierte ich, in die Baracke zurückzukehren. Mit Anstrengung, außer Atem, kletterte ich auf die obersten Pritschen. Auf mich sahen elf Paar erschrockene Augen.
"Alles vorbei", teilte ich meinen Kameraden mit.
"Habt ihr gehört? Die Maschinengewehre funktionieren noch. Das heißt, morgen ist für uns alles zu Ende!"
Die Leute reagierten unterschiedlich: die einen ließen die Köpfe hängen, die anderen waren in Gedanken versunken. Aber alle schwiegen: Gespräche waren überflüssig.

Es war nicht gerade lustig, bis zum Morgen zu liegen; in dieser qualvollen Nacht schlief niemand: der Todeshauch lag über allen.

Im Morgengrauen schaute einer von uns aus dem Fenster und schrie hysterisch:
"Schaut, Kinder! Sie suchen uns!"
Wir krochen an das Fenster heran und erblickten einige Gefangene mit den Armbinden der Vorarbeiter, die der Reihe nach jede Baracke betraten. Wir drückten uns in die Pritschenecken und warteten auf das finstere und, wie es schien, unvermeidliche Ende. Jeder hielt irgendetwas Schweres für den letzten Kampf in der Hand...
"Wer hier ist, heraustreten", waren ruhige deutsche Worte zu hören.
Wir schwiegen und drängten uns aneinander. Alle waren erstarrt. Aber einer von uns konnte nicht durchhalten und hustete.
"Hört ihr, tretet heraus! Die SS-Leute sind geflohen, sie sind nicht mehr da!"
Wir schwiegen und trauten den eigenen Ohren nicht.
"So kommt doch heraus, Teufel nochmal, wir werden gleich das Frühstück austeilen!"
Wir tauschten Blicke aus. Die einen hatten erschrockene, die anderen frohe Gesichter.
"Ach, auf gut Glück!" - rief der gestrige Führer und sprang, ohne an die Folgen zu denken, von der Pritsche. Wir alle ihm nach.
"Wer seid ihr?" fragte unser Führer mit hinter dem Rücken versticktem Stein und ging den Eingetretenen in den gestreiften Anzügen entgegen.
"Wir sind deutsche Kommunisten, habt keine Angst vor uns. Wir übergeben euch an die Russen. Sie müssen bald im Lager sein. Versammelt euch schnell in der Baracke 45."

Als wir hinausgingen, erfuhren wir, daß die SS-Leute tatsächlich weggelaufen waren. Im Lager fanden sich ungefähr 250 Häftlinge ein, denen es gelungen war, sich vor der Evakuierung zu verbergen. Die Menschen konnten sich schon irgendwie organisieren, am Tor standen zwei Posten von uns mit Gewehren. Wahrscheinlich hatte nachts jemand von den neuen Lagerherren das Maschinengewehr "ausprobiert", im Lager brannte Licht, die Wasserleitung und die Küche arbeiteten.

Ich ging in die Kammer und besorgte mir wärmere und dickere Kleidung. Dann begab ich mich in die Baracke 45, zum ersten Mal nach vielen Jahren fühlte ich mich frei. Niemals werde ich das Erlebte dieser Stunden vergessen!

In der Baracke waren schon gut hundert Leute eingetroffen, aber immer mehr Menschen kamen. Wir erfuhren, daß die SS-Leute es nicht mehr geschafft hatten, vor der Evakuierung öffentlich mehr als dreitausend Kranke und ungefähr zweitausend Frauen, die aus Ravensbrück hierher getrieben worden waren, zu vernichten, und sie überließen sie gemeinsam mit den Sanitätern und den Ärzten ihrem Schicksal.

Bald kamen die deutschen Kommunisten zurück, die uns zusammengeholt hatten. Einer fragte, wer seine Worte ins Russische übersetzen könnte. Ich erbot mich.

"Sag ihnen allen, Genosse, daß wir unsere Freiheit jetzt niemandem mehr opfern werden. Mögen alle frei atmen."

"Hur-r-rah!" - kam die Antwort, als ich diese Worte übersetzte.

"Genug haben euch alle Blockführer, Blockältesten und Stubendienste verspottet", - übersetzte ich.

"Nehmt euch einen russischen Lagerältesten, soll er in den beiden Baracken, in denen ihr euch jetzt eingerichtet habt, auf Ordnung achten. Nun, wen wählen wir?"

Menschen aus verschiedenen Blöcken versammelten sich, sie kannten sich nicht, deshalb verliefen die Wahlen schnell: sie wählten mich, der so angenehme Worte für die Häftlingsohren übersetzt hatte. So wurde ich letzter Lagerältester von Sachsenhausen.

Meine Funktionen bestanden in einer einfachen Aufgabe - die Bewohner der zwei Baracken und die Kranken in den Lazaretten mit Nahrungsmitteln zu versorgen. Das zu tun war nicht schwer. Am Tag zuvor hatte die SS das ganze Lager ohne Abendessen hinausgetrieben, das für zig-tausend Menschen zubereitet und nun unberührt in der Küche stand. Die neuen Stubendienste schafften es nicht, die Blechkannen zu tragen und das Essen auszuteilen. Jetzt waren keine Normen mehr zu beachten. In den Aufenthaltsräumen konnte man solche Grauen beobachten: zusammengefallen sitzt am Tisch ein ausgehungerter Mensch, vor ihm sechs Suppenschüsseln mit dünner Kartoffelsuppe; er ist schon nicht mehr in der Lage zu essen, aber er kann seinen Blick auch nicht von den "Speisen" losreißen.

Ich war froh, daß die dünne Lagersuppe nur eine Magenverstimmung verursachte, aber keine Todesopfer unter den hungernden Menschen, die lebenden Skeletten ähnelten...

An diesem Tag trafen wir zum ersten Mal seit vielen Jahren mit Französinnen zusammen. Wir wußten nicht, daß sie kurz vor der Evakuierung nachts in die Quarantäne getrieben worden waren. Sie waren, wie auch wir, unglaublich erschöpft, kahl geschoren, aber dennoch lag auf ihren Gesichtern ein glückliches Lächeln.

Aber mochten die Menschen auch lächeln, mich und meine Helfer, die Stubendienste Mirian Kobinsky und Alexey Troschin, beunruhigte ein Gedanke: werden an diesem Morgen die SS-Leute auch nicht zurückkehren, um uns alle zu vernichten? Troschin schlug vor, draußen am Tor zwei Posten aufzustellen, aber Marian meinte, daß die Posten innen ausreichen. Er hatte recht: die äußere Bewachung konnte Verdacht bei den nazistischen Militäreinheiten erregen, die am Lager vorbeikamen.

Nach einem halben Tag kam ein außer Atem geratener Häftling zu mir: "Genosse Ältester, die russischen Kämpfer stehen vor den Toren!"

Gemeinsam mit anderen lief ich, ohne mich zu besinnen, zum Hauptor. Ich schaute aus dem Tor und erblickte die MPi-Schützen. Sie gingen in Schaffelmänteln und hielten Maschinenpistolen in ihren Händen, während sie sich gespannt umblickten. Offenbar fürchteten sie Schüsse aus dem Hinterhalt. Wie groß war ihre Verwunderung, als ihnen aus den geöffneten Toren Menschen in gestreiften Anzügen, die vor Freude fast den Verstand verloren hatten, entgegenliefen, ihnen folgten irgendwelche schwarzen, ausgetrockneten Frauen mit Blumen in den Händen. Die Menschen umarmten ihre Befreier, sie alle hatten Tränen des durchgemachten Leides in den Augen. Und als der Sergeant und die Kämpfer sich nicht sträubten, wurden sie ins Lager gezogen. Die ehemaligen Häftlinge schenkten ihnen Blumen, rissen zur Erinnerung Knöpfe von den Pelzmänteln, schrien, weinten und lachten und zählten diesen Tag zum glücklichsten in ihrem Leben.

"Haltet doch ein, Freunde", machte sich schließlich ein Sergeant von den Umarmungen los. "Für uns ist der Weg noch nicht zu Ende. Vielen Dank für den Gruß, aber wir haben eine dringende Aufgabe. Verstanden? Mir nach!" - kommandierte er seine Genossen, und sie verschwanden hinter dem Tor.

Als ich in die Baracke zurückkehrte, traf ich immer wieder die Lagerstraße eilig entlanglaufende ehemalige Häftlinge. Die einen waren gedankenvoll, die anderen riefen etwas, während sie gestikulierten, für alle begann ein neues Leben.

Auch ich machte mir darüber Gedanken, als ich auf die Pritsche zurückgekehrt war. Ich wollte so schnell wie möglich in die Nähe von Moskau zurückkehren, in das heimatliche Firsanovka, wo ich mit meinen eigenen Händen einen jungen Obstgarten angelegt hatte, ich wollte die Kinder sehen, mich so schnell wie möglich in Bauzeichnungen vertiefen und arbeiten, arbeiten, arbeiten vom Morgen bis in die Nacht. War doch so viel Zeit versäumt worden, wieviel Wunden mußten auf der leidgeprüften russischen Erde geheilt werden!

Meine Gedanken unterbrach Marian Kobinsky: Seine Hauptsorge war, an diesem Freudentag für alle ein gutes Abendessen zu organisieren.

Am Morgen wurde mir mitgeteilt, daß im Lager ein sowjetischer Oberst angekommen war. Ich sprang von meiner Pritsche auf, lief auf den Appellplatz hinaus, aber ein Oberst war nicht da. Die ihn gesehen hatten, teilten mit, daß die Häftlinge nichts zu fürchten brauchten: bald werden sie alle ihre Heimat wiedersehen, die Verwandten und Bekannten. Ich ärgerte mich sehr, daß ich von der Ankunft des Obersten so spät erfahren hatte, es gab doch so viel zu fragen, um sich besser vorbereiten zu können, so viel wollte ich darüber wissen, was sich im schon enthaupteten faschistischen Deutschland tat.

Kurz darauf erschien im Lager ein Hauptmann. Sofort war er umringt. Er schaffte es nicht, alle Fragen zu beantworten.

"Was würden Sie uns raten?" - fragte ich ihn.

"Viele wollen mit der Waffe in den Händen in den Reihen der heimatlichen Armee kämpfen."

"Ich verstehe sie sehr gut", antwortete der Hauptmann.

"Aber können denn die erschöpften Menschen in den entscheidenden Handlungen um Berlin von Nutzen sein? Die Stadt ist in einem festen und starken Halbring unserer Truppen. Bald wird der Ring geschlossen. Ich rate Ihnen, das Lager zu verlassen, weil die im belagerten Berlin eingekreisten Faschisten wahrscheinlich versuchen werden, sich in dieser Richtung, nach Nordwesten, durchzuschlagen."

Der Hauptmann legte die Hand an seine verstaubte Mütze und ging weg. Nach ihm begannen die ehemaligen Häftlinge das Lager zu verlassen.

Nach einer halben Stunde - am 22. April gegen 16 Uhr - passierte auch ich mit einer kleinen Tasche über die Schulter das verhaßte Haupttor von Sachsenhausen. Zum letzten Mal schaute ich auf das Außentor und las die auf ihm angebrachte jemenitische Aufschrift: "Arbeit macht frei". Aber jetzt las ich sie anders, mit den Augen eines sowjetischen Menschen.

Charles Louis Désirat, Frankreich

Charles Louis Desirat wurde am 2. Mai 1907 als Sohn eines sozialistischen Lehrers in Paris geboren.
Nach dem faschistischen Putschversuch 1934 in Paris tritt Charles der Roten Hilfe und der kommunistischen Partei bei. 1936 wird er zum ständigen Sekretär der französischen Volkshilfe gewählt.
Am 13.1.41 von der französischen Polizei verhaftet und den Hitlerleuten ausgeliefert, flieht er am 22. Juni 1942 mit 18 Kameraden aus dem Lager von Compiegne.
Er wird von seiner Partei zum politischen Leiter der Nationalen Front in den Vogesen nominiert. Am 19.11.1942 wird er erneut verhaftet, der Gestapo ausgeliefert und gefoltert. Am 23.1. wird er nach dem KZ Sachsenhausen deportiert. Hier organisiert er unverzüglich den geheimen Widerstand, erst im großen Lager, dann im Kommando Heinkel.
Auf den Todesmarsch geschickt, wird er am 1. Mai 1945 bei Crivitz von der sowjetischen Armee befreit.
Nach Paris zurückgekehrt, übernimmt er die Leitung des Internationalen Komitees der politischen Gefangenen. Die französische Lagergemeinschaft ehemaliger Häftlinge wählt ihn schon 1945 zu ihrem Präsidenten.
Seit der Gründung des Internationalen Sachsenhausenkomitees (ISK) ist er Präsident des ISK.

Pierre Goufault, Frankreich

Pierre Goufault wurde 1924 in einer Arbeiterfamilie geboren. Seine früh verwitwete Mutter erzog ihn und seinen Zwillingsbruder nach kommunistischen Prinzipien.
Alle drei wurden von der französischen Polizei, die im Dienste Hitlers stand, verhaftet und verdächtigt, Flugblätter gegen die Vichy-Regierung verbreitet zu haben. Die Polizei kann trotz Mißhandlungen keine Aussagen von ihnen erpressen. Mutter Rose Goufault wird daraufhin in der Festung Romainville als Geisel eingekerkert. Ihr Sohn Roger kommt in das KZ Mauthausen, Pierre im Januar 1943 in das KZ Sachsenhausen.
Hier wird der erst achtzehnjährige Pierre von älteren Kameraden geschätzt und bei der Organisierung der Sabotage in Halle 3 der Heinkelwerke ihr treuer Gefährte. Er gehört zu der jungen Mannschaft, die die Verbindung zwischen den einzelnen Hallen herstellt.
Getragen von der Solidarität seiner kommunistischen Kameraden arbeitet er nach seiner Rückkehr in die Heimat in einer Pariser Fabrik und wird nach einem Studium Techniker. Er ist Sekretär der französischen Amicale (Lagergemeinschaft) und Schatzmeister des Internationalen Sachsenhausenkomitees seit 1972.

22 Monate lang täglich ein Informationsblatt!

So notwendig wie die Solidarität, so notwendig ist es, informiert zu sein, meinten die bei Heinkel arbeitenden Franzosen; und zwar gut informiert, um der verhängnisvollen Auswirkung von Sensationsgerüchten entgegenzuwirken, die, nachdem sie sich als unwahr erwiesen hatten, moralisch und physisch Schwächere in Mutlosigkeit stürzten.

Bevor sich Desirat (1) die Grundlagen der deutschen Sprache angeeignet hatte, die ihm der polnische Lehrer Josef Dziarnowski aus Torun beibrachte, waren die gelegentlichen Kontakte mit den französischen Kriegsgefangenen, die zu Anfang nachts in Halle 2 arbeiteten, seine einzige Informationsquellen. Dann entdeckt man, daß es unter den Zivilbeschäftigten, die im Werk arbeiteten, einige Kommunisten gibt. Einer von ihnen, ein aus Dresden stammender Überlebender einer illegalen Zelle, die von der Gestapo zerschlagen worden ist, nimmt mehrere Monate lang das Risiko auf sich, in Berlin die "Trait d'union" zu kaufen, eine Pétain-Zeitung für die Kriegsgefangenen.

Jeden Morgen übergibt er sie dem Genossen, mit dem er zusammenarbeitet. Man findet darin den Bericht des Oberkommandos der Wehrmacht (OKW) und kann insbesondere durch einen Vergleich mit der Karte der UdSSR unschwer erkennen, daß die Offensiven der Nazis zurückgedrängt werden. Die scharfen Angriffe seitens des Büros des Ministers Scapini, einem Mitglied der Vichy-Regierung, vermitteln darüber hinaus interessante Neuigkeiten über die Aktivitäten der Résistance, die sich in Frankreich ausbreitet. Die ehemaligen Häftlinge des Gefängnisses von Nancy jubeln, als sie auf diesem Weg erfahren, daß Courrier, der Chef der Repressionsorgane in Lothringen, von einer Gruppe Patrioten gerichtet worden ist.

Und dann gibt es noch die Zeitung der Nazi-Partei, den Völkischen Beobachter, aus dem durch eine Analyse der verschiedenen Artikel und ihrem Vergleich mit den vorangegangenen das Wesentliche für eine objektive Information gezogen wird. Ihn übergibt derselbe deutsche Arbeiter morgens um sieben in seiner Halle einem französischen Verantwortlichen. Das ist - auch wenn man es nicht glauben mag - nicht gefahrlos, denn erst mittags erhalten die Blockältesten ein einziges Exemplar dieser Zeitung. Der gewonnene Vormittag kommt dem BMK zugute, wo das tägliche Informationsblatt der bei Heinkel tätigen Franzosen ausgearbeitet wird, das 22 Monate hindurch, von April 1943 bis Januar 1945, erscheint.

Das BMK ist das Entwicklungsbüro für Ausrüstungen des Heinkel-Werkes. Die meisten Führer der Widerstandsbewegung sind seit April 1943 hier eingesetzt; die einen sind richtige Techniker, die anderen geben vor, solche zu sein. Unter ihnen sind Kommunisten (Charles Désirat, René Cogrel), Gaullisten aus verschiedenen Gruppen (André Louis, René Bourdon, Clément Jacquiot, Alphonse Lavieville, Léo Agogué, Eugène Convers, Pierre Arnoux), der belgische Oberst Lentz und andere. Alle handeln in einem Geist der Einheit und der Freundschaft, der niemals aufhören wird.

Morgens um 8 Uhr sind die Übersetzungen angefertigt, das Informationsblatt liegt in drei maschinegeschriebenen Exemplaren vor; wobei der Redakteur von René Cogrel und Léo Agogué unterstützt wird. Obwohl der Vorarbeiter des BMK, der kommunistische Ingenieur Horst Lehmann (verurteilt wegen "Hochverrat", nachdem er gegen Hitlers Einmarsch in die Tschechoslowakei protestiert hat) mit diesen Methoden der illegalen Arbeit, die er für unbesonnen hält, ganz und gar nicht einverstanden ist, deckt er die Tätigkeit der "Journalisten".

Die Informationsblätter werden Genossen in den verschiedenen Hallen übergeben, die sie während der Mittagspause vervielfältigen, und Fernand Châtel verteilt die restlichen Exemplare am Abend während seines Rundgangs durch die Blöcke.

Trotz der Risiken, mit denen jede illegale Aufgabe im Lager verbunden ist, stößt die Herausgabe und Verteilung des Informationsblattes (oft "Kommuniqué" genannt) nur auf geringe Schwierigkeiten. Dennoch wird Désirat an einem Tag im Frühjahr 1944 gegen 7 Uhr 30 vom kaufmännischen Direktor der Heinkel-Werke, Neumarker, beim Übersetzen der Zeitung hinter der Glaswand des BMK überrascht. Zum Glück reagiert er schnell, läßt die neue Zeitung verschwinden und zeigt sich an der Bürotür mit einem alten Exemplar, das - wie er sagt - als Toilettenpapier verwendet werden soll. Er wird zum Lagerführer gerufen. Einem Ratschlag Horst Lehmanns folgend und unterstützt von einem Dolmetscher, der der deutschen Widerstandsbewegung angehört, tut Désirat so, als verstehe er kein Deutsch. Als er den Verwendungszweck der betreffenden Zeitung erläutert, hat er die Genugtuung zu hören, daß der Lagerführer Neumarker einen Schwachkopf nennt und die angebliche Bestimmung dieser Zeitung ganz natürlich findet.

Im Juli 1944 erlebt Jean Poilane einen ernsteren Zwischenfall: "Ich war gemeinsam mit meinem Genossen Roger Biéron damit beauftragt, das tägliche Informationsblatt, das uns Désirat übergab, abzuschreiben, um es anschließend in mehreren Blöcken zu verteilen. Während alle zu Mittag essen, setzen wir uns hinter eine Baracke und schreiben, so schnell es nur geht. Plötzlich taucht SS-Hauptscharführer Pauser auf. Bevor wir auch nur eine Bewegung machen können, ist er bei uns, nimmt alle unsere Papiere an sich und notiert unsere Häftlingsnummern. Wir laufen sofort los, um Désirat und Depollier zu benachrichtigen, damit alle Vorsichtsmaßnahmen für den Fall einer Untersuchung getroffen werden können. Der Nachmittag ist lang. Zum Abendappell - nichts. Nach einer schlaflosen Nacht beim Morgenappell - noch immer nichts.

Erst später erfahren wir, daß uns die plötzliche Abreise der 'Giraffe' - das war der Spitzname des Hauptscharführers - an die Ostfront gerettet hat. Aber ich erinnere mich noch der Opferbereitschaft, die mir 'Klein-Roger' entgegenbrachte. Erklärte er doch vor unseren beiden Verantwortlichen, die uns natürlich ob unserer Wachsamkeit gehörig den Kopf wuschen: 'Jean ist verheiratet, er hat einen Jungen. Ich bin Junggeselle. Ich werde alles auf mich nehmen.'"

Seit Mai 1943 wird die Leitung der Nationalen Front der Franzosen bei Heinkel durch León Depollier verstärkt. Er ist mit dem zweiten großen französischen Kontingent, den "65.000", gekommen, spricht ausgezeichnet deutsch, russisch, die meisten anderen slawischen Sprachen und spanisch. Dank ihm verbessern sich die Beziehungen zu den anderen nationalen Gruppen, und zu den berühmten Vortrags- und Liedervorträgen, die André Bergeron im Block der Halle 8 in Gang gebracht hat, kommen andere Veranstaltungen, die die Moral der Franzosen festigen. Die Gedenkfeiern zu den großen Daten der Geschichte des französischen Volkes dienen als Vorwand. Sie werden sorgfältig vorbereitet, um Übereinstimmung zu erzielen, und ihr zeitlicher Ablauf wird genau geplant, um eine Bestrafung auszuschließen. Obwohl es Spitzel gibt, weiß die SS nie vorher Bescheid - ein Beweis für die Solidarität der Organisation.

Seit 1943 feiert man den 14. Juli, den Nationalfeiertag, in allen Hallen, in der von Jean Symkiewicz mit besonderem Glanz: "In Halle 6 stecken sich die Franzosen eine Trikolore an (hergestellt aus blauen, weißen und roten elektrischen Leitungsdrähten, fünf bis sechs Zentimeter groß und an beiden Enden zusammengelötet); man kann sie leicht im Knopfloch der gestreiften Jacke tragen. Die Zivilangestellten stutzen und fragen. Man antwortet ihnen: Nationalfeiertag! Schon diese Tat allein gibt Mut. Für uns bedeutet sie die Hoffnung auf eine Niederwerfung der Tyrannei, auf den Sieg und die Freiheit."

Louis Voisin, ein Schriftmaler auch aus Halle 6, hat aus diesem Anlaß etwas Besonderes angefertigt: "Verborgen in einer Flugzeugkanzel unter dem Schutz von Coulombeix, einem Eisenbahner aus Capdenac, übermale ich meinen Farbkasten mit dem Grün der Hoffnung; zwei Ecken leuchten in den Farben der Trikolore und zwei in Rot. In wohlgeformten blauen Buchstaben schreibe ich auf die eine Seite 'Contre nous de la tyrannie - l'étendard sanglant est levé' und auf die andere 'La République nous appelle - sachons vaincre ou sachons mourir!'"

Alle Kameraden kommen, um sich meinen kleinen Kasten anzusehen. Die Moral der Franzosen ist ungebrochen. Die Genossen anderer Nationalitäten beglückwünschen uns...

Drei Tage später jedoch überrasche ich einen Zivilangestellten, der über meinen Kasten gebeugt steht. Mühsam buchstabiert er die Schrift; dann richtet er sich auf und sagt zu mir: 'Ja! Ja! Tyrann...14. Juli...großer französischer Feiertag!" Und er saust zum Büro des Hallenleiters. Da mir sofort klar ist, was jetzt kommen wird, übermale ich meinen Kasten schnell mit einer dicken Schicht grüner Farbe. Ein kurzer Blick aus dem Augenwinkel, und schon sehe ich die gesamte zivile Direktion der Halle im Anmarsch. Sie verlangen eine Erklärung von dem fassungslosen Denunzianten und haben zweifellos andere Sorgen, denn nun ist er es, der angeschnauzt wird."

Am 20. September 1943, dem Jahrestag des Sieges von Valmy, den die Armeen der Republik am 20. September 1792 über die preußischen Eindringlinge errungen haben, entschließen sich die FTP-Gruppen (2) bei Heinkel, die unter dem Kommando von Jean Symkiewicz stehen, zu einem Versuch. Sie basteln sich Abzeichen wie oben beschrieben und marschieren nach dem Appell, getrennt nach Einheiten, geordnet und zu festgelegten Zeiten am Block 5 vorbei, wo die Leitung Aufstellung angenommen hat.

Drei Monate später wird erneut Block 5 von den Franzosen ausgewählt, um dort die Weihnachtsfeier unter dem Zeichen der Völkerverständigung gegen den Faschismus durchzuführen. Charles Désirat unterstreicht die Wichtigkeit dieses Ereignisses:

"Vor Weihnachten 1943 unterhalten wir uns mit dem Blockältesten Hasenjäger, einem alten Kommunisten aus Hamburg, der seit 1933 inhaftiert ist, um dieses Fest besonders feierlich zu begehen. Wir wollen, da die Tschechen einer verstärkten Unterdrückung ausgesetzt sind, besonders der französisch-tschechoslowakischen Freundschaft Ausdruck verleihen, die durch die Ereignisse von München erschüttert ist. Wir haben gute Freunde unter den Tschechen, z.B. Willy Sarkadi, einen Violinvirtuosen aus Prag (er ist bei der Bombardierung Heinkels im April 1944 ums Leben gekommen). Soweit es unser ständiger Hunger erlaubt, legen wir einige Lebensmittel beiseite, auch 'Heinkel-Gutscheine' um uns Bier zu verschaffen, natürlich keins aus Pilsen, nur ein dünnes Gesöff."

NEBEN DER MONTAGELINIE: DIE SABOTAGELINIE

Wenn man sich nur auf äußerliche Merkmale beschränkt, so sind die ersten Monate nicht gerade ermutigend. Der Ausstoßrhythmus der He-177 erhöht sich im Oranienburger Werk beinahe ständig. Von anfangs zwei Maschinen pro Woche erreicht er nach und nach zwei Maschinen pro Tag. Aber wofür? Alle sind sich einig: Die He-177 ist die große Pleite der deutschen Flugindustrie während des zweiten Weltkrieges, in dem die Luftwaffe allerdings noch über andere, weitaus bedrohlichere Maschinen verfügte.

Im Kommando Heinkel jedenfalls bekam die He-177 von allen Seiten Feuer, und man kann ohne Übertreibung sagen, daß es neben der Montagelienie auch eine Sabotagelinie gab. Aber man darf sich davon keine falschen Vorstellungen machen. Weder wurde sie an einem Tag geschafft, noch funktionierte sie jeden Tag in allen Hallen hundertprozentig. Das war im übrigen auch nicht das angestrebte Ziel. Wir wollen im Folgenden ihre Wirkungsweise an einigen Beispielen aus jedem Bereich aufzeigen. Es geht nicht darum, diese zu verallgemeinern, überzubewerten oder zu bagatellisieren. Es genügt, daß sie da sind, um Zeugnis abzulegen.

Am Anfang stehen also die Entwicklungsbüros (Ausrüstungen, Einzelheiten der Ausführung usw.), die Büros für Zeitplanung, Auftragsannahme und Versand, wohin die Firmenleitung die Pläne und Anweisungen bezüglich der He-177 schickt. Bereits dort wird versucht, Kennziffern, Toleranzgrenzen und Mengenwünsche zu verfälschen, Unterlagen von einer Halle in eine andere oder gar nach außerhalb fehlzuleiten. Die Techniker, im allgemeinen deutsche politische Häftlinge, decken diese Tätigkeiten und zeichnen sich bei dieser unerhört gefährlichen Arbeit besonders aus. Ende 1943 freuen sie sich ebenso wie ihre französischen Genossen wie wild über die Nachricht, daß Landarbeiter (ebenfalls Gefangene) auf einem großen Gut in Ostpreußen verblüfft waren, als sie beim Freilegen einer Ladefläche auf zwei Doppelmotoren der He-177 stießen.

Andere wütende Berichte sagen aus, daß eine dringende Bestellung von Stahlbolzen an eine Firma für Aluminiumbleche geht, die ihrerseits lange Zeit hindurch auf eine noch dringendere Bestellung von Blechen und Profitstahl warten muß, die an einen ganz anderen Ort gesandt worden ist.

Die Gesamtpläne, die von der Heinkel-Direktion kommen, werden mit mehr oder weniger Einfallsreichtum in Einzel- und Ausführungspläne umgesetzt. Die knappen Spezialstähle werden systematisch vergeudet. Stanzformen schneidet man in enorme Blöcke, und die thermische Behandlung, der die Werkzeugmacher sie unterziehen, lassen sie schnell verschleißen.

Da man die Sorge um peinliche Genauigkeit ebenso kennt wie die Unfähigkeit der meisten zweitrangigen Nazis, die befürchten müssen, beim kleinsten Fehler an die Front geschickt zu werden, reduziert man die Fertigungstoleranz auf Maße, die angesichts der verwendeten Maschinen überhaupt nicht einzuhalten sind. Die Justierungen stimmen nicht. Die Nomenklaturlisten wimmeln von Fehlern bei den Mengenangaben, die Bezugsgrößen für die Einzelteile ziehen bereits vorgenommene Veränderungen nicht in Betracht...

Die Leistung der Zeichner wird zusätzlich durch einige Nebenbeschäftigungen geschmälert. Im Konstruktionsbüro wirken die Franzosen immer sehr beschäftigt. Hinter ihren Zeichenbrettern zappeln sie hin und her, stampfen mit den Füßen und bewegen die Schultern, um den Kreislauf anzuregen. Da das Büro mehr oder weniger gut geheizt ist, haben sie ihre Mäntel in gegenseitigem Einvernehmen den Franzosen des Baukommandos überlassen, die bei ihrer Arbeit den Witterungsunbilden ausgesetzt sind. Aus einem Glasgehäuse heraus werden sie von einem von der Gestapo eingesetzten Zivilangestellten überwacht, der zwar vollkommen ungebildet, jedoch zufrieden ist, diese rasierten Schädel über ihre Arbeit gebeugt zu sehen. Nur den Vorarbeiter Horst Lehmann braucht man nicht zu täuschen, ein "roter" Deutscher, der Ingenieur bei Zeiss in Dresden war, läßt sich nichts vormachen. René Cogrel schnitzt wunderschöne Schachfiguren aus Plexiglas und aus Hartgummi, den er im Materiallager hat mitgehen lassen. Der Ingenieur Alphonse Lavieville, ehemaliger Leiter des Konstruktionsbüros der Firma Potez, strickt Socken und denkt über neue raffinierte Sabotagemöglichkeiten nach. Die Architekten André Louis und René Bourdon, beide wegen derselben Sache inhaftiert, sprechen von ihrer Gruppe Confrérie-Notre-Dame oder vom Städtebau nach dem Sieg; der Absolvent der Ecole Polytechnique, Clément Jacquoit, repetiert, über Stöße alter Pläne gebeugt, Vorlesungen über höhere Mathematik, die er während der endlosen Appelle Studenten wie Jean Marx hält. Charles Désirat, vormals Zeichner in Paris, lernt deutsch oder arbeitet am täglichen Informationsblatt für die Franzosen, während Léo Agogué die Augen offenhält...

Dieselbe "Geschäftigkeit" herrscht auch in den anderen Zeichenbüros, sei es in Halle 3 oder Halle 6, wo Claude Bottiau aus Vannes arbeitet. So werden die Aktionen, die anschließend von Halle 2 bis Halle 8 durchgeführt werden, gut vorbereitet.

DAS BAUKOMMANDO VERSETZT DER He-117 DEN GNADENSTOSS

Ab Sommer 1943 freuen sich die Franzosen über eine Reihe von Unfällen. Bei Belastungstests bricht eine He-177 entzwei. Mehrere Flugzeuge werden bei Bauchlandungen stark beschädigt, weil das Fahrgestell nicht ausgefahren werden kann. Andere stürzen wegen blockierter Landeklappen ab. Anfang 1944 kehren nach einem Luftangriff auf England, an dem 85 He-177 beteiligt sind, nur 17 Maschinen zurück. Als Antwort bombardieren die Engländer am 18. April 1944 das Werkskommando Heinkel in Oranienburg. Das ist der Anfang vom Ende der He-177...

Das Baukommando, bislang noch nicht direkt in die Sabotage der Produktion bei Heinkel einbezogen, trägt nun dazu bei, ihr den Gnadenstoß zu versetzen. Zwar beeilen sich die Männer des Baukommandos, die Gebäude der Desinfektion und der Küche zu reparieren, dafür sind sie aber sehr langsam beim Wegräumen der Trümmer von zwei Hallen und beim Beseitigen der Schäden, die an fünf anderen entstanden sind. Flink sind sie nur, wenn es darum geht, den Schaden noch zu vergrößern oder Werkzeuge, Elektromotoren usw. unter den Trümmerbergen zu vergraben. François Thomas, der ehemalige CGT-Sekretär der Pariser Tiefbauarbeiter, der Lehrer Pierre Guyomarch und ihre Genossen nehmen so hundertfach Rache für das, was sie von ihren Peinigern Achim und Haxman erdulden müssen.

Von Februar 1943 an haben es die beiden Banditen, nämlich Achim, der Vorarbeiter, und Haxman, sein Stellvertreter, besonders auf die Franzosen abgesehen; sie beschimpfen sie als Kommunisten und drohen damit, sie anzuzeigen, besonders Louis Riviére und Robert Laffitte aus Hendaye, Victor Plissonneau, Bouqueteau, Pécastaing... Einige Monate später jedoch erlaubt der Bau des Wasserbassins, jenes ungeheuren Reservebeckens für Brände im Falle von Bombenangriffen, ihnen eine herbe Niederlage beizubringen, deren Zeuge Pierre Guyomarch ist: "Abgesehen von der Verschwendung von Material, besonders von Stiften, die so dringend benötigt wurden, daß wir sie nach Gebrauch nicht wegwerfen durften, sondern erneut verwerten mußten, veränderten wir das Mischungsverhältnis des Zements in den Betonmischern. Als das Becken fertig war, öffnete Achim, der 'schwarze Panther', eilig die Schieber und freute sich, daß es sich füllte. Am nächsten Tag jedoch war der riesige Wasservorrat verschwunden: es war durch den Sand wie durch einen Filter gelaufen. Mehrere Wochen hindurch bauten wir Verstrebungen, um die Wände abzustützen, anschließend mußten die Zementarbeiter eine neue Schicht auf die Wände und den Grund des Beckens auftragen..." Wenn die Wachhunde der SS auch noch so bösartig und brutal sind - ihre Opfer wissen jetzt, daß die Zeit der Rache nahe ist.

Trotz der (oft nur scheinbaren) Geschäftigkeit der Meister aus dem zivilen Bereich, trotz des Gebrülls und der Schläge der "Grünen" und der SS, trotz der Inhaftierungen fährt sich die riesige Maschinerie nach den Bombenangriffen vom April 1944 fest, und der Bau der He-177 muß eingestellt werden. Alle Häftlinge, nicht zuletzt auch die Franzosen, finden ihre Kraft wieder. Denn ungefähr 60 Rümpfe von Bombern, die sich noch in der Montage oder im Ausbau befinden und deren Fertigstellung wegen des Fehlens wichtiger Teile unmöglich ist, müssen mit Schneidbrennern zerteilt werden, um das Material zurückzugewinnen.

Schließlich bauen die Nazis als letzten Ausweg das Werk kurzfristig für die Montage von Jägern des Typs Focke-Wulf 190 um. Eine neue Malerwerkstatt, kleiner als die für die Bomber, wird gegenüber der Halle 8 errichtet. Roger Grandperret, der aus dieser Halle zum Baukommando versetzt wurde, ist in dieser Baubrigade: "Wir müssen mit der Kraft unserer Arme den langen und schweren Hauptträger stufenweise hochziehen. Unsere ermüdenden Anstrengungen werden vom Chor der Vormänner und von den Schlägen ihrer Gummiknüppel begleitet... Mit meinen russischen Nachbarn verständige ich mich durch Blicke. Der Träger schwankt, fällt aus einer Höhe von einigen

Metern herab und zerbricht auf der Erde. Dabei wird mein Fuß zerquetscht. Nach der Prügelstrafe bin ich reif fürs Krankenrevier im Sachso!"

DIE GRÜNEN NADELN DER HOFFNUNG

Vor dem Zusammenbruch bei Heinkel will die SS noch abrechnen, und zwar besonders mit den zahlreichen, offensichtlich aktiven Franzosen. Auf die in Halle 8 haben sie es besonders abgesehen, denn da sie sich am Ende der Montagelinie der He-177 befinden, lastet man ihnen alles an, auch die Pfuscharbeit in den vorhergehenden Hallen. André Bergeron wird mit 30 anderen Franzosen, die zumeist in Halle 8 tätig waren, in Sachsenhausen eingekerkert, zuerst im Block 38, dann im Block 58. Die besten deutschen Antifaschisten von Heinkel leisten ihnen Gesellschaft: Erich Boltze, Hein Külckens, Willy Emden, Walter Hilger. Da sie jedoch nichts verraten, werden sowohl die französische Leitung als auch die anderen Verantwortlichen der Halle oder des Blocks in Ruhe gelassen. Das Unheil, das von einem niederträchtigen Denunzianten aus Halle 8, dem französischen Verräter Roumi, verursacht wurde, hält sich vorerst in Grenzen.

Dennoch ist Vorsicht geboten. Nachdem das Werk nach den Bombenangriffen vom April teilweise stillgelegt wurde, gehen besonders im Juli mehrere Transporte mit vielen Franzosen von Heinkel ab. Fernand Châtel gehört dazu. Andere junge Leute nehmen seinen Platz ein und machen ihre Erfahrungen mit manchmal schwierigen Aufträgen. Pierre Gouffault ist einer von ihnen: "Am Anfang meiner neuen Funktionen sagt Charles Désirat zu mir: 'Bring dieses Informationsblatt zum Verantwortlichen von Halle 5.' Die Halle 5 ist geschlossen. Ich gehe zu den Blocks 5a, 5b und 5c. Sie werden gerade desinfiziert. Trotzdem wage ich mich in einen hinein. Leider ist der erste, der mich bemerkt, ein Vorarbeiter, der mir einen Schlag mit dem Knüppel überzieht und mich achtkantig rausschmeißt. Mein Blatt in der geballten Faust, die andere Hand auf meinem blutenden Ohr, kehre ich zurück und erzähle Charlot (3), was mir passiert ist. Um mich zu trösten, antwortet er mir ohne Wut: 'Mein armer Junge, das lernst du schon noch.'"

Trotz der Repressionen der lauernden Gestapo wird der 14. Juli 1944 wie im Jahr zuvor in allen Hallen gefeiert. Nach der Landung der Alliierten in der Normandie, von der die Franzosen am Morgen des 6. Juni erfahren haben, als sie in einer der letzten He-177, die die Halle 8 verließ, Radio hörten, steckt sich diesmal jeder ein kleines Büschel grüner Kiefernnadeln ins Knopfloch. Das Grün der Hoffnung!

Die Informationsblätter werden immer fieberhafter erwartet. Charles Désirat steht jetzt mit André Hallery in Verbindung, der in Halle 8 André Bergeron ersetzt: "Im Klosett der Halle 7 erkläre ich Hallery anhand der Karten made in BMK die Lage an der Front. Ein großer Schreiber mit einem rosa Dreieck fordert uns auf, an unsere Arbeit zurückzukehren. Aber ich bin mit meinen Erklärungen noch nicht fertig, wir werden nervös. Als der Schreihals handgreiflich wird, packe ich ihn an den Handgelenken und versetze ihm einen Schlag, so daß er auf den feuchten Steinplatten in die Knie geht. Hallery muß schnell verschwinden, denn er ist nicht in seiner Halle und riskiert somit das Schlimmste. Der Aufseher der 'Örtchen' kommt und schwingt sein kotiges Zepter, mit dem er die Becken reinigt. Es hagelt Schläge. Von meinen Feinden ergriffen, mit zerrissenem, beschmutztem und stinkendem Hemd, werde ich vor den Blockführer der SS gezerrt, den man 'la Rustine' nennt, denn sein roter, geschwollener Hals ist immer voller Furunkel. Ich bereue es bitter, wütend geworden zu sein, denn in meiner Geheimtasche habe ich die beiden hervorragenden Karten mit den eingezeichneten Fronten. Zum Glück ist 'la Rustine' von meinem Gestank angeekelt und glaubt an einen bloßen Streit auf der Toilette, so daß er mich mit Stiefeltritten und dem üblichen Gebrüll ins BMK zurückbefördert... Dort herrscht große Aufregung. Während ich eingeklemmt zwischen zwei Aktenschränken stecke, die uns trennen, nimmt Ingenieur Lubasch, der Chef des Konstruktionsbüros, der im Grunde gegen die Nazis ist, jedoch vorsichtig bleibt, meine Hand, die glücklicherweise kaum beschmutzt ist, und flüstert mir zu, indem er sie herzlich drückt: 'Herr Désirat, unter Arbeitern versteht man sich!'"

Die Gefahr scheint sich auf das BMK zu konzentrieren. Eine Blocksperre wird angeordnet, das heißt, daß kein Häftling seinen Block verlassen darf, damit die Gestapo bequem in den Hallen herumwühlen kann, um dort eventuell Beweise für die illegale Tätigkeit zu finden, deren Ergebnisse offensichtlich sind. Die französische Leitung mit Charles Désirat reagiert sofort: "Vor dem Besuch nehmen Horst Lehmann und ich das Wagnis auf uns, ins BMK einzudringen, um jede Spur, die wir hinterlassen haben könnten, zu verwischen. Das Wörterbuch, das mit Léon Depollier anvertraut hat, wandert also zu unserem 'Kriegsschatz' (dem gesamten Tabakvorrat der Widerstandsgruppe) in die Rinne, in der die Druckluftleitung entlanggeht. Dank Horst wird nichts entdeckt. Aber es ist sicher, daß Roumi und seinesgleichen verantwortlich für den Verrat der Tätigkeit in diesem Konstruktionsbüro sind. Die Polizei reagiert auf diese Schlappe; man wendet eine andere Methode an. Lehmann, der es abgelehnt hat, als Freiwilliger zur Division Dirlewanger zu gehen (er hat mit uns darüber gesprochen) wird inhaftiert und in Block 58 nach Sachsenhausen gebracht.

Seit dem Abtransport unseres Vorarbeiters, der uns mit viel Opfermut so wertvolle Dienste geleistet hat, denken alle vom BMK nur noch daran, ihn zurückzuholen, und schaffen ein absichtliches Durcheinander. Niemand versteht mehr die technischen Anweisungen. Der Hallenvorarbeiter, der Hallenführer der SS, der zivile Hallenleiter und der technische Direktor des Werkes kommen zum BMK, und unter dem Vorwand, ich würde ihre Sprache sprechen, drängen sie mich, den Posten des Vorarbeiters zu übernehmen. Ich weigere mich. Ich sage ihnen, daß ich bereit sei, die mir erteilten Anordnungen auszuführen, jedoch unfähig wäre, selbst welche zu geben. Ich füge hinzu, daß ich nicht genug Deutsch kann, um mit den technischen Anweisungen klarzukommen, und mir somit schwerwiegende Fehler unterlaufen können. Das geschieht genau zu dem Zeitpunkt, da die Herstellung der He-177 eingestellt wird und es die SS für zweckmäßig hält, hier Jagdflugzeuge vom Typ Focke-Wulf bauen zu lassen. Man braucht das Konstruktionsbüro für Ausrüstungen dringend...

Der Gestapo-Mann, der uns von seinem verglasten Büro aus überwacht, wird aufgefordert, uns zur Arbeit anzutreiben. Dieser, den Bleistift hinter das Ohr geklemmt, geht mit überlegener, überdrüssiger Miene geschäftig von Tisch zu Tisch. Er läßt sich die laufende Arbeit und das Ausführungsdatum auf ein Schildchen schreiben, das an der Tischecke angebracht wird. Bald werden wir aber gewahr, daß dieser unfähige Aufseher gegen Knoblauchgeruch allergisch ist. Von unseren Küchenbullen versorgt, starten wir einen 'Gasangriff'. Bei der allmorgendlichen Inspektion kaut jeder eine Knoblauchzehe. Grobe Beschimpfungen vor sich hinmurmelnd, kehrt der Scherge Hals über Kopf in sein Aquarium zurück, von wo er uns finsteren Blickes beobachtet...

Aufs äußerste gereizt, nehmen mich zivile Leitung und SS noch einmal ins Gebet. Ich lege ihnen dar, daß wir in Ermangelung verständlicher technischer Anweisungen trotz guten Willens nicht viel machen können. Horst Lehmann, ja, der konnte die Arbeit leiten... Das Spiel ist gewonnen! Dank diesem verschleierten Bummelstreik kehrt Horst einige Tage später zum BMK zurück, wo scheinbar die Tätigkeit wieder aufgenommen wird, die es der SS gestattet, den Mietpreis für unsere sogenannten Dienstleistungen einzustreichen, um dem Bewachungspersonal, seine Unabkömmlichkeit zu beweisen... fernab von den Kämpfen an der Front, denn die Moral dieser Leute ist nicht mehr die der Sieger. Einziges Opfer wird unser Aufseher. Er fällt in Ungnade und wird auf einen untergeordneten Posten bei Messerschmitt versetzt, wobei er noch Glück hat, nicht an die Ostfront geschickt zu werden.

Trotz dieses Teilerfolgs, trotz der Ergebnisse der Sabotage, der Dürftigkeit des quantitativen und vor allem qualitativen Ausstoßes sind wir über die Transporte zu anderen Lagern beunruhigt, die seit Juli andauern. Wir fürchten jetzt das Schlimmste, nämlich die Massenvernichtung. Petitjean, d.h. Szymkiewicz, der Verantwortliche der FTP, bringt seine Jungs dazu, diese Organisation zum Rückgrat eines verzweifelten Widerstands zu machen und bereitet eine Verbindung nach draußen vor."

Es wird Kontakt zu Alex Le Bihan aufgenommen: "Mitten im Sommer 1944 besucht mich Szymkiewicz in Begleitung von Robert Besancon. Er bittet mich, die Aufgabe des militärischen Führers in Halle 2 zu übernehmen, falls unsere Henker beschließen sollten, uns zu vernichten. Ich beginne also mit der Aufstellung aller in der Halle verwendbaren Verteidigungsmittel sowie damit, entschlossene Männer um mich zu sammeln, die zum Kampf bereit sind."

Auch Gaston Bernard weiß sehr wohl, daß etwas in der Luft liegt: "Mitte 1944 fragt mich während eines Alarms ein Kamerad aus Villejuif (4), Jean Richard, den ich in der Zentrale in Fontevrault kennengelernt habe, ob ich ihm einen Kompaß beschaffen könne. Das Durcheinander nutzend, das bei jedem Alarm entsteht, gelingt es mir nach wenigen Tagen, in einer Pilotenkanzel der Halle 6 einen Kompaß abzuschrauben, den ich ihm, sorgfältig unter meiner gestreiften Jacke verborgen, bringe. Er mißt sechs mal fünfzehn Zentimeter, zu groß! Wir vergraben ihn in einem Bombentrichter. Später erfahre ich, daß er für Petitjean bestimmt war, der die Flucht der Verbindungsmänner der Organisation nach draußen vorbereitete."

Im BMK kommt es zunehmend zu regelrechten stabsmäßigen Lagebesprechungen für alle französischen Widerstandskämpfer, an denen auch zwei Belgier teilnehmen. Einer von ihnen ist Oberst Lentz. Alle verfügbaren Waffen werden gesichtet. Es wird die Herstellung improvisierter, aber wirksamer Waffen geprüft. Ihre Produktion und Lagerung wird mit Zustimmung der Hallenverantwortlichen ins Auge gefaßt. Clément Jacquiot, ein guter Artillerist und ehemaliger Schüler der Ecole polytechnique, berechnet die Wirkung von Karbidbomben, die wir ohne weiteres herstellen können, und prüft als letzte Möglichkeit den Einsatz von Druckluftflaschen, von Azetylen-, Sauerstoff- und Wasserstoffflaschen, die im Werk gelagert werden. Schnell kommt er zu dem Schluß, daß die letzte Lösung einem Selbstmord gleichkäme, da nicht nur das SS-Personal, sondern auch die Häftlinge Gefahr laufen würden, durch die ungeheure Wirkung vernichtet zu werden...

Niemand vergißt die Gefangenen von Halle 8. Was ist aus ihnen da unten im großen Lager geworden? Julien Lajournade, der mit André Bergeron befreundet ist, macht sich seine sozusagen besondere Stellung im Block der Jugendlichen bei Heinkel zunutze, um sich zum Jugendblock von Sachso schicken zu lassen, wo es nur drei Franzosen gibt, unter ihnen Pierre Petitot, einen jungen Mann aus der Bourgogne.

Julien Lajournade gibt vor, dringend eine Brille zu benötigen und somit Doktor Leboucher konsultieren zu müssen: "Ich gehe natürlich offiziell in die Sprechstunde des Reviers, möchte aber vor allem Kontakt mit den Häftlingen von Heinkel aufnehmen. Vergebliche Mühe, sie sind im Block 58, völlig isoliert. Da mein Auftrag gescheitert ist, fliehe ich die erdrückende Atmosphäre des Schreckens, die im großen Lager herrscht, und kehre zu Heinkel zurück..."

Im Oktober bricht eine ungeheuerliche Nachricht über die Häftlinge von Heinkel herein: Am 11. Oktober 1944 wurden mehrere Gefangene vom Block 58 in Sachsenhausen erschossen, darunter drei Franzosen, auch André Bergeron, und vierundzwanzig Deutsche, unter ihnen Erich Boltze.

Einen Monat später, am 11. November 1944, gedenken die Franzosen ihrer erschossenen Kameraden mit einer besonders feierlichen Schweigeminute, und zwar hauptsächlich in Halle 8, wo André Bergeron und Erich Boltze arbeiteten.

Anmerkungen:
(1) Désirat, Leiter der französischen Widerstandsgruppe, die aus Kommunisten, Sozialdemokraten und Gaullisten bestand. Gemeinsam bilden sie die Nationale Front der Franzosen im Betrieb Heinkel.
(2) FTP: Franc-Tireurs et Partisanes
(3) Charlot ist eine Koseform von Charles
(4) Villejuif = Stadtteil von Paris

Franz Primus, Österreich

Nach Beendigung der Schulzeit schloß ich mich der sozialistischen Arbeiterjugend an. 1934 wechselte ich zur kommunistischen Jugend über. 1935 erhielt ich wegen Verbreitens illegaler Flugschriften drei Monate Haft. 1937 begab ich mich nach Spanien, um am Kampf der Internationalen Brigaden gegen die Franco-Faschisten und die Nazi-Söldner der Legion Condor teilzunehmen. 1938 geriet ich in Franco-faschistische Gefangenschaft. 1939 wurde ich von dort an die deutschen Behörden ausgeliefert, die mich nach Vernehmung in der Prinz-Albrecht-Straße in das Konzentrationslager Sachsenhausen einwiesen. Mein Einsatz im Außenlager Berlin-Lichterfelde ermöglichte mir die Flucht. Bis zur Zerschlagung der Nazi-Diktatur konnte ich mich versteckt halten.

    1945 wurde ich in die Volkspolizei aufgenommen und mit dem Aufbau der Ortspolizei in Alt-Landsberg beauftragt. Nach dem Besuch der Polizeischule wurde ich als Leiter der Schutzpolizei in Bernau eingesetzt. Hier hatten wir die Aufgabe, die Bürger vor feindlichen Elementen zu schützen, die den Aufbau der Wirtschaft in der DDR stören und die Sicherung der Ernährung in Frage stellen wollten. Zu diesem Zweck richteten wir Kontrollposten ein, die die Aufgabe hatten, eingeschleuste Saboteure zu entlarven.

    Um meiner kranken Mutter Hilfe zu leisten, kehrte ich nach Österreich zurück.

Meine Flucht aus dem KZ

Ich war bis Anfang 1934 in der Sozialistischen Jugend Österreichs. Nach dem Februaraufstand in Wien trat ich in den illegalen Kommunistischen Jugendverband ein. Wegen Verbreitung der illegalen Schrift "Kärntner Bolschewik" wurde ich 1935 von den Austrofaschisten zu 3 Monaten Haft verurteilt. Mit Hilfe der Kommunistischen Partei ging ich 1937 nach Spanien und kämpfte in der 11. Internationalen Brigade im 3. Bataillon (Thälmann) der 3. Kompanie. Bei Belchite geriet ich 1938 in Gefangenschaft. Sie steckten mich in das "Campo de Konzentration San Pedro de Cardena" bei Burgos, bis mich die Gestapo im August 1939 nach Deutschland holte.

Die erste Station war das Gestapo Hauptamt in der Prinz-Albrecht-Straße in Berlin. Anschließend kam ich in das KZ Sachsenhausen. Als Zugang war ich zuerst im Klinkerwerk, später wurde ich als Läufer der Politischen Abteilung eingesetzt. Diese Funktion, die ich auf Befehl der SS auszufüllen hatte, konnte ich sabotieren und im Sinne der Häftlinge nutzen. Meine Aufgabe, die mir von meinen mitgefangenen Genossen gestellt wurde, lautete: durch vorgespielte Zuverlässigkeit die SS zu täuschen, Ohren und Augen offenzuhalten und alles, was in der Politischen Abteilung von der SS ausgeheckt wurde, meinem Genossen Harry Naujoks, dem Lagerältesten, oder dem Genossen Rudi Wunderlich, mitzuteilen, damit die im Geheimen existierende Lagerleitung der Häftlinge Gegenmaßnahmen erwägen konnte.

Es gelang mir, heimliche Blicke in die Zugangsakten zu werfen. So entdeckte ich Nummern und Namen von Spitzeln, die eingeschleust wurden, um den organisierten Widerstand im Lager an die SS zu verraten. Durch mein Zutun konnte der SS samt ihren Spitzeln ein dicker Strich durch die Rechnung gemacht werden.

Die Politische Abteilung merkte, daß die Spitzel die ihnen gestellten Aufgaben nicht erfüllen konnten. Sie forschten nach, wer über diese Spione Informationen ins Lager gebracht haben konnte. Der Verdacht fiel auf mich. Um aus dem Blickfeld der Politischen Abteilung zu verschwinden, sorgten meine Genossen dafür, daß ich zum Außenkommando Lichterfelde abkommandiert wurde. Dabei war uns allen klar, daß, wenn die Politische Abteilung mich zurückbeordern sollte, es mir ans Leben gehen würde.

Mein Arbeitskommando war "Unter den Eichen" (SS-Wirtschafts- und Verwaltungshauptamt), da war ich zu Aufräumungsarbeiten eingesetzt. Das Hauptamt war kurz vorher durch Bombardieren teilweise zerstört worden. Da dort auch eine zivile Installationsfirma tätig war, nahm ich die Verbindung mit einem Arbeiter dieser Firma auf. Dieser Zivilist hieß Karl und war Hitler-Gegner.

Durch ihn bekam ich kurz nach meiner Flucht die erste Anlaufstelle, das war ein altes Ehepaar, denen hatten die Nazis nach 1933 den Sohn erschossen. Da mein Vorarbeiter im Kommando, ein Sudetendeutscher, Jupp Pitschmann (politischer Häftling wegen illegaler Tätigkeit), auch an Flucht dachte, wurden gemeinsame Vorbereitungen getroffen (Overall, Werkzeugkasten und Pistolen). Overall und Werkzeugkasten waren bei der zivilen Installationsfirma vorhanden. Meine Pistole entwendete ich dem SS-Oberscharführer Daniel, der als Kantinenchef Dienst machte. Die Pistole lag in der Kantine herum. Ob die Pistole absichtlich oder leichtsinnig liegengelassen wurde, ist mir nicht bekannt. Es wurde auch keine Suche danach eingeleitet.

Im Mai 1944, ich glaube an einem Dienstag, wurde ich aufgerufen, mich am Freitag für den Transport ins große Lager bereitzuhalten und nicht wie sonst zur Arbeit auszurücken. Also mußte die Flucht am nächsten Tag steigen. Auch Jupp war entschlossen. Bisher war niemandem die Flucht geglückt.

Durch monatelanges Beobachten, waren wir genau über jeden Posten der Postenkette informiert. Einige SS-Leute verließen ihre Posten schon ein bis zwei Minuten bevor das Glockenzeichen erklang, und das war die schwache Stelle, um durchzukommen. Die Fahrzeiten der Straßenbahn waren genau beobachtet worden. Wir schafften unsere Overalls, Werkzeugkasten und Pistolen an diese Stelle, wo der Posten stand, der einige Minuten früher die Postenkette verließ. Es mußte blitzschnell gehen, Häftlingskleider mit Overall tauschen, den Montagekasten umgehängt und ca. 25 Meter weiter in die abfahrende Straßenbahn springen. Wir fuhren zur Wohnung von Anni, Feurigstraße, Schöneberg (Anni war die Freundin von Jupp Pitschmann). Die erste Woche verließen wir die Wohnung nicht. Anni nahm Verbindung auf mit Karl. Anni und Karl organisierten uns Lebensmittel und Kleidung. Nach zirka drei Wochen übersiedelte ich zu dem alten Ehepaar. Nach einiger Zeit bekam ich durch Karl eine Anlaufstelle in der Memlerstraße. Das Ehepaar hieß Schilling und war früher in der KPD organisiert.

Da damals Berlin sehr oft bombardiert wurde, mußte ich eine Zweitunterkunft zur Verfügung haben, sollte eine Anlaufstelle durch Bomben zerstört werden, was auch im November eintrat. Die Häuserblocks wurden durch eine Luftmine zum größten Teil zerstört. Ich war bei diesem Angriff im 4. Stock und lehnte mich an den Kamin. Nach einer Kletterpartie kam ich am Boden an und übersiedelte in die Wülichstraße. Mein nächstes Quartier sollte am Müggelsee bei einem Genossen sein, zu dem mir Karl durch eine Zusammenkunft verhelfen wollte. Die Zusammenkunft sollte am späten Nachmittag in einem Gartenlokal am Müggelsee sein. Es war einigermaßen warm. Ich stieg aus der Straßenbahn, die 50 - 80 Meter von diesem Lokal hielt, aus, begab mich wie verabredet zu dem Gartenlokal und setzte mich an den Tisch, an dem der Genosse saß. Der Genosse war mir von Karl genau beschrieben worden. Zuerst beobachtete ich die Umgebung. Was ich sah, erforderte ein blitzschnelles Handeln. Ein paar Tische weiter saß ein SS-Hauptscharführer mit einer Frau; er kam aus dem Kommando, aus dem ich geflüchtet war, und es war auch offensichtlich, daß er mich erkannte. Da die SS wußte, daß ich bewaffnet bin, unternahm er gegen mich nichts. Der SS-Hauptscharführer beobachtete mich und unterhielt sich mit der Frau. Ich sagte meinem Genossen, dem ich gegenüber saß, daß ich erkannt worden sei und sofort verschwinden müsse. Im gleichen Moment als ich aufstand, eilte der SS-Mann in das Gebäude. Mir war klar, er ging telefonieren. Ich hastete die kurze Strecke zur Straßenbahn, die ich im letzten Moment auch erwischte. Der SS-Mann hat bestimmt meine Beschreibung durchgegeben (ich trug einen hellen Trenchcoat-Mantel). Mein erstes war, mich des Trenchcoat zu entledigen. Ich zog ihn aus und rollte ihn in eine Bankecke der Straßenbahn. Meine Schlußfolgerung war richtig. Ungefähr zwei Drittel der Strecke zur S-Bahn wurde die Straßenbahn gestoppt und sofort von Polizei und SS-Leuten umstellt. Jetzt wußte ich, es geht um Leben oder Tod. Alle Insassen, die einen hellen Trenchcoat anhatten, wurden aufgefordert auszusteigen. Bei allen anderen Fahrgästen, auch bei mir, wurden die Ausweise kontrolliert. Da ich einen gefälschten Wehrausschließungsschein, der mit meinem Foto versehen war, besaß, konnte die Straßenbahn die Fahrt fortsetzen. Ich glaube, meine Überprüfung in der Straßenbahn ist deswegen so glatt gegangen, weil ich von einem alten Polizeibeamten kontrolliert wurde. Die nächste Kontrolle an der S-Bahn passierte ich als Kriegsversehrter mit einem steifen Bein. Auch dort wurden alle mit einem hellen Mantel abgesondert.

Durch den weiteren Vormarsch der roten Armee unterblieb dann eine weitere Zusammenkunft. Ich bin dann im Quartier in der Wülichstraße bis zur Befreiung von Berlin geblieben. Unsere politische Tätigkeit waren Zusammenkünfte mit Genossen. Da wir den Sender Moskau hörten, waren wir über die militärische Entwicklung informiert. Uns war es klar, daß wir bei der Zerschlagung der Faschisten und Befreiung Berlins etwas tun mußten. Als die rote Armee schon bis zum Ost-Bahnhof vorgestoßen war und von dort die Warschauer Brücke mit Artillerie beschoß, sah ich vom Fenster meiner Unterkunft aus, daß in das NS-Parteilokal auf der gegenüberliegenden Seite der Straße immer alte Männer hineingingen und mit Gewehr und Armbinde herauskamen. Mir war sofort klar, daß die Männer zum Volkssturm einberufen wurden und noch kurz vor dem Ende hingeschlachtet werden sollten. Mein Entschluß war gefaßt, das mußte verhindert werden. Ich wartete auf der Straße, sprach die Männer an und zog sie in den Hausflur meines Quartiers. Dort überzeugte ich sie, daß es keinen Sinn mehr habe für Hitler zu kämpfen, denn dies wäre ihr sicherer Tod. Ich überzeugte sie auch, daß sie geopfert werden sollten, nur damit Hitler und seine Mitverbrecher noch Zeit hätten, sich aus dem Staub zu machen. Ich nahm ihnen die Gewehre und Armbinden ab und verstaute sie in einer dunklen Ecke im Flur. Den Männern, es waren ca. 25 bis 30, zeigte ich den Weg über den Hinterhof zu einem anderen Straßenausgang. Es war kaum Widerstand bei den Männern spürbar. Sie waren alle froh, daß sie das Gewehr los wurden. Da der Gefechtslärm immer näher kam, war mir klar: sollte ich auf Widerstand stoßen, würde ich mich zur roten Armee durchschlagen.

Am Tag der Befreiung wurde ich am Kopf durch eine Panzergranate verwundet. Ich wurde von den Soldaten der roten Armee verbunden und aus der Kampfzone gebracht. Das war nur möglich, weil ich meinen Einsatz in Spanien in der internationalen Brigade und meine KZ-Haft und Flucht aus dem KZ nachweisen konnte. Ich wurde von der roten Armee nach Altlandsberg gebracht und beauftragt, die Volkspolizei aufzubauen. Ich brachte ca. 20 Antifaschisten zusammen und installierte die Ortspolizei Altlandsberg. Nach der Polizeischule wurde ich Leiter der Schutzpolizei des Kreises Niederbarnim. 1949 wurde ich verständigt, daß meine Mutter im Sterben lag, und mein Ansuchen nach Hause zu fahren, wurde von meinem Chef Richard Steimer genehmigt.

Bei meiner Einlieferung in Sachsenhausen waren wir vier Spanienkämpfer. Der Großteil wurde erst nach 1941 ins Lager gebracht. Wieviele schon da waren, ist mir nicht mehr bekannt.

Das ist im großen Rahmen meine Tätigkeit als Kämpfer gegen Faschismus.

Peder Søegård

Ich erlebte Furchtbares

Wir fuhren mit der Eisenbahn über Nästved-Warnemünde nach Deutschland. Durch die Pforte "Arbeit macht frei" wurden wir in Sachsenhausen eingeliefert. Wir kamen in den Isolierblock 8-14 zu den kanadischen Häftlingen, die später auf brutalste Weise ermordet wurden.

Ich war bereits durch Schilderungen von deutschen Emigranten und durch die KZ-Literatur auf das Lagerleben vorbereitet. So hatten wir als Studenten in Aarhus Per Lagerkvists Stück "Der Henker" aufgeführt.

Aber gleich durch die ersten Eindrücke fühlten wir uns in das Mittelalter zurückversetzt. Wir sahen die ukrainischen Jugendlichen, die zu Skeletten abgemagert und mit Lumpen behangen waren. Sahen die Strafkompanie, die singend um den Platz herummarschieren mußte. Entsetzlich war es für uns, den ersten Hinrichtungen zuzusehen.

In Sachsenhausen war ich in kurzer Zeit sehr ausgehungert. Später, als die Rot-Kreuz-Pakete kamen, besserte sich mein Zustand.

Ich lag in Block 25. Dort waren Norweger und Dänen. Der Blockälteste, "Blockhans" genannt, war ein hinterhältiger Bursche. Die SS benutzte ihn als Spitzel. Franz Dannert, ein alter deutscher Kommunist, der bereits seit 1936 im Lager war, warnte mich vor ihm. Ich erinnere mich in diesem Zusammenhang besonders an Schou, er war ein stiller Mensch und ein feiner Kamerad. Weil er sich mit dem Blockhans angelegt hatte, wurde er auf einen Transport geschickt und starb.

Da ich Medizinstudent war, kam ich als Pfleger aufs Krankenrevier, zusammen mit Dr. Ejnar Dahl, mit dem ich schon auf dem Transport zusammenwar. Dahl war nach dem Krieg längere Zeit Mitglied des ZK der Dänischen Kommunistischen Partei. Im Revier arbeitete ich auch mit dem Russischen Arzt Nikolay Schecklakow und mit dem Pfleger Heisswolf zusammen. Heisswolf war Bibelforscher und auch einer der Militärdienstverweigerer, von denen es mehrere im Lager gab. Gegen Ende des Krieges wurde er von der SS verhört, aber sie konnten nichts mit ihm anfangen. Er akzeptierte nur einen Herrn über sich, und das war Gott. Er hatte am ersten Weltkrieg teilgenommen, war aber überzeugter Pazifist.

"Aber Peder, ich habe niemals einen Menschen erschossen", sagte er zu mir. Wenn er über die SS sprach, wurde er wild und bekam wohl auch blutige Gedanken.

Dann war im Revier noch Franz Zyranek. In Sachsenhausen behandelte er alle Knochenbrüche - ansonsten war er wohl Elektriker. Er machte seine Arbeit ausgezeichnet. Die Dänen und Norweger hatten große Achtung vor ihm, obgleich sie wegen der faschistischen Unterdrückung gegen Deutsche Mißtrauen hegten. Franz Zyranek starb 1975 im Alter von 75 Jahren. Ich empfand seinen Tod als einen schmerzlichen Verlust.

Albert Rheinfrank war langjährig Häftling in Sachsenhausen und einer der ältesten deutschen Häftlinge. Er hatte einen rauhen Charakter und einen ihm eigenen Humor, der ihm half zu überleben. Er konnte über eine Sache lachen - trotz der schweren Zeit.

Im August 1944 geschahen bitterböse Dinge in Sachsenhausen. Es herrschte eine gedrückte Stimmung. Wir sahen, wie alte deutsche Häftlinge, die bereits 10 Jahre im Lager waren, herausgeholt und ermordet wurden. - Ein Dutzend von ihnen durch Genickschuß. Es waren insbesondere führende kommunistische Persönlichkeiten. Uns allen war recht unheimlich zumute. Ich weiß nicht, ob die Dänen und Norweger überhaupt erfaßten, was geschah - einige wohl. Zur gleichen Zeit wurde auch der Führer der Kommunistischen Partei Deutschlands, Ernst Thälmann, in Buchenwald ermordet.

Eine entsetzliche Begebenheit war auch die Ermordung russischer Kriegsgefangener in Sachsenhausen, worüber Franz Dannert berichtete. Als man die 18.000 Gefangenen ermordete, wäre es unter den Häftlingen fast zum Aufruhr gekommen.

Nach einem Bombenangriff kam eine Anzahl Frauen ins Revier. Wir verbanden sie, aber trotzdem starben die meisten. Einige hatten Arme und Beine verloren. Es war schrecklich anzusehen. Die Toten kamen in Lastautos und sahen aus wie Schlachtvieh.

Einigen der polnischen Frauen gab ich Brot und was wir sonst noch durch die Rot-Kreuz-Pakete erhielten. Es wurde entdeckt, weil mein Name auf einem der Pakete stand, und man bestellte mich ans Tor, was oft den Tod bedeutete. Aber die SS gab sich mit der Erklärung zufrieden, daß ich nicht wüßte, woher die Frauen den Pappkarton hätten.

Ein furchtbares Erlebnis war für mich ein Transport jüdischer Kinder. Sie wurden eines Abends mit Erfrierungen eingeliefert. Wir verbrauchten einen großen Teil des Verbandmaterials für diese bedauernswerten Geschöpfe. Am nächsten Morgen wurden sie abgeholt und ohne Ausnahme vergast.

Einmal wurden Paul Gloersen und ich beordert, Leichen zu transportieren. Ein Transport Häftlinge, wahrscheinlich Juden, war angekommen. Der Zug hielt auf der Bahnstation Sachsenhausen. Es waren Viehwagen oder Güterwagen mit Schiebetüren. Und vor jeder der Schiebetüren lag ein Haufen Leichen. Sie waren erfroren, verhungert, verdurstet. Ein Einzelner kroch auf dem Wege, andere waren nur halbtot und wurden aussortiert und lagen herum, um zu sterben. Sie sollten ja tot sein, bevor sie ins Krematorium kamen. Man hörte auch, daß die SS nach denen rief, die versuchten, unter den Zug zu kriechen. Es war irgendwann im Winter. Ich wurde zusammen mit einem französischen Studenten zum Krematorium geschickt, weil sie aus irgendeinem Grund meinten, daß dort noch einer war, der lebte. Ich weiß nicht, wie genau sie es sonst nahmen. Wir trugen ihn hinaus, er lag da und starb. Es ist eigentümlich, daß Menschen, die an Kälte sterben, oft nur scheintot sind. Sie können noch lange leben, nachdem man geglaubt hat, sie seien tot.

Ich erinnere mich noch an eine Gruppe von Typographen im Lager, die für die SS englische Pfundnoten fälschten. Die sah ich ab und zu im Revier, wenn sie krank waren. Sie waren besser ernährt als die anderen Häftlinge und kamen unter besonders scharfer SS-Bewachung zur Behandlung. Im Frühjahr 1945, als die Rote Armee sich Berlin näherte, versuchte die SS, die Spuren zu verwischen, und verlegte die ganze Geldfälscherwerkstatt in das KZ Ebensee.

Im Lager waren verschiedene prominente Skandinavier: Oftedahl (später norwegischer Minister), Överland (norwegischer Schriftsteller) und Aksel Larsen. Er war Vorsitzender der Dänischen Kommunistischen Partei und dänischer Reichstagsabgeordneter. Er wurde von der dänischen Polizei verhaftet, der Gestapo übergeben und ins KZ gebracht. Die Gerüchte, daß Norweger und Dänen verlegt werden sollten, bewahrheiteten sich. Auf der Fahrt von Sachsenhausen nach Neuengamme saß ich vorn im Bus und konnte sehen, daß viele tote Pferde am Weg lagen.

In Neuengamme traf ich alte deutsche Häftlinge, denen ich Grüße aus Sachsenhausen überbringen konnte. Ich traf auch Robert Sörensen und Thygesen von der BOPA (bürgerliche Partisanen, bedeutende dänische Sabotageorganisation). Sörensen war einer der Begründer der BOPA. Ich war sehr erfreut, ihn wiederzusehen. Ich kannte ihn seit 1936, sah ihn zuletzt in Vestre Fangsel und hatte nicht erwartet, ihn lebend wiederzutreffen. Poul Thygesen, jetzt bekannter dänischer Neurologe, hat eine große wissenschaftliche Arbeit über die Wirkungen von Hunger und Leiden im KZ und über das KZ-Syndrom geschrieben.

In Neuengamme habe ich in einer Ziegelei gearbeitet. Ich teilte meine Matratze mit einem Richter des obersten Gerichtes in Norwegen. In Neuengamme gab es eine Anzahl prominenter norwegischer Häftlinge und norwegischer Studenten sowie dänischer Polizisten. Ich erkrankte an Felcktyphus und verlor das Erinnerungsvermögen. Deshalb war ich einer der ersten, die nach Dänemark abtransportiert wurden. Auf dem Weg nach Fröslev in Südjütland traf ich meinen alten Lehrer. Ich wurde ins Krankenhaus Aabenraa eingeliefert und war die ganze Zeit bewußtlos. Den Felcktyphus habe ich mir wohl beim Transport von Flecktyphuskranken geholt.

Ich bin noch immer tief erschüttert, wenn ich an die bekannten und unbekannten Kameraden denke, die in dieser Zeit im Lager und auch nach 1945 an den Folgen der Haft starben. Besonders denke ich auch an den schrecklichen Todesmarsch nach Schwerin. Auch Franz Dannert, mein bester Freund war dabei. Aber trotz aller erlittener Qualen gab es keine Racheakte von uns an SS-Leuten.

Arthur Schinnagel, Berlin (West)

Der Verfasser wurde geboren im Jahre 1892 zu Königsberg in Ostpreußen und erhielt im Jahre 1915 die Approbation als Arzt vom Preußischen Ministerium des Inneren.

Im Jahre 1912 wurde er Mitglied der Sozialdemokratischen Partei, 1914 Angehöriger des Spartakusbundes. Im April 1919 beteiligte er sich an der Bayerischen Räterepublik und wurde vom Standgericht München zu 15 Monaten Festungshaft verurteilt und zwar, wie es im Urteil hieß, wegen "Verbrechens der Beihilfe zum Verbrechen des Hochverrats".

Mitte 1919 war im Gefängnis Stadelheim ein sowjetrussischer Mithäftling namens Tovia Axelrod, der diplomatische Vertreter der Sowjetmacht bei der Bayerischen Räterepublik. Er wurde zu 15 Jahren Haft verurteilt. Angehörige der Wachmannschaften benahmen sich gegenüber dem Sowjetrussen ungewöhnlich, so daß die Häftlinge um das Leben ihres Mithäftlings besorgt waren. Es kam zu einem Hungerstreik, an welchem sich auch der Verfasser beteiligte. Nach drei Tagen entschloß sich die Gefängnisverwaltung zu Milderungen in der Behandlung des sowjetrussischen Häftlings.

Während der Festungshaft war der Verfasser u.a. mit den Häftlingen Erich Mühsam und Ernst Toller zusammen. Die Haft endete im August 1920.

Der Verfasser war bis 1933 Mitglied der "Roten Hilfe", eines überparteilichen Fürsorgeverbandes für politische Häftlinge. Auch war er Mitglied im überparteilichen "Verein sozialistischer Ärzte". Ab 1920 war der Verfasser Vertreter von Ärzten in Berlin und in der Provinz Brandenburg, später als Kassenarzt in Berlin-Friedrichshain tätig. 1933 wurde dem Verfasser vom Naziregime die Kassenpraxis entzogen, so daß er auf die kümmerliche Privat-Praxis angewiesen war.

Am 25. September 1937 wurde der Verfasser von der Gestapo in Berlin verhaftet. Im Schutzhaft-Befehl hieß es "... wird beschuldigt, mit dem kommunistischen Emigrantenkomitee in Prag in laufender Verbindung zu stehen". Etwa im Mai 1938 kam der Verfasser vom Berliner Polizeipräsidium nach dem Konzentrationslager Sachsenhausen. Er erhielt die Häftlings-Nr. 1721. Einige Jahre später wurden die Häftlings-Nummern neu geordnet. Die niedrigste Nummer hieß nun 10 001, die neue Nr. des Verfassers 10 751. Dem Verfasser wurde als Lagerarbeit zunächst Steineklopfen zugeteilt, später die Strumpfstopferei. Im weiteren Verlauf wirkte er in der Schreibstube und in der Effektenkammer und schließlich im Krankenbau als sogenannter Häftlingsarzt.

Im Januar 1945 kam der Verfasser nach dem Lager in Neubrandenburg, einem Männer-Nebenlager zu dem Frauenlager in Ravensbrück. Ende April 1945 wurde vom Internationalen Roten Kreuz ein Häftlingstransport gebildet und nach Westen gebracht. Der Verfasser kam nach Lübeck und wurde Anfang Mai 1945 durch die britische Rhein-Armee befreit. Dort leitete er im Rahmen des Deutschen Roten Kreuzes eine "Suchstelle für Vermißte aus den Konzentrationslagern" und war Vorstandsmitglied der neugegründeten "Vereinigung der Verfolgten des Naziregimes" (VVN).

1945/46 war der Verfasser Mitglied der ersten Lübecker "Bürgerschaft". Diese erste Bürgerschaft war von der britischen Besatzungsmacht ernannt worden. Etwa 1949 gelang es dem Verfasser, nach Berlin zurückzukehren. Seitdem lebt er, 100 Prozent schwerbeschädigt, zurückgezogen in Westberlin.

Erlebnisse im Nazi-Konzentrationslager Sachsenhausen

ETWA 10.000 SOWJETISCHE KRIEGSGEFANGENE WERDEN GETÖTET

Es war im Herbst 1941, wenige Monate nach Beginn der deutsch-sowjetischen Auseinandersetzung. Eine erhebliche Anzahl von sowjetischen Kriegsgefangenen war plötzlich im Lager Sachsenhausen untergebracht, und zwar außer Berührung mit dem Großteil der eigentlichen Häftlinge. Sowjetische Uniformstücke wurden auf einem Arbeitskommando von deutschen Häftlingen zerschnitten und sonstwie verarbeitet. Deutsche Häftlinge hielten sowjetische Uniformknöpfe in der Hand, welche mit dem sowjetischen Abzeichen "Hammer und Sichel" versehen waren.

Die folgenden Ereignisse werden vom Verfasser nicht aus eigener Kenntnis berichtet, sondern als Inhalt einer der im Lager umlaufenden Mund-zu-Mund-Nachrichten, welche sich im allgemeinen als zuverlässig erwiesen.

An einem Abend hieß es nun, daß sowjetische Kriegsgefangene nachts aus ihren Baracken nach einem Nebentor des Lagers gefahren würden, welches nach dem sogenannten Industriehof führte, und daß sie dort umgebracht werden sollten, und dann geschah es, daß nach 21 Uhr, nach dem Eingeschlossensein in den Baracken, die Häftlinge stundenlang das Fahren von Fahrzeugen zum Industriehof hin und wieder zurück hörten, und zwar beklommenen Mutes.

Diese Fahrzeuge fuhren vom Appellplatz, also nahe dem Eingangstor, durch eine Lagerstraße, deren erste Baracken an der Stirnwand folgende Aufschrift trugen: links "einen Weg" und rechts "zur Freiheit". Diese vier Worte bildeten einen Teil eines Satzes, dessen einzelne Worte auf die Stirnwände der ersten Baracken verteilt waren, so daß jemand am Tor stehend im Halbkreis die Worte lesen konnte: "Es gibt/einenWeg/zur Freiheit/. Seine Meilensteine/heißen: Gehorsam/Fleiß/Ehrlichkeit/Ordnung/Sauberkeit/ Nüchternheit/Opfersinn/und Liebe zum Vaterland!" Der Inhalt dieses Satzes wird aus der Erinnerung wiedergegeben, Irrtum und Unvollständigkeit bleiben vorbehalten.

Dieser Satz ist der Teil einer Rede des Reichsführers der SS Heinrich Himmler. Diesen Satz sah der Verfasser auch auf einer Tafel in einer Arbeitsstelle hängen.

In jener Nacht im Herbst 1941 also fuhren die Fahrzeuge mit sowjetischen Kriegsgefangenen durch eine Barackenstraße, vorbei an den Baracken, deren Stirnwände die Aufschrift trugen "einen Weg zur Freiheit". Die Baracken links und rechts von dieser Barackenstraße waren die Baracken des Krankenbaues. Die Mund-zu-Mund-Lagernachrichten berichteten nun, daß den Kriegsgefangenen in ihren Baracken verkündet wurde, daß sie nun nach einer anderen Gegend verlegt werden sollten, wo sie Landarbeit zu verrichten hätten und daß sie nun sofort zu einer ärztlichen Untersuchung gebracht würden.

Die Lagernachricht berichtete, daß die Kriegsgefangenen, besonders die Jugendlichen, die Nachricht von der bevorstehenden Landarbeit begeistert aufnahmen und sich zu den Fahrzeugen geradezu hindrängten. Die Lagernachricht berichtete weiter, daß die Fahrzeuge mit den Kriegsgefangenen, nachdem sie das Nebentor vom Lager zum Industriehof durchfahren hatten, ihre Insassen in einer Halle ablieferten. In dieser Halle waren Meßlatten aufgestellt, wie sie in ärztlichen Untersuchungsräumen stehen, zur Feststellung der Körperlänge mit einem Holzbrett oben, welches senkrecht verschiebbar war und auf dem Kopf des Untersuchten ruhte. Diese Meßlatte war aber etwas anders als die üblichen Meßlatten. Sie wies nämlich in der Gegend, welche das Genick des Untersuchten berührte, ein etwa Handteller großes Loch auf. Durch dieses Loch wurde, wenn der Kriegsgefangene der Meßlatte den Rücken zuwandte, ein Schießeisen gelegt und abgefeuert. Es kam zu einem sogeannnten Genickschuß. Der Kriegsgefangene stürzte zu Boden, und sein Blut färbte den Sand. Die Leiche wurde weggeschafft, und der blutgefärbte Sandfleck wurde mit neuem Sand zugeschüttet, und durch die Tür wurde dann das nächste Opfer hereingeführt, und es folgte ein Genickschuß nach dem anderen am laufenden Band. Während des Vorgangs ertönte laufend Grammophon-Musik. Die Leichen wurden ins Krematorium gebracht, und tagelang danach war der Krematoriumsrauch zu sehen, und der süßliche Geruch von Menschenfleisch war wahrzunehmen.

Erschießungsgraben

Dieses Geschehen kann auch mehrere Nächte hindurch gedauert haben. Wieviele Kriegsgefangene ihr Leben einbüßten, darüber gab es verschiedene Zahlen. Die niedrigste Zahl betrug 10.000.

Das soeben Erzählte weiß der Verfasser u.a. aus dem Munde eines kriminellen Lagerhäftlings namens Julius Thiemann, welcher als Gehilfe der Lagerverwaltung mitwirkte. Als einer der beteiligten SS-Leute wurde dem Verfasser der Hauptscharführer Gustav Sorge genannt ("der Eiserne Gustav).

Dem Verfasser wurde ferner berichtet, daß die beteiligten SS-Leute zur Erholung einen mehrwöchigen Sonderurlaub erhielten. Es wurde von einem geschlossenen Aufenthalt in Italien gesprochen. Diese Tötung der Kriegsgefangenen ist im "Völkischen Beobachter" nicht erwähnt.
Ob weitere sowjetische Kriegsgefangene außerhalb von Sachsenhausen auch in eine solche Tötungsreihe einbezogen wurden, ist dem Verfasser nicht bekannt.

EIN ZEUGE JEHOVAS WIRD ERSCHOSSEN WEGEN WEHRDIENSTVER-
WEIGERUNG

Es war gegen Ende des Jahres 1939, etwa im Oktober, kurze Zeit nach Kriegsausbruch, als der "Völkische Beobachter" berichtete: der Bibelforscher (oder Zeuge Jehovas), namens August Dickmann, im Ruhrgebiet beheimatet, sei wegen Wehrdienstverweigerung erschossen worden.

Diese Erschießung geschah im Konzentrationslager Sachsenhausen, und zwar im Angesicht des ganzen Lagers während es Abend-Appells. Schon beim Rückmarsch der Arbeitskommandos ging die Nachricht von Mund zu Mund, daß eine Erschießung geschehen würde und daß schon eine Anzahl Sandsäcke als Kugelfang aufgeschichtet sei. Dann sprach der Lagerkommandant namens Hermann Baranowski (mit dem Spitznamen "Vierkant"). Er sagte etwa folgendes: Der Häftling ist zum Tode durch Erschießen verurteilt worden, weil er sich weigerte, den Wehrpaß zu unterschreiben. Der Häftling äußerte zu seiner Verteidigung, daß er nur einen solchen Krieg bejahen werde, welcher von Jehova angeordnet sei.

Sodann geschah die Erschießung. Nach der Heimkehr in die Baracken standen die Häftlinge bewegt in Gruppen zusammen und äußerten sich mit schlichten Worten der Anerkennung über einen Mithäftling, welcher für seine Überzeugung in den Tod gegangen war. Der obenerwähnte Vorname "August" kann irrig sein. Diese Erschießung des Häftlings Dickmann blieb anscheinend nicht die einzige. Der Verfasser bekam in der Schreibstube ein Schriftstück zu Gesicht, eine sogenannte "Veränderungsmeldung", in welcher unter dem Vermerk "Abgänge" stand: " 2 Bibelforscher ersch.". Dieses Wort wurde als Abkürzung des Wortes "erschossen" gedeutet.

Allgemein ist über die Zeugen Jehovas (oder auch Bibelforscher) folgendes zu sagen:

Im Jahre 1938 oder 1939 waren die Bibelforscher in Sonderbaracken untergebracht, in einer sogenannten S.K. (d.h. Strafkompanie). In späteren Jahren wurden sie auf die allgemeinen Baracken aufgeteilt. Sie trugen einen violetten Winkel. Über den Inhalt ihres Glaubens möge hier eine Äußerung unterbleiben. Indessen über ihr Benehmen im Lager und über ihr Verhalten zu Mithäftlingen hat der Verfasser nur Rühmliches zu äußern. Unter den 21 Bibelforschern, mit welchen der Verfasser zusammenkam, war nur eine einzige unerfreuliche Gestalt, namens Bruno. Die übrigen aber wirkten wohltuend durch ihr sanftes Verhalten und durch ihre Wahrheitsliebe und Redlichkeit.

Zu erwähnen ist noch ein vom Verfasser erlebtes Ereignis vor dem September 1939. Es kam während des Morgen-Appells zu einem Gespräch zwischen einem SS-Mann und einem Bibelforscher, welcher im Baubüro beschäftigt war, namens Rexin. Es war über diesen Bibelforscher eine Äußerung der Lagerverwaltung ergangen, daß er freigelassen werden würde, wenn er seinem Glauben abschwöre. Der Häftling wurde nun vom SS-Mann gefragt, ob er abschwören würde. Der Häftling erwiderte: "Nein". Darauf entgegnete der SS-Mann wütend: "Ach, Sie mit Ihrem Scheißglauben!"

500 JUDEN WERDEN AN EINEM EINZIGEN TAG GETÖTET

Es war im Jahre 1942 oder später im Lager Sachsenhausen, da kam von Berlin ein Transport von jüdischen Häftlingen. Dazu wurden von den im Lager befindlichen jüdischen Häftlingen weitere ausgewählt. Insgesamt kamen 500 zusammen, und diese wurden innerhalb des Lagers getötet. Die Zahl der von Berlin hergebrachten Häftlinge verhielt sich zu den im Lager befindlichen Häftlingen wie 295 zu 205, oder umgekehrt. Die Auswahl der im Lager befindlichen Häftlinge geschah so, daß verschont blieben Ehemänner einer arischen Frau oder solche, welche im Lager schwere körperliche Arbeit verrichteten, z.B. als Maurer oder aus anderen Gründen.

Gewährsmann für diese Umstände ist der im Lager befindliche jüdische Häftling Theodor Kosterlitz, welcher Direktor der Commerzbank in Leipzig war. Dieser Häftling überlebte die Auswahl als Ehemann einer Arierin. Er erzählte am anderen Tage dem Verfasser jenen Umstand. Der Verfasser selbst erinnert sich noch eines jüdischen Mithäftlings, namens Natkin, mit welchem er fast täglich zusammen war, und welcher am Tage nach jenem Vorfall nicht mehr erschien.

Jan Telling, Niederlande
Häftlings-Nr. 42392

Ich bin im Januar 1919 geboren. Seit November 1936 war ich bei der Niederländischen Dock- und Schiffsbaugesellschaft beschäftigt. Wegen Verbreitung antinazistischer Schriften und Teilnahme an dem Streik von 300.000 Arbeitern am 25. und 26. Februar 1941 wurde ich am 15. September 1941 verhaftet. Nach der Untersuchungshaft folgte die Überführung in das polizeiliche Durchgangslager Amersfoort. Am 22. Februar 1942 kam ich auf Transport über Köln (Klingelpütz), Buchenwald, Ravensbrück (Männerlager) und schließlich am 22. Mai 1942 in das Konzentrationslager Sachsenhausen. Hier erhielt ich die Häftlingsnummer 42392, die mich bis zu meiner Entlassung am 22. Mai 1945 begleitete. Meines schlechten körperlichen Zustandes wegen (85 Pfund Körpergewicht bei 1,78 Meter Körpergröße) wurde ich als Schreiber, Stenotypist und Dolmetscher im Klinkerwerk eingesetzt. Die Kameraden des Blocks 25 a im Stammlager fürchteten, daß ich die Lagerzeit nicht überleben würde!

Weil ich einmal dabei ertappt wurde, daß ich mein Hemd wusch, obwohl die Arbeitszeit offiziell noch nicht beendet war, wurde ich abgelöst und am 7. Februar 1945 strafweise in das Konzentrationslager Bergen-Belsen verlegt. Von hier begann eine neue Reise nach Deutschland, die mich nacheinander in die Konzentrationslager Pölitz (bei Stettin) und Barth brachte, wo wir am 30. April von der Sowjetarmee befreit wurden.

Über die Zwischenstationen Wismar, Lübeck, Lüneburg, Rheine und Almelo landete ich am 1. Juni 1945 wieder im Konzentrationslager Amersfoort, das inzwischen aber in ein Heimkehrerlager umgewandelt worden war. Am 2. Juni 1945 konnte ich endlich Amsterdam wiedersehen.

Von August bis Ende Dezember 1945 wurde ich wegen Tuberkulose behandelt, die ich mir in der Haft zugezogen hatte. Von 1946 bis 1966 war ich wieder bei der Niederländischen Dock- und Schiffsbaugesellschaft beschäftigt. Weil ich arbeitsunfähig geworden war, wurde ich 1966 in den Ruhestand versetzt.

Nachdem ich 1960 Mitglied des Sachsenhausenkomitees geworden war, übertrug man mir 1961 die Aufgabe als Sekretär des Komitees, die ich bis 1977 ausübte. Seit dieser Zeit wird meine Mitarbeit von meinem Gesundheitszustand, den Altersbeschwerden und den Folgen der Haft bestimmt.

Mein Freund Paul Rakow

Vom 22. Mai 1942 bis zum 20. Februar 1943 war ich Häftling im Konzentrationslager Sachsenhausen und anschließend bis zum 6. Februar 1945 im Nebenlager Klinkerwerk (Ziegelei).

Meine Häftlingsnummer war 42392, ich bin Niederländer. Zuerst möchte ich über den deutschen politischen Häftling Paul Rakow sprechen, damals wohnhaft in Berlin-Wedding, Gefangener seit 1931 wegen einer Waffenangelegenheit.

1945 wurde er "Vorzugshäftling" (das hat er mir persönlich anvertraut), ein glatter Hohn, denn eine praktische Bedeutung hatte es für ihn nicht.

Paul wurde Anfang 1945 zur SS-Division Dirlewanger eingezogen.

Seit Ende 1943 hat Paul mit mir und etwa acht anderen politischen Häftlingen ein geheimes Bündnis geschlossen. Keiner von uns kannte die übrigen, nur Paul. Er hatte die Führung unserer konspirativen Gruppe, denn er hatte auf diesem Gebiet viel Erfahrung.

Unser Ziel war: Wo und wann nur möglich die Kriegsproduktion des Klinkerwerks zu sabotieren, zu bremsen oder zu stoppen.

Selbstverständlich sollte es den Nazis nicht auffallen, daß sabotiert wurde, weil sonst möglicherweise Unschuldige mit ihrem Leben büßen würden. Dieser Aufgabe war Paul in jeder Hinsicht gewachsen.

Unsere erste Tat war die Behinderung der Neuentwicklung einer Handgranate, die zum Teil aus einem besonders harten Ton hergestellt werden sollte. Paul, der als Chemiker im Labor des Klinkerwerks arbeitete und der ein guter Psychologe und Menschenkenner war, verstand es, seinen Mithäftling zu gewinnen. Gemeinsam produzierten sie diese neue Waffe mit einer fehlerhaften Zusammensetzung der Chemikalien. Der Test der Handgranate fiel negativ aus. Sie wurde nicht hergestellt.

Wichtige Mittel, Pauls Arbeitskollegen an uns zu binden, waren neben dem Versuch, ihn von der Richtigkeit seiner Tat zu überzeugen, Schokolade und Zigaretten. Sie stammten aus Lebensmittelpaketen, die wir Häftlinge ab 1942 von zu Hause empfangen durften. Die gute Sache war uns das Opfer wert.

Die nächste Aufgabe, die wir uns stellten, lautete: Wie können wir die Herstellung von Mörsergranaten verzögern oder gar verhindern? Es gelang dem am Gießtiegel arbeitenden Kameraden, die Temperatur des Tiegels zu manipulieren. So passierte es, daß ab und zu statt Mörsergranathülsen ein formloser Brei entstand. Weil die Hülsen, sogenannte Würflinge, noch weiter bearbeitet werden mußten, entstand dadurch eine Produktionsverzögerung. Insgesamt haben wir einen Produktionsausfall von drei bis vier Wochen erreichen können.

Inzwischen hatte der Bau der Gießerei II begonnen. In diesem Fall wollten wir die Fertigstellung und Inbetriebnahme so weit wie möglich hinausschieben. Es gelang, eine Seitenmauer einstürzen zu lassen. Die Ursachen wurden nicht festgestellt. Wir kannten sie: Die Zementmischung war "nicht ganz" in Ordnung. Die Gießerei kam nicht mehr zum Produzieren. Ich bin stolz darauf, dazu beigetragen zu haben, zusammen mit Paul und mir unbekannten Kameraden.

Für den Fall, daß alliierte Fallschirmjäger landen würden, hatten wir einen Plan, wie wir gegen die SS eingreifen würden. Auch falls die SS Ernst machen wollte, uns abzuschlachten, war ein Plan entworfen. Nachts hatte immer einer von uns Wache, damit Paul sofort informiert werden konnte. Vielleicht waren diese Pläne primitiv, doch sie machten uns kampfbereit. Außerdem glaube ich jetzt noch, daß die illegale Lagerleitung von unserer Tätigkeit gewußt hat. Ich bin dessen jedoch nicht absolut sicher.

Als Paul Anfang Januar 1945 zur SS-Division Dirlewanger eingezogen wurde, endete auch unsere illegale Arbeit. Am 6. Februar kam ich auf Straftransport nach Bergen Belsen. Ich möchte betonen, daß ich die Bezeichnung "Straftransport" selbst hörte. Im Lager II von Bergen-Belsen starben innerhalb eines Monats 3000 Menschen an Hunger, Läusen, Typhus, Terror. Durch Zuführung neuer Transporte blieb die Lagerstärke ständig etwa 3000. Es war eine unvorstellbare, typhusverseuchte Nazihölle.

Wo und wie Kamerad Paul Rankow umgekommen ist, wurde mir niemals bekannt. Sein Transport ging nach Rumänien. Sicher wird er versucht haben, allein oder mit anderen "Dirlewangern" überzulaufen. Es ist offenbar nicht gelungen. Besser erging es Hermann Schulze, Häftlingsnummer 10787 (wohnhaft in der DDR) und dem Kameraden Meißner ( ), dessen Nummer ich vergessen habe. Dieser war nach dem Kriege sehr aktiv im Sachsenhausenkomitee der Bundesrepublik. Diese beiden sind mit der ganzen Abteilung übergelaufen, aber das ist eine Geschichte für sich.

Es ist für mich ein Glück, solche Deutschen kennengelernt zu haben. Sie bewiesen mir: Die SS-Fratze war nicht das wahre Gesicht Deutschlands.

Es gab ein besseres Deutschland: Im KZ, im Exil, im Widerstand: Das haben die deutschen Häftlinge mit ihrer solidarischen Tat gezeigt, die uns half zu überleben.

Paul, der Kampf geht weiter: Wir schlafen nicht!

Wolfgang Szepansky, Berlin (West)
Häftlings-Nr. 33527

Wurde am 9.10.1910 in Berlin geboren und von seinen Eltern zum Haß gegen den imperialistischen Krieg erzogen. Erlernte das Malerhandwerk
  War aktiv in der Arbeitertheaterbewegung und Mitglied einer Agitpropgruppe von 1927-1931.
  1930 Mitglied des Kommunistischen Jugendverbandes.
  1933 politische Tätigkeit gegen die Hitlerregierung.
  August 1933 Verhaftung nach einer Aktion. Es folgten Vernehmungen in der Prinz-Albrecht-Straße, im Kolumbiahaus und im Polizeigefängnis Berlin-Alexanderplatz.
  Ab Januar 1934 Emigrant in Holland.
  Im Mai 1940 beim Überfall deutscher Truppen auf die Niederlande wieder in den Fängen der Gestapo. Im Oktober 1940 Einlieferung in das KZ Sachsenhausen. Von dort aus zwei Jahre ins Gefängnis wegen Rassenschande, danach zurück ins KZ Sachsenhausen. Nach dem Todesmarsch (20.4.-3.5.1945) Befreiung durch Alliierte Truppen bei Schwerin.
  1945 Ausbildung als Zeichenlehrer. Zweite Lehrerprüfung 1948. 1951 im Zuge des kalten Krieges gemaßregelt und Berufsverbot wegen Mitgliedschaft in der SED.
  Nach langer Arbeitslosigkeit Klubleiter.
  Maler-Autodidakt. Seit 1971 Beteiligung an Ausstellungen und eigene Ausstellungen. Buchillustrationen, Veröffentlichungen in verschiedenen Zeitschriften.
  Vorsitzender des Sachsenhausenkomitees Westberlin.
  Seit 1975 Rentner.

„Schutzhaftlager"
Sachsenhausen

Mit etwa fünfzehn anderen Gefangenen wurde ich am 17.10.1940 in das KZ Sachsenhausen eingeliefert. Einer von ihnen kam zum zweiten Mal dorthin. Er sagte zu uns: "Ihre Befehle müssen wir schnell und zackig ausführen. Das spart uns Keile. Laßt Euch nicht umhauen! Wer hinfällt, wird unter die Stiefel genommen!" - Wir kamen mit einigen Püffen und Fußtritten davon.

Über dem Eingangstor, dem Turm A, stand in gotischen Buchstaben: "Schutzhaftlager". In der schmiedeeisernen Gittertür: "Arbeit macht frei". Wir wurden hindurchgestoßen. Vor uns war ein großer halbkreisförmiger Platz, begrenzt durch die Giebelseiten der Baracken. Auf ihnen stand der Spruch: "Es gibt einen Weg zur Freiheit. Seine Meilensteine heißen: Gehorsam, Fleiß, Ordnung, Ehrlichkeit, Sauberkeit, Wahrhaftigkeit, Nüchternheit, Opfersinn und Liebe zum Vaterland."

Die Doppelposten am Maschinengewehr auf dem Turmgebäude dicht vor uns drohten: "Kiekt nicht so dämlich, sonst schicken wir Euch ne Fotografie runter!"

Ein SS-Offizier trat auf uns zu: "Warum bist Du hier?" fragte er einen. "Ich bin Jude." "Wie oft vorbestraft?" "Viermal." "Und so was lebt noch?" Er schlug den Mann blutig.

Wir standen acht Stunden wie angewurzelt. Dann kam der SS-Scharführer Sathoff. Er hetzte uns kreuz und quer über den Appellplatz und trieb uns dann in die Entlausungsbaracke. Hier wurde uns alles, was wir noch besaßen, abgenommen. Dann wurden wir kahlgeschoren und etwa eine halbe Stunde unter die kalte Brause gestellt. Der Scharführer saß pfeifend auf dem Fensterbrett mit seiner Pistole spielend: "Na, runter, ihr Arschlöcher!" Er zielte lässig. Das Wasser rauschte unerbittlich auf uns herab. Es gab kein Entrinnen. Danach wurden wir eingekleidet. Ich erhielt viel zu dünne, unzumutbare Zebra-KZ-Kleidung. Nun mußten wir drei Stunden in der Kniebeuge hocken, die Arme im Nacken verschränkt. Das nannten sie den "Sachsengruß". Es war eine von vielen niederträchtigen "Lagerstrafen".

Ich kam in einen "Zugangsblock". Sechs Baracken waren vom großen Lager durch Zäune abgesperrt und isoliert. Außer den zwei Zugangsblöcken gab es in dieser Isolierung noch die Baracken für die SK (Strafkompanie).

Der Stubenälteste trug über dem roten Winkel einen Querbalken als Zeichen, daß er zum zweiten Mal im Lager war. Ich zitterte immer noch am ganzen Leibe vor Aufregung und Kälte. Er gab mir als einzigem ein Stück Brot und eine Extradecke. Als ich das Brot mit einem Leidensgenos-

Von der Arbeit einrückende Häftlinge, ca. Winter 1941/42

sen teilte, war er unzufrieden. Er sagte leise zu mir: "Du solltest das Brot essen. Brot ist knapp. Der andere kommt aus der Hitlerjugend und sitzt wegen Kameradendiebstahl!" Er war offenbar über jeden Zugang informiert. Durch wen? Wer hatte hier in die Zugangsakten geschaut und ihm den Inhalt signalisiert?

Diese Lektion, die mir der Stubenälteste erteilt hatte, war in vieler Hinsicht lehrreich. 1. Es kamen nicht nur politische, bewußte Antifaschisten ins KZ, sondern auch deklassierte Elemente, gegen die Vorsicht geboten war. 2. Es gab eine geheime antifaschistische Organisation, die sich um die Politischen sorgte und die Solidarität organisierte.

Ich blieb vierzehn Tage in der Isolierung. Als Neuzugang wurde ich in dieser Zeit dem Schuhläuferkommando zugeteilt. Wir hatten Schuhe zu testen, d.h. wir bekamen morgens ein Paar Schuhe, mit denen wir den ganzen Tag um den Appellplatz herumlaufen mußten. Der festgelegte Weg führte abwechselnd über Schlacke, Schotter, Steine, Kies, Schlacke, Schotter, Steine, Kies. Wenn man Glück bei der Verteilung der Schuhe hatte, paßten sie oder waren zu groß. Schlimm war es, wenn sie zu klein waren. Fußverletzungen übelster Art konnten den Tod zur Folge haben, weil ärztliche Hilfe oft verweigert wurde. Die SK (Strafkompanie) hatte ebenfalls Schuhe einzulaufen. Zeitweise marschierten die Kameraden mit schwerem Gepäck im Rucksack. Nach vierzehn Tagen wurde ich ins große Lager nach Block 26 verlegt.

MEIN ERSTES KOMMANDO: KARTOFFELSCHÄLER

Die Kartoffelschäler waren im Keller unter der SS-Küche stationiert. Unser Vorarbeiter Paul besorgte fast jeden Tag etwas Essen für die ganze Kolonne. Das, was die SS übrig ließ und was den Schweinen zugedacht war, klaute er für uns. Manchmal war es sauer und ungenießbar. Das Essen wurde hinter dem Rücken der SS herangeschafft, ausgeteilt und in großer Hast verschlungen. Aufpasser gaben ein Zeichen, wenn dicke Luft war. Dann verschwanden die Büchsen und Löffel unter den Kartoffelbergen und alle schälten, als sei nichts geschehen. Eines Tages platzte die Sache. Der Scharführer griff sich den Vorarbeiter und einige Kameraden, auch mich, heraus. Während er, in der Eingangstür stehend, unseren Paul zusammenschlug, ging ich hinter seinem Rücken wieder auf meinen Platz. Paul und die Herausgegriffenen kamen in die SK. Das ganze Kommando wurde abgelöst. Am nächsten Tag, es war der 1. Dezember 1940, mußten wir alle zur Strafe von morgens bis abends am Tor stehen. Paul hat die Strapazen des SK überlebt. Trotz der halben Verpflegung, mit der die Kameraden in der SK auskommen mußten.

DEPRESSIONEN - POLITISCHE AKTIVITÄT

Die ersten sechs Wochen waren für mich die schwersten. Aus der Abgeschlossenheit der Gefängniszelle kam ich unvermittelt in den überfüllten Block, wo eine unbeschreibliche Enge und ein wüstes Gedränge herrschten. Am Tisch war für mich kein Platz zu bekommen. In dem schmalen Militärschrank mußten sechs Häftlinge ihre Eßnäpfe und Handtücher unterbringen. Überall stand ich im Wege, wurde angebrüllt und herumgestoßen. Durch die Einzelhaft war ich in mich gekehrt und konnte keinen Kontakt finden.

Eines Tages kam der Genosse Herbert Arzt in unseren Block. Wir waren zusammen im Internierungslager Hoek van Holland gewesen und gut befreundet. Er machte mich mit einigen Genossen meines Blocks bekannt und von nun an fand ich Hilfe und Unterstützung. So kam ich auch zu dem früheren Reichstagsabgeordneten der KPD, Ernst Schneller. Wir hatten beide eine lange Aussprache. Zur Parteiarbeit wurde ich vorläufig nicht herangezogen. Der Grund hierfür mag in der großen Vorsicht zu suchen sein, die Ernst walten ließ. Immerhin wichen meine Auffassungen von dem im Lager üblichen Parteistandpunkt ab. Die meisten Genossen waren schon seit sieben oder acht Jahren inhaftiert. Die Beschlüsse der Berner Parteikonferenz von 1939 waren ihnen weitgehend unbekannt. Sie waren gewissermaßen auf dem Standpunkt von 1933 geblieben. Als Emigrant hatte ich die Parteidiskussion miterlebt. Selbstverständlich mußten unsere Meinungen in verschiedenen Fragen unterschiedlich sein. Durch Herbert Arzt bekam ich Verbindung zu Heinz Junge, den ich schon aus der Emigration kannte. Unsere Auffassungen über die Schaffung einer breiten nationalen Front gegen Hitler setzten sich in vielen Diskussionen, an denen ich mich mit vielen Genossen beteiligte, bei den langjährig inhaftierten Genossen durch. Das war ein langer Prozeß, er wurde durch die Verbindung zu der Partei außerhalb des Lagers, z.B. zu der bedeutenden Widerstandsgruppe Anton Saefkow erfolgreich unterstützt. Diese Kontakte wurden über die verschiedenen Außenkommandos gewonnen. Ich hatte jedoch daran keinen Anteil.

ROLLWAGEN 6

Für kurze Zeit kam ich zum Rollwagen 6, einem Bauernwagen mit schmalen Rändern, die in feuchten Wegen tiefe Fahrspuren hinterließen. Wir mußten Grassoden von einer Wiese ausstechen, sie aufladen und zum Hühnerstall fahren, der sich innerhalb des Lagers im hintersten Dreieck bei der Gärtnerei befand. Der Vorarbeiter war ein BVer. Er drohte mir des öfteren mit dem Knüppel und sagte zu mir: "Du Aas ziehst nicht." Dabei zog ich, daß mir die Zunge aus dem Hals hing. Es mußte jeder ziehen was das Zeug hergab. Wenn wir unser Pensum nicht schafften, hieß es: Vorarbeiter ans Tor. Das bedeutete: viele Stunden stehen. Also rackerten wir wie die Zugtiere.

STEHKOMMANDO

Für sechs Wochen kam ich ins Stehkommando. Ich hatte mir beim Tragen eines 50 Liter Kaffeekessels die Hand verbrüht. In die Wunde kam Frost, es wurde schlimmer. Im Vergleich zum Rollwagen und zu manchem anderen bedeutete das Stehkommando eine Folter mit entgegengesetzten Mitteln. Man mußte mit militärischer Ordnung vor dem Block stehen. Nur bei strengerem Frost wurde der Standplatz in das Klo verlegt. Ins Stehkommando gerieten viele Körperschwache und Verletzte. Es war deprimierend und eine Folter besonderer Art. Das Stehen und die Langeweile wurden zu einer Qual, die sich im Laufe des Tages mit jeder Stunde steigerte. Meine Wunde brauchte lange Zeit, um zu verheilen. Vom Revier hatte ich eine Binde bekommen, sonst nichts. Ein Kamerad gab mir eine ganz fette Salbe, die mir endlich half. Auch im Stehkommando gab es mutige Männer, die ihren Humor nicht verloren hatten und die die Kameraden aufheiterten, Erlebnisse erzählten oder Wissenswertes vermittelten. Es wurden Maler gesucht, so kam ich zu den Malern.

MALEREI DEUTSCHE AUSRÜSTUNGS WERKE

Die Malerei DAW war im Industriehof stationiert. Es gab viele verschiedenartige Aufträge. Einige Zeit war ich dem Kasernenbau zugeteilt. Es herrschte strenger Frost. Aber in der Kaserne war es warm; nach dem langen Morgenappell, bei dem uns das Mark in den Knochen fror, konnten wir uns richtig aufwärmen. Eines Tages waren keine Begleitposten für uns da. So mußten wir im Schneegestöber auf dem Appellplatz herummarschieren. Am nächsten Tag fehlte es wieder an Wachmannschaften. Wir wurden zu den Kartoffelmieten geschickt. Dort sollten wir die bereits eingemieteten Kartoffeln durch Erhöhung der Sandschicht besser gegen Frost schützen. Es waren 20° C Kälte. Der Boden war fest wie Eisen. Er wurde losgeschlagen, in Karren geschaufelt und aufgeschüttet. Unsere Kleidung war erbärmlich dünn. Wir froren Stein und Bein.

Für eine gewisse Zeit war ich abkommandiert, um in Oranienburg Wohnungen von SS-Angehörigen zu renovieren. Mit mir war mein Genosse Lemke. Auf der Straße sahen wir Lisa Walter (ihre Schwester Grete Walter war von der Gestapo ermordet worden). Daß wir sie trafen, war kein Zu-

fall, wie ich Jahre später erfuhr. Sie hatte von der Partei den Auftrag, die Flucht eines Genossen aus dem Lager vorzubereiten.
Ein andermal mußten wir Glasfenster des Treibhauses in der Gärtnerei streichen. Vom Industriehof dröhnte Schallplattenmusik zu uns herüber. Es gehörte zur Methode der Nazis, Schreie der Gefolterten mit Musik zu übertönen, mir war das aus dem Columbiahaus in Berlin bekannt, wo ich es selbst erlebte. Wir hatten schon von der Genickschußanlage gehört, die von Häftlingstischlern erbaut worden war. Wir zweifelten keinen Augenblick daran, daß die laute Musik zur Genickschußanlage gehörte.

AUSSENKOMMANDO LICHTERFELDE

Von der Malerei DAW wurde ich als Maler in das Außenkommando Lichterfelde überstellt. In der Straße "Unter den Eichen" befand sich hinter Neubauten das Lager Lichterfelde. Es war eine Baracke, mit 70 Häftlingen vollgestopft. Hier erhielten wir neben der eintönigen Mahlzeit eine "Schwerarbeiterzulage", die aus einer Scheibe Brot und etwas Wurst bestand. Jeden Morgen wurden wir in einem offenen Lastwagen zum damaligen Charlottenburger Knie gefahren. Dort waren Reparaturarbeiten und Malerarbeiten zu verrichten. Hier kamen wir auch mit Zivilarbeitern zusammen. Eines Tages stand der "Eiserne Gustav" wie aus dem Boden gewachsen vor uns. Ich erkannte ihn nicht sofort und riß meine Mütze nach seinem Begriff zu spät vom Kopf. Er trat dicht an mich heran und zischte: "Verfluchtes Aas, Du kriegst gleich was in die Fresse." Der Zivilarbeiter neben mir erschrak. Der "Eiserne" bemerkte es und ließ die erhobene Faust wieder sinken. Der Kontakt zu dem Zivilarbeiter gestaltete sich enger, und nach einiger Zeit brachte er meinen Eltern einen Brief von mir.
Ich kam zum zweiten Mal in die Malerwerkstatt. Meiner politischen Tätigkeit lagen folgende Gedanken zugrunde:
Es kam darauf an, die eigene, unerschütterliche Überzeugung von dem Sieg der Sowjetarmee und der Vernichtung der Hitlerarmee anderen mitzuteilen. Es ging darum, die Hoffnung auf den Sieg der antifaschistischen Kräfte zu stärken und den Widerstandswillen der Häftlinge zu entwickeln. Mit der Stärkung der antifaschistischen Kräfte ging die Zersetzung der faschistischen Kräfte voran. Das erlebte ich z.B. in dem Kommando Malerei in den Deutschen Ausrüstungswerken, ein Betrieb, der ausschließlich der SS unterstand. Mein Genosse Schorsch Link, ein Malermeister, in Stuttgart beheimatet, war der Vorarbeiter des Kommandos. Er diskutierte oft mit dem SS-Rottenführer, der im Zivilberuf gleichfalls Malermeister war. Als Kriegsinvalide war er nun auf diesen Posten gestellt. Ich war als Werkstattschreiber oft Zeuge dieser Diskussionen. Den SS-Mann interessierte immer wieder die Frage, ob der Krieg noch zu gewinnen sei. Wahrscheinlich dachte er daran, wie er bei einer Niederlage seine eigene Haut vor den Häftlingen in Sicherheit bringen würde. Schorsch erklärte ganz offen: dieser Krieg ist für uns verloren. Aufgrund seiner Kriegsverletzung hinkte der Rottenführer. Heimlich wurde er darum von den Gefangenen verspottet. Eines Tages bemerkte er, wie ein Ukrainer sein Humpeln nachahmte. Das versetzte ihn in Wut. Mit großer Überredungskunst konnte Schorsch den Rasenden hindern, den Ertappten der Lagerführung zu melden. Das Leben unseres ukrainischen Kameraden hing am seidenen Faden. Wären die Kriegs-

aussichten für die SS rosig gewesen, vielleicht hätte der Rottenführer den armen ukrainischen Teufel an den Galgen gebracht.

Die Diskussionen mit den SS-Leuten wirkten zersetzend auf ihre Totschlägermoral und schützten die Häftlinge manchmal vor Repressalien. So wagte der Rottenführer im Angesicht des herannahenden Endes keine Anzeige wegen Sabotage als wir, der Vorarbeiter und der Werkstattschreiber, drei Stunden für das Streichen einer Kiste festsetzten, die in 20 Minuten zu streichen war. Es war Schorsch Link, der ruhig und sachlich erklärte, daß die ausgehungerten, ungelernten Maler natürlich nicht die Leistungen eines versierten Meisters, der ausgeruht und gut genährt mal in einer Stunde zeigt, wessen er fähig sei, erreichen. Zur Tarnung unserer Langsamarbeit leisteten wir Qualitätsarbeit, was Gebrauchsgegenstände oder die Dinge betraf, die für den persönlichen Bedarf der SS hergestellt wurden. So genoß der Kommunist Schorsch Link den Ruf eines guten Malermeisters, aufgrund dessen er den Vorarbeiter der Maschinenhalle, Kurt Münzel, gegen den Vorwurf der Sabotage in Schutz nehmen und ihn dadurch vor dem Galgen bewahren konnte. Daß es der SS ernst war, daß es ihr nicht auf ein paar Tote mehr oder weniger ankam, hatte sie oft bewiesen. So wurden zwei Maler wegen Sabotage öffentlich aufgehängt. Sie hatten angeblich Stahlhelme zu lange gesandelt und so die Stahlschicht verdünnt.

In der Malerei arbeitete auch ein Häftling, welcher der Sekte der Bibelforscher angehörte. Ich hatte öfter mit ihm diskutiert. Anzuerkennen war seine antifaschistische Haltung. Er verweigerte die Arbeit an der Kriegsproduktion, auch das Anstreichen von Kriegskinderspielzeug. Glaubensgenossen von ihm waren in ähnlicher Situation erschossen worden. (Paul Rakow hatte mir die öffentliche Erschießung von drei Bibelforschern geschildert.) Schorsch Link schützte unseren Bibelforscher auch vor dem Rottenführer, der Arbeitsverweigerung unterstellte. So teilte ihm Schorsch Arbeiten zu, die ihn nicht in Konflikte brachten.

WIDERSTAND

In welchen Formen wurde Widerstand durch Häftlinge geleistet? Ziel der faschistischen Machthaber war es, den Raubkrieg zu gewinnen und jegliche Opposition unbarmherzig zu zerschlagen.

Die KZs waren nur ein Teil des Terrorsystems, mit denen sie den Widerstand im deutschen Volk ersticken wollten. Für jeden Nazigegner, der noch in Freiheit lebte, waren sie die Todesdrohung, für jeden, der ins KZ kam, war es das Todesurteil, das, wie aufgestellte Statistiken beweisen, für jeden zweiten Häftling eintrat.

Die Todesart war verschieden. Die gebräuchlichste war, die Arbeitskraft bis zum Totarbeiten auszubeuten. Die Sklaverei des Altertums wurde qualitativ und quantitativ überboten. Der Mensch wurde nicht nur zum Werkzeug, er wurde zur Nummer, zum bloßen Material, zum Abfallstoff: Verwertung der Haut, der Haare, der Zähne und Knochen der zu Tode Gemarterten.

Den Häftlingen wurde jede Menschenwürde geraubt. Sie wurden bis zum letzten Atemzug ausgebeutet. Viele wurden erdrosselt, erschlagen, erschossen, vergiftet!

Gab es unter diesen Umständen für die Häftlinge eine andere Alternative, als sich willenlos ihrem zugedachten Schicksal zu ergeben? Ja, diese Alternative gab es. Wenn auch nicht immer für jeden erkennbar und in jeder Situation anwendbar.

Unseren Feind hatten wir immer vor Augen. Wir konnten uns darum genau auf ihn einstellen. Wir mußten uns äußerlich seinen Anordnungen fügen. Wir versuchten jedoch, seinen Befehlen entgegenzuwirken, die Ziele der Nazis zu durchkreuzen, die Kriegskraft zu zersetzen, den Krieg zu sabotieren.

Widerstand war die Entlarvung der mit nationalen und sozialen Phrasen verbrämten imperialistischen Herrschaftsform der Herren Flick, Krupp, Thyssen und Vögler. Widerstand war politisches Denken und Handeln, war, Wissen zu verbreiten, eigenes Wissen zu bereichern, war die Verteidigung dessen, was sich die Häftlinge an kulturellem Gut in früheren Jahren angeeignet hatten und was sie befähigte, der Barbarei humanistische Gedanken und Taten entgegenzustellen. Widerstand war die Bildung von legalen und illegalen Sängergruppen, war das legale oder illegale Theaterspielen, waren künstlerische Betätigungen verschiedenster Art!

Widerstand war die Vergeudung von Zeit und Material. Widerstand war die Heilung eines Kranken, die Unterstützung eines Schwächeren. Wenn es gelang, ein bedrohtes Leben zu schützen, war es ein Sieg des Humanismus!

Widerstand war der Wille zu überleben. Widerstand war der Glaube an die Niederlage des Faschismus und an den Sieg der Alliierten, besonders der Sowjetarmee. Die Solidarität aller im Lager vertretenen Nationen war Widerstand!

FREUNDE UND BEKANNTE

Eine Zeitlang war ich mit den Genossen Emil Rische und Günter Reinhold zusammen in einer Baracke am gleichen Tisch. Günter war als Vorarbeiter im Arbeitsdienst abgelöst und ausgepeitscht worden. Beide brachten nach dem Appell die neuesten Nachrichten und Frontberichte illegaler Sender mit. Diese Nachrichten gingen stets von Mund zu Mund, sie boten Nährstoff für weitere Diskussionen unter den Häftlingen. Nicht alle waren klassenbewußte Arbeiter und Kommunisten. Es gab Kleinbürger und Intellektuelle, denen man immer wieder Mut machen mußte, damit sie nicht vor Verzweiflung Selbstmord begingen. Viele Diskussionen führte ich mit holländischen Kameraden, mit dem Jungsozialisten Henk de Roos und mit Oranje-Leuten (Nationale Bewegung für Königin und Vaterland). Ein enger Kontakt verband mich mit den Genossen Ernst Hutte, der gleich mir als Maler arbeitete, mit Otto Hartung, Tischler aus Kassel, der neben mir beim täglichen Appell stand, mit Erich Egerland, der aus meinem Bezirk Tempelhof stammte und der am 1. Februar 1945 wegen Zersetzung der Wehrmacht und Meuterei mit 180 Kameraden erschossen wurde.

Viele freundschaftliche Diskussionen führte ich mit André Grevenrath, dem späteren Direktor im Museum für Geschichte in der DDR. Der Kontakt mit Heinz Junge war für meine politische Tätigkeit besonders wichtig, versorgte er mich doch ständig mit den neuesten Lager- und Parteiinformationen.

Von der Besatzung der Schreibstube erinnere ich mich besonders an Walter Pfaff aus Magdeburg, Swen Löberg aus Norwegen, Anton Lewinski aus Polen. Auf dem Todesmarsch kam ich noch einmal mit Wilhelm Knipp zusammen, den ich aus der Emigration kannte. Hier lernte ich den Genossen Karl Veken kennen, mit dem mich in den ersten Jahren des Wiederaufbaus enge Freundschaft verband.

Mit Paul Rakow war ich befreundet, der von den Faschisten kurz vor ihrer Niederlage an die Front in ein Strafbataillon gezwungen wurde und nicht zurückkam. Bewundert habe ich den Genossen Edgar Bennert, Bibliothekar im Lager und Regisseur von Schillers Räuber, die wir im Lager spielten. Mit ihm eng verbunden war der Schauspieler Kuddel Block, der die Marter der Strafkompanie im Lager überlebte, aber vorzeitig an den Folgen der Haft verstarb.

Mit allen diesen Genossen gab es Kontakte, Diskussionen, Auseinandersetzungen, solidarische Handlungen. Darüberhinaus mit vielen Nichtgenossen freundschaftliche Verbundenheit.

Wir alle waren von dem großen Grundgedanken erfüllt: wir müssen überleben, um an dem großen Sieg über den Faschismus unseren Anteil zu haben.

KULTURELLE TÄTIGKEIT

Der ausgedehnte Arbeitstag und stundenlange Zählappelle ließen uns wenig persönliche Zeit. Auch an Raum mangelte es. Im Block herrschte ein furchterregendes Gedränge. Ursprünglich sollten an einem Tisch fünfzehn Personen sitzen. Nun reflektierten 45 Männer und mehr auf einen Platz. Für 300 Menschen waren höchstens 50 Schränke, ca. 30 cm breit, vorhanden. Wer seinen Kaffeebecher im Waschraum ausspülen wollte, mußte sich mit den Ellenbogen durchkämpfen. Ein schlimmeres Gewühl herrschte im Klo. Für sechshundert Mann waren sieben Toilettenbecken da. Sie standen auf Tuchfühlung. Der Gestank war nicht zum Aushalten. In den Schlafräumen standen Vier-Stock-Betten. 70 cm waren sie breit, zu zweit und zu dritt belegt.

Durch den Schauspieler Edgar Bennert wurde ich mit einer Gruppe bekannt, die Schillers Räuber aufführen wollte. Ich bat, mitspielen zu dürfen. Auf der Probe hatte ich vor Aufregung eine dünne Stimme. Man war daran, mich abzulehnen. Doch dann war man großzügig, ich durfte einen Räuber spielen und hatte zu sagen: "Horch, ein Schuß, - noch einer!" Das Stück wurde aufgeführt, es war ein unerhörtes Erlebnis für mich. Hellmut Bock spielte den Franz Moor, Kuddel Block den Karl Moor. Der Priester wurde von einem BV-er dargestellt. Die Namen von Spiegelberg und Roller sind mir entfallen. Edgar Bennert und Walter Timm (Blockältester in einem Revierblock) führten Regie. Ich weiß nicht, ob unsere Proben und unsere Existenz als Gruppe der SS bekannt und legalisiert war.

Eine andere Feier fand ohne Wissen der SS statt. Wir waren von Mördern umstellt. Wenige Schritte von uns entfernt war der Galgenplatz. Mord und Totschlag durch die SS war an der Tagesordnung. Täglich hatten wir Opfer zu beklagen. Das Krematorium rauchte Tag und Nacht. In dieser schrecklichen Umgebung, am geheimen Ort, nur für die Ohren vertrauter und verschworener Kämpfer bestimmt, sangen sowjetische Kameraden das Partisanenlied. Das gab uns Kraft. Wir fühlten uns selbst als Partisanen.

Wolfgang Szepansky, *Russische Gefangene im KZ Sachsenhausen singen das Partisanenlied.*

Das Bedürfnis, unser Leben zu verbessern, auch äußerlich angenehmer oder "ansehnlicher" zu gestalten, war stark. In vielen Blocks wurde es üblich, bemalte Lampenschirme aus Transparentpapier anzufertigen. Als unsere Blockbesatzung aus irgendeinem Grund in einen anderen Block verlegt wurde, erhielt ich vom Blockältesten den Auftrag, Lampenschirme für den neuen Block herzustellen. Papier, Ausziehtusche und ein paar Aquarellfarben bekam ich von ihm. Als Thema wählte ich den Umzug. Es wurde nämlich eine Anzahl von Gegenständen mitgenommen. Tische und Bänke, die zum speziellen Blockinventar gehörten: ein selbstgebauter Tisch für den Blockältesten, eine kleine Leiter oder eine irgendwo erbeutete Tischlampe. Ich malte auf zwölf Lampenschirmen diesen Umzug und erinnere mich, daß meine Häftlingsgestalten allerlei zu schleppen hatten. Paul Rankow dichtete, und ich illustrierte seine Gedichte. Diese wurden herumgereicht und begutachtet. Durch Paul angeregt verfaßte ich eine gereimte Satire auf die Zustände im Lager. Sie begann: "Die Sonne steht am Himmel hoch - in Sachsenhausen schläft man noch." Als es den Kettenhunden, einer besonderen Polizei, bei einer Schnüffelei an einem Arbeitstisch in der Malerwerkstatt in die Hände fiel, erwartete ich eine Katastrophe. Die Burschen legten das Heftchen aber wieder beiseite, sie waren zu blöd, um den Spott, der über die Nazis ausgegossen wurde, zu verstehen.

Der Genosse Richard Fischer (später Botschafter der DDR in der Koreanischen Volksrepublik) arbeitete in der Tischlerei-DAW. Er besorgte mir

Schnitzmesser und einen Klotz aus Lindenholz. Aus dem Holz schnitt ich einen Teufelskopf. Im wogenden Gedränge der Kameraden, in eine Ecke gezwängt, schnitzte ich wie ein Besessener. Ein Triumphgefühl erfüllte mich, als sich der Kopf langsam aus dem Holz Stückchen für Stückchen herausbildete. Mein Erstaunen über dieses Gelingen war nicht geringer als das Erstaunen vom Holzschnitzer Papa Carlo, dessen Puppe Pinocchio schon beim Schnitzen die Augen aufschlug und zu sprechen anfing. So jedenfalls in dem Märchen: Das goldene Schlüsselchen.

Hinterher betrachtet war das Ganze ein großer Leichtsinn. Hätte mich einer der Schergen erwischt, oder hätten sie meinen Kameraden Richard bei der abendlichen Rückkehr ins Lager gefilzt und die Messer gefunden, mit dem Pfahl, dem Bock oder Bunker hätten wir rechnen müssen.

Bemalt wurde der Kopf von dem "kleinen Franzosen", ein mißgestaltetes Männchen mit einem großen Kopf und kurzen Armen und Händen, so daß die ganze Erscheinung an eine Handpuppe denken ließ. Aber diese Hände waren sehr geschickt und immer hilfsbereit.

Als der Krieg gegen die Sowjetunion nicht in der vorbedachten kurzen Zeit beendet war, beschränkte sich die unmittelbare Massenvernichtung auf die kranken Menschen. Die SS war nun daran interessiert, die menschliche Arbeitskraft so lange als möglich auszuschöpfen. Das bloße Schikanieren ließ etwas nach. So wurden z.B. die Betten nicht mehr so oft durchwühlt und die Schränke nicht mehr so häufig durchsucht. Man konnte schon mal Bleistift und Papier aufbewahren.

Ich zeichnete öfter und wurde vom Blockältesten Adolf gebeten, ein Lagerliederbuch zu schreiben und zu illustrieren. Zu dieser Zeit entstanden im gesamten Lager eine Anzahl dieser Lagerliederbücher.

Ich zeichnete öfter Portraits und Geburtstagskarten, die mit den besten Wünschen überreicht wurden. Die Methode, Geburtstagsfeiern mit einem verschlüsselten politischen Inhalt durchzuführen, war zu dieser Zeit üblich. Zeichner und Maler hatten dabei immer kleine Aufgaben zu erfüllen. In der Schreibstube gab es eine richtige Konzentration von Malern. Ich erinnere mich an die Kameraden Anton Lewinski, Swen Löberg und den Norweger Thorwald, sowie an zwei Holländer, die sehr gut zeichneten.

ALS Tb-KRANKER IM REVIER

Im Sommer 1944 wurde ich krank. Der Häftlingsarzt, Dr. Schinnagel, der mich untersuchte, stellte Schatten auf der Lunge und geschwollene Lymphdrüsen fest. Ich kam auf die Tb-Station, und zwar für sechs Wochen zu den Positiven. Jeden Morgen wurden die Toten eingesammelt. Wir legten sie bis zum Abholen durch die Leichenträger in das Klo auf den Fußboden eng nebeneinander. Als ich nach sechs Wochen noch immer negativ war, d.h. keine offene Tb hatte, brachte man mich in den Negativen-Block. Nach weiteren sechs Wochen wurde ich in das Hauptlager zurück entlassen. Es dauerte nicht lange, und das gleiche wiederholte sich. Zuerst wieder zu den Positiven. Zur Genesung der Kranken wurde nichts wesentliches eingeleitet. Sie husteten, spuckten, starben. Die Toten wogen leicht. Sie waren zu Skeletten abgemagert. Übrigens, etwas wurde doch getan! Der Puls wurde gemessen und die Fieberkurve gezeichnet.

IN DER SCHREIBSTUBE

Ich kam in die Schreibstube und mußte die Totenkartei führen - im Februar 1945 stiegen die Totenmeldungen sprunghaft an. Da gab es Sammelmeldungen: 300 Häftlinge auf Transport verstorben. Am nächsten Tag: 600 auf Transport verstorben. Zu ein und derselben Stunde starben 88 russische Kriegsgefangene und 40 Ukrainerinnen mit fortlaufenden Nummern, allesamt an Kreislaufschwäche. Dazu waren diejenigen namentlich aufgeführt, die von selbst eines "natürlichen Todes", also an Hunger und Entkräftung, gestorben waren. Insgesamt 4000 Menschen.

Da ich im Lager arbeitete, hatte ich oft Gelegenheit, irgendeinen Vorwand suchend, einen Aktendeckel unter dem Arm, in das Revier zu gelangen. Es war eine entsetzliche Stimmung dort. Die Liquidierung der Kranken hatte begonnen. Von Zeit zu Zeit wurden die Namen von 20 Leuten verlesen. Starr vor Schreck packten diese ihre Habseligkeiten und wankten bis zum Auto. Sie gingen auf "Transport". Welche eine furchtbare Bewandtnis es mit diesem Transport auf sich hatte, wußten alle. Man hatte unter den Sachen, die vom Krematorium zur Entlausung zurückgebracht worden waren, die Krücken des Tb-Kranken Ludwig Hollmann entdeckt, dazu die Häftlingskleidung mit seiner Nummer. Dennoch schwebten viele zwischen Furcht und Hoffnung, und jeder sagte sich: warum soll ich sterben? Weil ich krank bin? Unmöglich! Ich kann doch wieder gesund werden. - Unbarmherzig wurden diese Kranken "auf Transport geschickt".

Ein Zug von Elendsgestalten wankte an das Tor. In einer Viertelstunde war das Auto zurück und der nächste Schub wankte heran. Viele Jugendliche waren dabei. Auch mein Freund Paul Graciani, ein junger Franzose aus Lyon. Wir konnten uns nur mühevoll verständigen, aber gegenseitige Hilfe hatte uns zusammengeführt. Seine Mutter wartete vergebens auf ihn.

Georg Heesbeen aus Limburg, die letzten Worte, die ich von Dir hörte: "Ach, meine arme Frau, mein kleiner Junge, ich kann es nicht glauben, ich bin doch Holländer!"

Van ter Haa aus Amsterdam, Fritz Bertoleit und die vielen, deren Namen niemand mehr weiß.

Es wurde mir später klar, daß ich den Posten in der Schreibstube durch Kameraden erhalten hatte, die diese Positionen mit politisch Zuverlässigen besetzt sehen wollten. Hier wirkte das verborgene Internationale Lagerkomitee.

Die Schreibstube war die Zentrale der "Häftlingsselbstverwaltung". Dieses Wort, von der SS geprägt, ist dementsprechend zu werten. Natürlich gab es keine Selbstverwaltung für Häftlinge. Dennoch war es ein gewaltiger Unterschied, ob der Lagerälteste ein "Grüner" oder ein "Roter" war.

Der rote Lagerälteste Heinz Bartsch hatte durchgesetzt, daß Essensnachschlag den Körperschwachen zugeteilt wurde. Der grüne LÄ Beyer organisierte die "Luftschutztruppe" unter dem "Luftschutzgeneral" Maschke. Diese Truppe, die aus dienstbeflissenen asozialen Elementen bestand, wurde gegen die Häftlinge eingesetzt.

Durch diese Leute wurde noch am 21. April 1945 ein armer Teufel aufgehängt, weil er in einem bereits geräumten Block etwas Brauchbares suchte. Die Burschen überschlugen sich vor Eifer beim Malen eines Schildes:

"Ich bin ein Plünderer!" Das wurde dem Erhängten auf den Leib geheftet.
Obwohl es unter den sogenannten Berufsverbrechern mit grünem Winkel viele anständige Kameraden gab, ist es doch wahr, daß die echten Kriminellen wie der Lagerälteste Beyer vor allem an ihre eigene Person dachten. Ob ein Schaden für andere entstand, war ihnen unwichtig. In bestimmten Situationen wurden einzelne von ihnen zu direkten Komplizen der SS. So diese erwähnte "Luftschutztruppe". In den Februartagen 1945 wurden Außenkommandos östlich Berlins in das Hauptlager gejagt. Völlig erschöpft schwankten viele Kameraden durch das Lagertor. Sie kamen in die Isolierung. Die "Luftschutztruppe" unter Führung Maschkes erhielt den Auftrag, bestimmte Leute herauszuholen und auf Lastwagen zu laden. Die taten das mit der bei der SS üblichen Brutalität. Diese Lastwagen fuhren auf den Industriehof zur Gaskammer.

Natürlich konnten auch die Leute mit roten Winkeln, selbst wenn sie wichtige Positionen in einer sogenannten Häftlingsselbstverwaltung innehatten, nur in begrenztem Umfang etwas zur Verbesserung der Lage tun. Oft genug wurden sie deshalb abgelöst, ausgepeitscht, in den Steinbruch nach Mauthausen geschickt oder gleich in Sachsenhausen ermordet.

Unser Kamerad und Genosse Heinz Bartsch wurde mit 26 anderen Kameraden am 11. Okt. 1944 erschossen. Die durchgeführten Solidaritätsaktionen wurden auch von der SS als Widerstand gewertet. Rudi Große, aus der Funktion Arbeitsdienst, wurde im Steinbruch ermordet. Günter Reinhold, der ebenfalls zum Arbeitsdienst gehörte, wurde ausgepeitscht.

GEORG

Eines Tages mußte ich aus der Sonderkartei "Polizeihäftlinge" den Berliner Baumschulenbesitzer Georg streichen.

Die Karte wechselte nun in die Totenkartei über. Als Todesursache war "allgemeine Körperschwäche" angegeben.

Ich hatte Georg in einer Massenzelle mit 80 Männern im Gefängnis Alexanderplatz kennengelernt. Er war dort in der vornehmen Gesellschaft eines Direktors der UFA. Ja, auch bürgerliche Intellektuelle und Besitzbürger gerieten in Kontraststellung zum Dritten Reich. Diese beiden wurden in diesem Kreis armer Schlucker zu den Bessergestellten gerechnet. Sie gehörten zu den wenigen, die Pakete von der Familie erhielten. So konnten sie sich für ein Stück Brot von einem anderen Leidensgenossen ihr Bett machen lassen. Auch mir wurde dieses glänzende Angebot gemacht. Ich lehnte dankend ab. Aber auf ein anderes Geschäft ließ ich mich ein: Ich zeichnete Georg mit dem typischen Gefängnisfenster im Hintergrund. Er war begeistert und sagte: "Du kommst bestimmt eher hier raus als ich. Dann gehst Du zu meinem Büro und läßt Dir 50,- RM auszahlen. - Oder mache doch noch eine weitere kleinere Zeichnung von mir, für beides erhälst Du 80,- RM". Zu der zweiten Zeichnung kam es nicht mehr, denn am nächsten Tag wurde ich nach Sachsenhausen gebracht.

Ich forschte der wirklichen Todesursache nach: Georg hatte es mit Hilfe seiner zusätzlichen Eßwaren verstanden, sich einen Platz im Revier als "Kranker" zu verschaffen. Im Februar 1945 wurden alle Kranken, deren Fieberkurven ständige Temperatur nachwiesen, ins Gas getrieben. Sein Sohn war Offizier an der Ostfront. Er hatte die Besuchserlaubnis für seinen Vater erreicht, und ihn gesund angetroffen. Wenig später erhielt er die Nachricht: Vater ist an allgemeiner Körperschwäche verstorben.

BLOCK 13

An einem kalten Januartag, es waren 20 Grad Kälte, brannte der Block 13. Alles war zum Frühappell angetreten. Ein Mann fehlte, er war im Feuer umgekommen. Die ganze Mannschaft des Block 13 mußte zwei Tage bei strengem Frost am Tor stehen. Es gab Amputierte und Tote.

DIE ERMORDUNG VON 180 KAMERADEN AM 1. FEBRUAR 1945

Das Vorrücken der Roten Armee versetzte die SS in Panikstimmung. Am 1. Februar 1945 wurden in den Abendstunden Massenverlegungen vorgenommen. Ich kam von Block 34 nach 51. Andere von 55 nach 34, oder von 62 nach 53 usw. Dies alles zur gleichen Stunde. In dem allgemeinen Durcheinander wurden andere zum Tor bestellt. Sie wurden hinausgeführt und erschossen.

Nach Beobachtungen von Kameraden haben sie versucht, Widerstand zu leisten, um sich nicht wie die Lämmer abschlachten zu lassen. Es handelte sich um 180 Kameraden. Die SS vermutete, die illegale Lagerleitung und den Stoßtrupp eines beabsichtigten Befreiungsversuchs zu treffen. Unter den Opfern befanden sich sowjetische Offiziere und Männer, die wegen Zersetzung der SS bestraft worden waren, wie z.B. Erich Egerland.

FRAUEN IM KZ SACHSENHAUSEN

Im Zuge der "Frontbegradigungen" bzw. der Flucht vor der Roten Armee mußten andere Lager evakuiert werden. Viele dieser Gefangenen kamen nach Sachsenhausen. Unter ihnen waren einige tausend Frauen. Sie kamen in die "Isolierung", das kleine abgeschlossene Lager innerhalb des großen Lagers. Als Schreibstubenhäftling konnte ich zu ihnen gehen. Dort traf ich hervorragende Kämpferinnen aus verschiedenen Nationen. Unter anderen auch rumänische Frauen, die gut deutsch sprachen. Sie erzählten mir von den Partisanenkämpfen gegen die fremden Besatzungstruppen. Es war seit Jahren mein erstes Gespräch mit Frauen. Ich spürte ein großes Bedürfnis, ihnen etwas Gutes zu tun. Meine Eltern hatten mir ein Paket gebracht mit selbstgebakkenem Kuchen. Davon gab ich ihnen etwas. Es ging in viele Teile. Viel später habe ich erfahren, wie mühevoll meine Eltern sich das, was sie mir schickten, vom Munde abgespart hatten. Dies letzte Paket vom Monat März 1945 brachte mein Vater unter lebensbedrohenden Umständen vom Süden Berlins bis Sachsenhausen, weil die Post schon so desorganisiert war, daß sie keine Pakete mehr beförderte. Er war einen vollen Tag unterwegs und erlebte immer wieder Fliegeralarme. Der Zug blieb dann auf der Strecke stehen, die Fahrgäste versuchten, einen schützenden Bunker zu erreichen, stundenlanges Warten und längere Fußmärsche, hastige Flucht vor den fallenden Bomben, das galt es zu überstehen.

LUFTALARM

Im März 1945 kreiste ein einzelnes englisches Flugzeug über dem Lager. Von keiner Flak gestört zog es seine Kreise. Luftalarm! Aber wo sollte oder konnte man sich verkriechen? Es gab keinen Schutz. Ich beobachtete mit einem anderen Kameraden aus der Schreibstube das Flugzeug. Es schien genau über uns zu sein. Wir legten uns an der Stirnwand der Schreibstube flach auf den Boden und schauten nach oben. Der Pilot ließ sich Zeit. Ich dachte an keine ernste Gefahr.
Da stürzte der Stubenälteste herbei und schrie: "Feuer, Feuer!" Zwei Brandbomben waren vor und neben ihm eingeschlagen. Der Schlafraum, der an die Schreibstube grenzte, stand in Flammen. Die Lagerfeuerwehr trat in Aktion. Das Feuer griff trotzdem um sich und hatte schon die Schreibstube erreicht. Wir bekamen Befehl, die Papiere und vor allem die Kartei herauszutragen. Opfer waren nicht zu beklagen. Im gleich Moment gab es einen Luftangriff auf das Klinkerwerk, in unmittelbarer Nähe des Hauptlagers. 350 Häftlinge fanden den Tod.

DIRLEWANGER

General Dirlewanger, der zur Bewährung von den Nazis an die Front geschickt wurde, stellte Strafbataillone auf. Eine Armee von Zuchthäuslern, einst als "wehrunwürdig" erklärt und vom Soldatendienst ausgeschlossen. Jetzt galten sie als Freiwillige. Nachdem die Kriminellen eingezogen worden waren, wurde nun die "Wehrunwürdigkeit" der "Hoch- und Landesverräter" aufgehoben. Viele Kameraden meldeten sich freiwillig, mit der Absicht, die Waffen umzudrehen. Andere waren der Ansicht, es sei besser, sich nicht zu melden. Sie rechneten sich keine Chance aus, gegen die Faschisten kämpfen zu können. Um diese Fragen entbrannten heftige Diskussionen und das Für und Wider wurde hin und her überlegt. Doch es kam der Tag, an dem es keine Wahl mehr gab. Auch ich erhielt die Anweisung, mich "freiwillig" zu melden. Mit einem Laufzettel mußte ich zum Fotografieren, zum Arzt und dann den Zettel in der Schreibstube abgeben. Letzteres unterließ ich. So ersparte ich mir den vorgeschriebenen unaufhaltsamen Aufstieg vom "Häftlingsschwein" zum "SS-Kameraden". Daß ich nicht als Drückeberger ertappt wurde, verdanke ich den Kameraden, die mich aus der Liste strichen.
In der Nacht zum 21. April 1945 wurden die anderen, die es noch nicht erwischt hatte, in Uniform gesteckt. Sie mußten den zusammengeschmolzenen Haufen der Bewachungsmannschaften auffüllen. In den frühen Morgenstunden begann die Evakuierung des Lagers, der Hungermarsch in Richtung Ostsee. Er wurde für viele der Marsch in den Tod. Als Todesmarsch ging er in die Geschichte des KZ Sachsenhausen ein. Die Nazis konnten ihr Ziel, ihre Opfer im Meer zu versenken, nicht erreichen.

TODESMARSCH

Die allgemeine politische Lage, aber auch die Situation im Lager war immer unsicherer und unberechenbarer geworden. An manchen Tagen standen gewaltige Rauchwolken am Himmel, die die Sonne buchstäblich verdunkelten. Auch Oranienburg und die Heinkelwerke wurden bombardiert. Viele Tote gab es bei der Bevölkerung, aber auch unter den Häftlingen. Sogenannte Himmelfahrtskommandos wurden oft zur Bombenentschärfung eingesetzt. Mit Vorliebe bediente sich die SS dazu der roten Blockältesten. Eines Tages kam August Höhne (Lagerführer) in die Schreibstube. Er erkundigte sich besonders nach der Kartei. Er ordnete an, daß sie in ein dickes Buch übertragen wurde. In seinen Augen lag kalte Todesdrohung. Die Eintragung aller Menschen in ein Buch war Teil der unmittelbaren Vorbereitung der Flucht vor der Roten Armee. Am 20. April hörten wir das Donnern der Kanonen. Die Front rückte heran.

Am 21. April in den frühen Morgenstunden kam der Befehl, das Lager in Marschgruppen von 500 Mann zu räumen. Am späten Nachmittag schloß ich mich einer Gruppe an. Ich gehörte noch zu den Glücklichen, die ein Brot und 200 Gramm Wurst erhielten. Viele nach mir bekamen nichts.

Ich schwor mir im Stillen, jeden Tag nur eine Scheibe Brot zu essen. Das Brot war frisch. Manch einer aß es, ausgezehrt wie ein hungriger Wolf, am ersten Tag auf einmal auf. Wir marschierten los. Dem SS-Führer Petri ging es zu langsam. Er drohte, Maschinengewehre aufstellen zu lassen, um uns zu erschießen. Am Abend erreichten wir Neuruppin. Ich fand noch Platz in einer riesigen Scheune, in der vor kurzem Kohlen gelegen hatten. Ich wollte nicht im Kohlendreck liegen. Ich nahm eine alte Zinkwanne, die an einem Balken hing, und legte mich hinein. Es war darin so eiskalt, eng und

Wolfgang Szepansky, Todesmarsch, Kohle, 1973
rechts: Notizen eines Teilnehmers am Todesmarsch

21.IV. Nachmittags u. 21. IV. 15⁷⁵
über Fahrschau, Schanzbrücke
in Sommerfeld. 20³⁰
neben Scheune auf Stroh. ca. 22 km.

22. IV. über Lindow nach Rheinsberg.
Zwischenmarsch - Rugen - u. Schauen
auf Kolalau. 21-23 Uhr. ca. 40 km.

23. IV. über Heinrichsdorf, Roderitz
nach Gut (bei Schwanmichen) 16 Uhr
Scheune eingerichtet. ca. 20 km.

24. IV. nach Flaken-Zerlin, Zerlinsau
Vrgosha pri Ludenhof - Dolaw. 16'
Waldschlafen. ca. 20 km.

25. IV. weiter im Waldlager - Pakete
vom Roten-Kreuz für 6 Mann.

26. IV. Waldlager Dolaw.

27. IV.   "   "

28. IV.   "   "   Paket 3 Mann

29. IV. Abmarsch von "   "   5 "
Waldlager Kapriste.

30. IV.   "   Lassow.
8 Kartoffeln

unbequem, daß ich sie wieder an den Nagel hängte. Der Kohlenstaub wärmte auch nicht. Am nächsten Tag ging es weiter. Kein Frühstück, kein Mittag. Abends bekamen wir drei Pellkartoffeln. Nachtquartier gab es von jetzt ab nicht mehr. Wir schliefen auf der Erde am Waldrand, auf der Wiese, irgendwo. Wir wurden vorwärts getrieben. Neben uns die SS-Leute. Manchmal war ein Kamerad tot umgefallen. Man stieg über ihn hinweg. Keine Zeit, ihn zu bestatten. Wer kraftlos zurückblieb wurde erschossen. Der Zug von Tausenden wälzte sich über die Landstraßen. Auf Nebenwegen sahen wir Polizeitruppen. Es waren die Verteidiger Berlins, die letzten. Sie setzten sich nach Westen ab. Sie liefen, was sie laufen konnten, in die Arme der Amis. Um die Kartoffelmieten herum lagen die Leichen von Häftlingen. Sie hatten versucht, einige Kartoffeln zu ergattern. Die Kugeln der SS hatten sie niedergestreckt. Immer mehr fielen vor Hunger um. Immer häufiger knallten Schüsse. Wir kamen bis zum Wald von Beelow. Hier blieben wir drei Tage. Wir bauten am ersten Tag Laubhütten. Die SS vertrieb uns daraus. Das nächste Waldstück war wie leergefegt. Uns blieb wieder nur der kahle Boden.

In dieser Not brachte das Schwedische Rote Kreuz Hilfe. Sechs Mann konnten sich ein Paket teilen. Nun wurde gekocht, Wasser holten wir uns aus einem Bach, der von der SS oberhalb der Wasserstelle durch Seifenschaum verunreinigt wurde. Feuer anmachen wurde verboten. Wo es trotzdem brannte, wurde dazwischengeschossen. Immer mehr unserer Kameraden blieben auf der Strecke, von Hunger und Kälte hinweggerafft.

Dann wurden wir wieder aufgescheucht und weiter gejagt. Am Straßenrand lagen tote Zivilflüchtlinge. Ein Tiefflieger hatte sie abgeknallt. Die Überlebenden hatten sie mit Tüchern bedeckt. Der 1. Mai 1945 zeigt uns noch seine kalte Schulter. Er schickte uns ein wüstes Schneegestöber! In der Ferne, aber deutlich genug, rollte der Kanonendonner!

In unseren Ohren war es das Klingen der Glocken, die das Ende des Faschismus und den Beginn einer neuen Zeit einläuteten.

Ulrike Bukowski, Jürgen Rülicke

Die Mörder sind immer noch unter uns

1. WAS WAREN DAS FÜR MENSCHEN?

Beim Lesen der Berichte einzelner Zeitzeugen stellt sich einem immer wieder die berechtigte Frage: Wie kommen eigentlich Menschen dazu, solche bestialischen Grausamkeiten und menschliche Demütigungen zu begehen? Warum stellten sich teilweise hochgebildete Menschen in den Dienst dieses Herrschaftssystems? Was waren das für Menschen? - Um diese Frage zu beantworten, ist es notwendig, sich noch einmal die sozialökonomischen Wurzeln des Faschismus vor Augen zu führen. Die Tatsache, daß sich nach 1929 die faschistische Ideologie so rasch und massenhaft ausbreiten konnte, unter den Bedingungen der Krise, der Angst und der Verzweiflung der Bevölkerung, ist darin begründet, daß der Faschismus diese Ausweglosigkeit ausnutzte.
Der Faschismus prangerte "das Übel" in ausgesprochen scharfen und aggressiven, demagogischen Formen an, und es wurde eine bündige Erklärung für die Krise angeboten. Der Marxismus sei schuld mit seiner Klassenkampfpolitik, die Juden, die "volksfremden Elemente" seien schuld, und die "nationale Unterjochung" durch den Versailler Friedensvertrag sei das Übel.
Aus dieser demagogischen Erklärung ergab sich zwingend der Ausweg aus der Krise: die Niederwerfung der Arbeiterbewegung, die Vernichtung der Juden und die Einleitung einer neuen Rüstungs- und Großmachtpolitik. Den Massen wurde das Bewußtsein vermittelt, daß sie, wenn sie sich dem Faschismus anschließen, für die Überwindung des eigenen Elends kämpfen.
Besonders im Kleinbürgertum - den Kleingewerbetreibenden, Handwerkern, Beamten und Angestellten - das infolge der Wirtschaftskrise in seiner sozialen Stellung deklassiert wurde, fand der Faschismus seine potentielle Basis. Daneben bot die faschistische Ideologie auch für Teile der demoralisierten Intelligenz und manipulierten Arbeiter eine Orientierung.
Eine Charakterisierung der SS-Mörder, die im wesentlichen auch auf die ersten Jahre in Sachsenhausen anwendbar sein könnte, wurde von Wolfgang Langhoff in seinen Erinnerungen "Moorsoldaten" gegeben:
"Ihre soziale Zusammensetzung war so: Etwa 60 % Söhne von verarmten Kaufleuten, Gastwirten, kleineń Ladenbesitzern, Post- und Eisenbahnbeamten, deren Eltern ihnen kein Studium, keine Zukunft mehr bieten konn-

ten, 20 % 'Gebildete', d.h. verkrachte Lehrer, Ingenieure, Techniker, Studenten, und ungefähr 20 % Arbeiter. Die Führerstellen waren durchweg mit den 'Gebildeten' besetzt und mit alten Berufssoldaten aus der Reichswehr und Baltikumkämpfern. Von den Arbeitern waren nur solche chargiert, die sich durch besondere Brutalität auszeichneten."

So mancher mag anfangs auch in einem Widerstreit gelegen haben zwischen einem Rest von menschlichem Empfinden und Gehorsam. Der ihn nicht lösen konnte, mußte gehen. Es blieb die "Elite", die der Gewöhnung und Anpassung unterlag, die befehlsmäßig zum Mörder wurde.

Vor diesem Hintergrund ist die bedingungslose Einordnung der SS-Mörder in dieses barbarische System erklärbar. Sie hatten ihr eigenes Schicksal mit dem des Faschismus verbunden. Die SS-Führer- und Unterführer können durchweg als treue Vasallen faschistischer Machthaber angesehen werden.

2. DER SACHSENHAUSENPROZESS

Am Nachmittag des 23. Oktober 1947 begann im alten Pankower Rathaus die öffentliche Verhandlung gegen sechzehn Angehörige der Lagerführung und des Lagerpersonals des ehemaligen Konzentrationslagers Sachsenhausen. Vorsitzender des Militärtribunals der sowjetischen Militärverwaltung in Deutschland war Oberst Majorow.

Dieser Prozeß ragte weit über andere Kriegsverbrecherprozesse hinaus, die kurz nach Kriegsende gegen SS-Mörder in Dachau, Mauthausen oder Bergen-Belsen stattfanden.

Das sowjetische Militärtribunal hatte erstmals den in Sachsenhausen verübten Massenmord an allen Opfern, gleich welcher Nationalität, hatte erstmals die Verbrechen gegen den Frieden und die Menschlichkeit schlechthin angeprangert. In diesem Prozeß wurde nicht nur der Mord an den Staatsbürgern der prozeßführenden damaligen Besatzungsmacht, sondern der Massenmord an Angehörigen von 47 europäischen Nationen, der Mord an Polen, Tschechen, Franzosen, Belgiern, Holländern, Engländern, Juden genauso wie jener an deutschen Kommunisten, Sozialdemokraten, bürgerlichen Antifaschisten und Geistlichen geahndet.

Dagegen sahen sich die SS-Mörder vor den Westalliierten gar nicht genötigt, ihre Massenmorde einzugestehen, da sie nur wegen verschiedener Einzelmorde an Alliierten zur Rechenschaft gezogen wurden.

Der Prozeß ist bislang das einzige Dokument umfassender Geständnisse der Henker und Massenmörder im Konzentrationslager Sachsenhausen. Dies ist nur im ersten Moment verwunderlich. Denn den Angeklagten war von vornherein bewußt, daß jedem einzelnen von ihnen nicht nur Dutzende oder Hunderte, sondern einzelnen sogar Tausende von Morden mühelos nachweisbar waren.

So erklärte der ehemalige SS-Standartenführer Kaindl kaltschnäuzig: "Jawohl, unter meiner Verantwortung wurden 42.000 Menschen vernichtet." Oder der ehemalige SS-Unteroffizier Schubert, der auf die Frage, ob er an Massenerschießungen sowjetischer Kriegsgefangener teilgenommen habe, erklärte: "Das war für mich eine Selbstverständlichkeit. Ich habe mit eigener Hand 630 Russen umgelegt."

Später schränkten jedoch alle sechzehn Angeklagten ihre Schuld bei den Geständnissen ein. Sie beriefen sich darauf, "auf Befehl" gehandelt zu haben, um den Paragraphen 10 des Kontrollratsgesetzes zur Milderung der Strafe für sich in Anspruch nehmen zu können.

Das Militärtribunal verurteilte die Angeklagten entsprechend ihrer Verantwortung für die Massenvernichtung von über 100.000 Menschen: Zwei von ihnen wurden für eine begrenzte Zeit aus der menschlichen Gesellschaft verbannt, alle anderen sind auf Lebenszeit einem Zwangsarbeitslager überwiesen worden. Die Todesstrafe wurde nicht verhängt, da sie aufgrund eines Erlasses des Obersten Sowjets der UdSSR nicht mehr bestand.

Angeklagt wurden die ehemaligen KZ-Lagerführer und Administratoren des KZ-Sachsenhausen:

- der ehem. Kommandant Anton Kaindl
- der ehem. zweite Lagerführer August Höhn
- der ehem. dritte Lagerführer Michael Körner
- der ehem. Zellenbauleiter Kurt Eccarius
- der ehem. Chefarzt Heinz Baumkötter
- der ehem. Leiter der Abt. Arbeitseinsatz Ludwig Rehn
- der ehem. Leiter der Zweigstelle bei dem Betrieb "Klinkerwerk" Heinrich Fresemann
- der ehem. Leiter der Schuhprüfstelle Ernst Brennscheidt
- der ehem. Rapportführer Gustav Sorge
- der ehem. Blockführer Wilhelm Schubert
- der ehem. Blockführer Martin Knitter
- der ehem. Blockführer Fritz Ficker
- der ehem. Blockführer und Schreiber Horst Hempel
- der ehem. Blockführer und Schreiber Menne Saathoff
- der ehem. Henker Paul Sakowski
- der ehem. Blockälteste Karl Sander.

Durch die Untersuchungen der sowjetischen Militärverwaltung wurden im Sachsenhausenprozeß vom 23. Oktober bis 1. November 1947 folgende Tatsachen festgestellt:

- Sachsenhausen war ein Todeslager, zur systematischen Massenvernichtung von Menschen bestimmt. Diese wurde auf die verschiedensten Arten durchgeführt:
o Einzel- und Massenerschießungen
o Erhängen an stationären und transportablen Galgen
o Vergiftung durch Giftgase und Dämpfe in der Gaskammer
o Vergiftung in Gaswagen
o Vergiftung durch Gifte, die zusammen mit der Nahrung oder durch Einspritzung in die Venen in den menschlichen Organismus eingeführt wurden.
o Durchführung verbrecherischer Experimente an Menschen, um medizinische Präparate, chemische Kriegsmittel und andere neue Waffen auszuprobieren.

- Die Anzahl der gleichzeitig in Sachsenhausen und seinen Nebenlagern inhaftierten Häftlingen betrug 60.000 bis 70.000 in den letzten Jahren. Von 1939 - 1945 sind über 200.000 Menschen durchs Lager gegangen.

- Die Anzahl der Opfer beträgt mindestens 100.000.

- Neben der Vernichtung und Niederhaltung von Nazigegnern richtete sich die Massenvernichtung vor allem gegen Bürger jüdischer Herkunft und slawischer Völker, hauptsächlich Sowjetbürger. Im Herbst 1941 wurden bei einer einzigen Aktion der SS über 18.000 sowjetische Kriegsgefangene vernichtet.

- Vernichtung von Kriegsgefangenen der alliierten Armeen und Bürgern aus den von Deutschland besetzten europäischen Ländern aus insgesamt 47 Nationen. Nach Aussagen Schuberts kamen von 2.000 inhaftierten polnischen Bürgern im Laufe eines halben Jahres 1.300 um.

- Vernichtung von Häftlingen im Lager aus politischen, rassischen und religiösen Gründen. Im Lager befanden sich vom ersten Tag an sowohl innere politische Feinde der Faschisten, wie Sozialdemokraten, Kommunisten und parteilose Antifaschisten, als auch Staatsmänner aus den besetzten Ländern. Es wurden nicht nur politische Persönlichkeiten und Staatsmänner umgebracht, sondern auch Gelehrte, z.B. der Wissenschaftler und Botaniker Dr. Helmuth Spät.

o 1944 wurde in den Baracken der politischen Häftlinge ein Rundfunkempfänger entdeckt. Daraufhin führte die SS einen empfindlichen Schlag gegen die von ihnen vermuteten Widerstandsorganisationen. 27 Häftlinge wurden erschossen, über 200 in das Vernichtungslager Mauthausen geschickt.

o Als 1942 der Chef des SD und der Polizei Heydrich in Prag einem Attentat erlag, wurden als Gegenmaßnahme im Lager Sachsenhausen 250 Juden ermordet.

o 1094 jüdische Häftlinge wurden am 14. November 1944 zur Vernichtung nach Dachau transportiert. 300 Juden kamen zum gleichen Zweck am 30. August 1944 nach Auschwitz.

o Von 1938 - 1939 wuchs die Zahl der Geistlichen-Häftlinge auf 500 Mann. Von 1938 bis 1942 starben von den Häftlingen, die wegen ihrer religiösen Anschauung inhaftiert waren, in den Baracken mehr als 200 Mann.

- Es herrschte ein unmenschlicher Gefängnis- und Arbeitsterror für die Häftlinge:

o Der Arbeitstag begann für die Häftlinge um 5 Uhr morgens und endete um 18 bzw. 19 Uhr abends.

o Häftlinge führten ein Hungerleben. Ihre Verpflegung bestand aus 200 bis 240 Gramm Brotersatz und einem halben Liter Gemüsesuppe je Tag. Häftlinge, die von körperlicher Erschöpfung gekennzeichnet waren und arbeitsunfähig wurden, wurden getötet.

o Es bestand ein System von Strafen, die ebenfalls den Tod herbeiführten, wie: mit nach hinten ausgerenkten Armen am "Pfahl" hängen, Auspeitschen am "Block" oder "Strafsport", d.h. stundenlanges Kniebeugen.

o Häftlinge in der Strafkompanie verrichteten die schwersten Arbeiten. Sie mußten bei jeder beliebigen Jahreszeit bis an die Knie im Wasser arbeiten. Die "Sterblichkeit" in der Strafkompanie betrug täglich 12 bis 15 Mann bei einer Gesamtzahl von 70 bis 80.

o Stehkommandos: die Häftlinge mußten bei jedem Wetter, bei Schnee, Regen und Kälte neun bis zehn Stunden "stramm stehen". Hier starben täglich bis zu 20 Mann.

Durch die Untersuchung der sowjetischen Militärverwaltung konnte bewiesen werden, daß in der Zeitspanne von 1936 bis 1945 an Hunger und Mißhandlungen mehr als 20.000 Häftlinge starben. Kranke und arbeitsunfähige Häftlinge wurden der Massenvernichtung preisgegeben.

3. DIE VERBRECHEN BLIEBEN UNGESÜHNT

3.1. Was wurde aus den SS-Mördern?

Obwohl 1947 zu lebenslanger Haft verurteilt, wurden die SS-Leute 1956 nach den Verhandlungen, die Adenauer in Moskau führte, als Nichtamnestierte an die BRD ausgeliefert und dort von ihren Komplizen als "Heimkehrer" gefeiert und auf freien Fuß gesetzt.

Empörte Antifaschisten verlangten den Vollzug der 1947 ausgesprochenen Urteile. Daraufhin fand gegen Sorge und Schubert 1958 ein zweiter Prozeß in Bonn statt.

Gustav Sorge:
genannt "Eiserner Gustav" übertraf alle an Grausamkeit und Sadismus. Bereits in Esterwegen war er ein berüchtigter Blockführer. In Sachsenhausen stieg er zum Rapportführer auf.

Wilhelm Schubert:
von 1937-1945 im KZ Sachsenhausen Blockführer. Er ist schuldig an der Ermordung von 18.000 sowjetischen Kriegsgefangenen.
Urteil: Lebenslänglich Zuchthaus
Sorge ist im November 1978 in Strafhaft verstorben; Schubert befindet sich noch in Strafhaft.

Gegen Eccarius fand 1962 in Coburg ein weiterer Prozeß statt wegen Erschießungen im Wald von Below (Todesmarsch).

Kurt Eccarius:
Leiter des Zellenbaus, SS-Hauptscharführer, 1933 Angehöriger der Wachmannschaft im KZ Dachau, danach in verschiedenen Haftanstalten und im berüchtigten "Columbiahaus" in Berlin. Seit 1936 im KZ Sachsenhausen erst Stellvertreter, dann bis 1945 Leiter des Zellenbaus. Eccarius hatte in seinem Zellenbau ein Sonderregime errichtet, das an Grausamkeit das allgemeine Lagerregime so weit möglich noch übertraf. Urteil: 4 Jahre Zuchthaus.
Verbleib: lebte danach in Bayern.

Wilhelm Schitl:
Rapportführer in Sachsenhausen von 1936 bis 1940, zuvor Blockführer im KZ Esterwegen, danach zum SS-Obersturmführer befördert und zum Lagerführer des KZ Neuengamme ernannt.
Verbleib: 1962 in der BRD für tot erklärt.

Hermann Campe:
1937-1942 Block- und Rapportführer in Sachsenhausen, zuletzt SS-Obersturmführer und Lagerführer im KZ Bergen-Belsen.
Verbleib: 1952 in der BRD für tot erklärt.

Berhard Ra(c)kes:
SS-Hauptscharführer, verantwortlicher Blockführer für das Küchenkommando.
Verbleib: 1952 in Osnabrück zu lebenslänglicher Haft verurteilt.

Richard Bugdalle:
SS-Hauptscharführer, verantwortlicher Blockführer in der Strafkompanie von 1939-1942, bis 1943 Blockführer in der Strafkompanie des Klinkerwerkes. Er war einer der rücksichtslosesten Mörder unter der SS.
Verbleib: 1959 Urteil von München: lebenslänglich Zuchthaus. Durch Gnadenerweis auf freien Fuß gesetzt.

Arthur Braun:
SS-Hauptscharführer, seit 1935 bei dem SS-Totenkopfverband "Brandenburg" in Oranienburg stationiert. 1936 Wachdienst im KZ Sachsenhausen, 1937 Meldung zum Kommandanturstab des KZ Sachsenhausen. Sein Einsatz erfolgte von 1937 bis 1939 als Blockführer der "Isolierung". Ihm unterstand die Strafkompanie. Im Krieg war er Angehöriger der SS-Divisionen in Polen, UdSSR, Normandie. 1944 zum SS-Hauptsturmführer befördert. Er flieht aus französischer Gefangenschaft und taucht unter.

1970 steht er mit anderen SS-Verbrechern in Köln vor Gericht. Ihm werden unzählige Bestialitäten zur Last gelegt, begangen an Häftlingen der Isolierung, wie:
- körperliche Mißhandlungen, Schläge, Fußtritte auf wehrlos an der Erde liegende Häftlinge ,
- alte und kranke Häftlinge durch stundenlangen "Sport" in den Tod getrieben,
- im Winter vor der Baracke stehende Häftlinge mit Wasser übergossen,
- Tötung am Boden liegender Häftlinge, denen zwangsweise ein an die Wasserleitung angeschlossener Wasserschlauch in den Mund gepreßt wurde.

Braun wird des Mordes in 12 Fällen beschuldigt.
Urteil: ? Mitangeklagt im Prozeß gegen Kaiser und andere.
Verbleib: ?

Willy Beerbaum:
seit 1936 im allgemeinen SS-Wachdienst des KZ Sachsenhausen, er wird im April 1938 in den KZ-Kommandanturstab übernommen und als Blockführer in der "Isolierung" eingesetzt. Im April 1939 wird er wegen homosexueller Betätigung mit SS-Leuten bestraft. In der "Isolierung" quälte er besonders junge Bibelforscher und forderte Kommunisten auf, sich selbst zu erhängen. 1970 stand er mit A. Braun vor Gericht.
Urteil/Verbleib: ?

An den verbrecherischen Experimenten und Mordaktionen waren im Häftlingskrankenbau beteiligt:

Dr. med. Heinz Baumkötter:
von 1943 bis 1945 leitender Arzt im Konzentrationslager Sachsenhausen, 1947 zu lebenslänglicher Haft verurteilt, 1956 als Nichtamnestierter der BRD übergeben, wurde er dort sofort freigelassen. 1962 in Münster zu 8 Jahren Zuchthaus verurteilt und vorfristig freigelassen

Dr. med. Emil Christian Schmitz:
Von Frühjahr bis zum Spätherbst 1942 zweiter Lagerarzt; verantwortlich für Phlegmoneversuche, Felcktyphusversuche und tödliche Phenolinjektionen bei TBC-Kranken. Noch nicht bestraft, befindet er sich auf freiem Fuß; sein seit 1959 laufendes Verfahren wurde in der BRD wieder eingestellt.

Dr. med. Alois Gabele:
Von 1943 bis 1945 im Konzentrationslager Sachsenhausen als Arzt tätig.

Nach dem Krieg arbeitete er in Hamburg-Harburg als praktischer Arzt. Im Februar 1962 wurde er in Münster zu 3 1/2 Jahren Zuchthaus verurtielt.
Dr. med. Otto Adam:
war 1944 als SS-Arzt und SS-Hauptsturmführer im Krankenbau im KZ Sachsenhausen und beteiligte sich an Exekutionen. Nach 1945 war er als praktischer Arzt in Hammelburg tätig.
Dr. med. Ehrsam:
genannt "Dr. Grausam", wurde nicht zur Verantwortung gezogen, inzwischen verstorben.
Dr. dent. Hermann Pook:
leitender Arzt des WVHA (?), war u.a. verantwortlich für die Durchführung des Zähnersatzraubes. Verurteilt zu 10 Jahren Zuchthaus, wurde er in der BRD freigelassen.

Ferner waren folgende Ärzte ebenfalls beteiligt, wobei die Angaben bisher unvollständig blieben:
Dr. med. Frohwein
Dr. med. Schmick (Phlegmoneversuche)
Dr. med. Hadler (Euthanasieaktion)
Dr. med. Sorge (Tätowierungsaktion und Erschießung der 18.000 sowjetischen Kriegsgefangenen)
Dr. med. Sonntag (Giftgasversuche)
Stabsarzt Dr. med. Dohmen (Gelbsuchtversuche).
(Quelle: Sachsenhausen-Buch, S. 49)

Otto Heinrich Wessel:
SS-Obersturmführer, Adjutant des letzten Kommandanten im Konzentrationslager Sachsenhausen. In der Wochenzeitung "Die Tat" vom 30. Juni 1962 fanden wir den Bericht über den Prozeß, der ihm 1962 gemacht wurde. Daraus geht klar hervor, daß die SS-Mörder von den Justizbehörden wie ehrenwerte Leute behandelt wurden und als Entlastungszeugen ihres Komplizen fungieren durften. Hier der Bericht:

3.2. Der Prozeß gegen den ehem. SS-Obersturmführer Otto Heinrich Wessel

In dem kleinen niedersächsischen Städtchen Verden an der Aller fand vom 25. April bis zum 6. Juni 1962 von dem dortigen Schwurgericht ein Prozeß gegen den ehemaligen SS-Obersturmführer Otto Heinrich Wessel statt. Wessel war der Adjutant des letzten Kommandanten im Konzentrationslager Sachsenhausen.

Er war angeklagt, als ausführendes Organ des berüchtigten Kommandanten, an der Ermordung ungezählter Häftlinge, darunter auch Frauen und Kinder, beteiligt gewesen zu sein. Die Liste des Grauens beginnt mit der Erschießung eines Häftlings und geht über die Vergasung von 300 Sowjetbürgern bis zur Liquidierung von etwa 2000 kranken und entkräfteten Häftlingen kurz vor Kriegsende.

Fast 20 Jahre verstrichen, ehe der Arm der westdeutschen Justiz Wessel erreichte. Nach dem Zusammenbruch war er unter falschem Namen in der Gegend von Oldenburg untergetaucht. Später glaubte er sich sicher und arbeitete als gut bezahlter Buchhalter in einem Mühlenbetrieb in Dorfmark.

Die Taktik Wessels vor Gericht

Diese Herrenmenschentypen, die früher, als sie noch die schwarzen Reitstiefel trugen, in ihrem Größenwahn über Menschenleben mit einer Daumenbewegung entschieden, geben heute dem Gericht ein Bild elender Feigheit und versuchen, durch Tricks und Schliche der verdienten Strafe zu entgehen.

So bestritt auch Wessel kaltschnäuzig und frech alle ihm zur Last gelegten Anklagepunkte. Er gab sich von einer kindlichen Unwissenheit. Als Adjutant des Lagerkommandanten, noch dazu ehrgeizig und karrieresüchtig, weiß er angeblich gar nichts. Daß Häftlinge erhängt wurden, hat er nur von weitem gesehen. Von der Erschießungs- und Vergasungsanlage habe er nur zufällig erfahren. "Ich habe nur die Post gesichtet und sie dem Kommandanten vorgelegt", versuchte er dem Gericht weiszumachen. Er verließ sich darauf, daß man ihm die zur Last gelegten Verbrechen einzeln beweisen mußte.

Im Zeugenstand traten dann eine Reihe von ehemaligen Häftlingen auf und zerstörten das Lügengebäude Wessels. Sie bezeugten, daß Wessel bei unzähligen Exekutionen dabei war und die Vollzugsmeldung entgegennahm. Er holte Häftlinge zur Hinrichtung aus den Blöcken. Er lieferte Häftlinge zur Erschießung und Verbrennung ab. Einmal eine ganze Familie mit Kindern. Alle Exekutionen, alle getarnten Transporte, die in den Gaskammern endeten, gingen über ihn; sein Büro war die Mordzentrale des Lagers.

Wessel kann von Glück sagen, daß seine Hauptbelastungszeugen nicht mehr reden und schwören können, weil sie ihr Leben in der Gaskammer und in der Erschießungsanlage lassen mußten.

Der Prozeß in Verden aber hätte längst nicht die besondere Bedeutung erlangt, wenn es nur um die Verurteilung Wessels gegangen wäre. Er gewann an Gewicht durch die erschreckende Feststellung, daß ein Dutzend von SS-Schergen aus Sachsenhausen heute als freie Leute vor dem Gericht erscheinen konnten und ihre Aussagen dazu benutzen, sich selber reinzuwaschen, sich gegenseitig zu decken, die Wahrheitsfindung des Gerichts zu erschweren, um die schweren Verbrechen, die sie gemeinschaftlich begingen, ungesühnt zu lassen.

Der Prozeß hat auch starkes Interesse ausgelöst durch eine Reihe von Tatsachen, die über Massenexekutionen gegen die Widerstandsbewegung "Rote Kuhle" und über die Erschießungen am 2. Januar 1945 bekannt wurden.

Der Aufmarsch der Kumpanen Wessels muß jeden, der in Sachsenhausen war, mit Schrecken erfüllen. Sie, von denen kaum einer wegen des Verdachtes der Mittäterschaft vereidigt wurde, leben unter uns. Sie wenden die gleiche Taktik an wie Wessel, was den Staatsanwalt zu der Feststellung bewegte:

"Wir sind es gewöhnt, daß die Herren von der SS nichts wissen. Sie waren nirgends und an nichts beteiligt. Die, die die besten Informationen haben müßten, wissen von nichts."

Zu Wessel befragt, geben die SS-Zeugen zu, daß er ein rücksichtsloser Karrieremacher und selbst unbeliebt unter seinen SS-Kumpanen war. Aber sonst decken sie ihn, weil sie fürchten, daß er mit gleicher Münze heimzahlen würde.

Schauen wir uns nun einige dieser SS-Schergen an:

Dr. Fritz Schmidt, Amtsgerichtsrat in Dinslaken, von 1943 bis 1945 Gerichtsoffizier in Sachsenhausen.

Er war natürlich nur ein kleiner Mann im Lager, der den Wessel um jeden Fahrbefehl befragen mußte. (Wessel: Stimmt nicht.) Die Mordbefehle vom Reichssicherheitshauptamt (RSHA) habe nicht er, sondern Erdmann von der politischen Abteilung und die Kommandantur bekommen. Zwar habe er von Erschießungen und Vergasungen erfahren, aber er sei nie dabei gewesen. (Nur einmal sei ein Kollege beim Erhängen ohnmächtig geworden, da habe er einspringen müssen.)

Kurt Erdmann, Kriminal-Hauptwachtmeister in Stade, von 1943 bis 1945 Leiter der politischen Abteilung in Sachsenhausen.

Auch er war, glaubt man seinen Worten, nur ein kleines Licht im Lager, der als Unterscharführer nur eine SS-Uniform trug, um sich Respekt zu verschaffen. Im wesentlichen, so sagte er aus, führte er nur Akten und Karteikarten. Später mußte er allerdings zugeben, daß die Bestrafung der Häftlinge in seinen Händen lag. Allerdings sei die Bestrafung der Häftlinge nicht immer Exekution gewesen (!), sondern Abstellung ins Klinkerwerk oder in ein anderes Lager (Ein Beisitzer: Was gleichbedeutend mit Tod war.)

Auf den Vorhalt, daß die Listen aller Exekutierten in seinem Büro geführt wurden, antwortete er typisch: "Ich streite es nicht ab, aber ich kann mich nur nicht darauf besinnen."

Bei der Erschießung von 27 politischen Häftlingen am 11.10.1944 habe er zwar an der Voruntersuchung teilgenommen, aber weiter wisse er nichts davon, auch nicht, wie sie zu Tode gekommen seien. Er habe nur die Todesurkunden unterschrieben.

Dr. med. Baumkötter, Münster, ehemaliger 1. Lagerarzt in Sachsenhausen.

Er tritt mit dem Vorsatz auf, überhaupt nicht auszusagen, bis ihn der Vorsitzende belehrte, daß ihm das Recht nur zustehe, wenn er sich selber belaste. Prompt erklärte er, daß er dem inzwischen toten Kaindl unterstellt gewesen sei und mit Wessel nichts zu tun gehabt habe. An Erhängungen habe er nur als diensttuender Arzt teilgenommen. Wessel habe er dabei nicht "bewußt" gesehen. Zu Massenexekutionen sei er erst anschließend gerufen worden und habe dann nur die Totenscheine ausgestellt. Zwar habe er von dem Plan gewußt, vor dem Zusammenbruch das Lager zu vernichten - damit kein Häftling lebend in die Hände der Russen falle - oder im Falle der Evakuierung alle Marschunfähigen zu liquidieren, aber er habe sich dagegen gewehrt.

Wohl habe er Marschlisten zusammengestellt, aber das seien echte Transporte gewesen nach Bergen-Belsen, Mauthausen und Buchenwald. Von Transporten, die ins Krematorium gegangen sind, weiß er natürlich nichts.

Der Staatsanwalt dazu: "Herr Ballhorn hat ausgesagt, daß Tag und Nacht der Krematoriumsschornstein rauchte, der Gestank war nicht auszuhalten. Und Sie haben das alles nicht bemerkt?"

Baumkötter: "Nein, nichts außergewöhnliches."

In die Enge getrieben, mußte er zugeben, dabeigewesen zu sein, als man einen Häftling zwang, versuchsweise eine Zyankalikapsel zu zerbeißen: "Er starb kurz darauf."

Dr. med. Gabele, Hamburg-Harburg, war seit 1943 2. Lagerarzt in Sachsenhausen.

Gabele muß zugeben, etwa zehnmal an Exekutionen in der Genickschußanlage teilgenommen zu haben. Angeblich mußte er nur den Tod feststellen und bestätigen, ob Goldzähne vorhanden waren. An Einzelheiten kann er sich natürlich nicht mehr erinnern.

Von medizinischen Versuchen an Häftlingen hat er angeblich keine Kenntnisse, muß jedoch zugeben, dabeigewesen zu sein, als einem Häftling vergiftete Munition in den Schenkel geschossen wurde, woran dieser fünf Minuten später starb.

Dr. med. Otto Adam aus Hammelburg. In Sachsenhausen als SS-Arzt und SS-Hauptsturmführer im Krankenbau.

Auch er hat nur einige Male an Exekutionen am Galgen und in der Genickschußabteilung als Arzt vom Dienst teilgenommen und hat mal das Zahngold kontrolliert. Von den Verantwortlichen für die Ermordung hat er keine Ahnung, er war eben nur "Arzt vom Dienst".

Hans Fabisch, Lübeck, Verwaltungs-Angestellter, in Sachsenhausen SS-Oberscharführer im Krankenbau:

Er war offensichtlich beteiligt bei der Auswahl der Häftlinge, die anschließend umgebracht wurden. Dr. Gabele hat ihn in dieser Hinsicht belastet. Aber Fabisch streitet alles ab, auch seine früheren Aussagen, wo er zugegeben hatte, Transporte ins Krematorium veranlaßt zu haben. Er schiebt die Schuld heute auf die Schreibstube Moll und die Kommandantur ab und behauptet heute von sich: "Ich kann mich an nichts erinnern. Wir waren kleine Leute."

Kurt Eccarius, Coburg, seit 1936 in Sachsenhausen, ab 1943 als SS-Hauptscharführer Chef des berüchtigten Zellenhauses und der vier Sonderhäuser.

Er gibt zu, daß Wessel im Januar 1945 einen jungen Polen abholte, der dann erschossen wurde.

Und die übrigen Tausende, die den gleichen Weg gingen?

Nach neunjähriger Tätigkeit sagte dazu Eccarius heute: "Mehr weiß ich nicht!"

Die wahre Tätigkeit der Ärzte deckte der Zeuge Ballhorn auf, ein Amtsdirektor aus Nottuln, der als Katholik von 1941 bis 1945 in Sachsenhausen war und im Krankenbau arbeitete.

Ballhorn sagte aus, daß die Ärzte 1945 die Aufforderung bekamen, Listen von allen Häftlingen zusammenzustellen, die nicht mehr arbeitsfähig waren oder länger als sechs Wochen im Krankenbau lagen. Diese Häftlinge wurden an das Tor geholt und mit Lkw abtransportiert. "Wenn die Effekten an die Effektenstelle zurückkamen, dann wußten wir, daß die Exekutionen stattgefunden hatten. Das Krematorium arbeitete 1944/45 auf Hochbetrieb, es stank widerlich."

Beisitzer Biester: "Herr Wessel, Sie hören, Tag und Nacht war das Krematorium in Betrieb, es stank widerlich, und Sie haben nichts bemerkt?"

Wessel: "Nein, ich habe nichts wahrgenommen."

Ballhorn belastete auch Dr. Schmidt, von dem er sagte, daß dieser medizinische Versuche mit Phosphor an 25 Russen vorgenommen hätte.

Alfred Klein, Berlin-Reinickendorf, in Sachsenhausen seit 1938 SS-Hauptscharführer und Schreiber in der Schutzhaftlagerführung.

Auch Klein weiß nichts besonderes auszusagen. Er hat nur die Urnen verschickt und später das KZ-Standesamt Oranienburg 2 geleitet.

Der Vorsitzende fragte ihn, ob er nicht Leiter des Krematoriums gewesen sei, weil er es früher zugegeben habe. Klein stritt das ab.

Paul Jude, Bergholzhausen, seit 1938 in Sachsenhausen, SS-Oberscharführer.

Jude weiß angeblich nichts, er sagt aber, Klein sei vom Kommandanten mit der Leitung des Krematoriums beauftragt gewesen. Er hatte dort bis zum Schluß sein eigenes Dienstzimmer (!).

Herbert Siggelkow, Hamburg, Apotheker. Apotheker in Sachsenhausen, SS-Hauptsturmführer:

Auch er weiß nichts Konkretes auszusagen. Angeblich hat er monatlich nur die Medikamente besorgt. Als ein Häftling eine Ampulle Zyankali zerbeißen mußte, war er allerdings dabei, sozusagen nur auf Befehl.

Adolf Kelb, Fleischer, Neustadt/a. Rbg., SS-Koch in der Kommandantur in Sachsenhausen.

Er sagt aus, am 11.10.1944 von Wessel beauftragt worden zu sein, 20 Häftlinge zur Erschießung zu bringen. Im Krematorium sei er selber aber nicht gewesen. Gärtner habe ihm aber erzählt, es sei für sie ein Schützenfest gewesen. Anschließend habe es, wie immer nach solchen Aktionen, Sonderrationen gegeben.

Die Widerstandsorganisation in Sachsenhausen

Im Verdener Prozeß kam auch die Tätigkeit der Widerstandsorganisation der politischen Häftlinge in Sachsenhausen zur Sprache.

Aus ihren Reihen wurden am 11.10.1944 27 Häftlinge erschossen. Das Gericht zeigte sich nicht imstande, die Schuldigen zu überführen, obwohl nachgewiesen wurde, daß sowohl Wessel wie auch andere vorm Gericht als Zeugen erschienene SS-Leute aktiv beteiligt waren.

Die Aktion gegen die Widerstandsbewegung kam in Gang, nachdem in einer Besenkammer die Häftlinge Bücker, Rehder und Fuchs beim Abhören von ausländischen Sendern überrascht wurden. Sofort wurde der Leiter der politischen Abteilung, der heutige Kriminal-Hauptwachmeister Erdmann aus Stade aktiv. Er sagte vor Gericht aus, daß im Lager illegale Flugblätter verteilt wurden mit genauen Angaben über die Lage an den Fronten. Dadurch sei man auf die Möglichkeit gekommen, daß im Lager Sender abgehört werden mußten.

Aber trotz aller Bemühungen Erdmanns, trotz verschärfter Venehmungen, Prügel, Drohungen und trotz Spitzel blieb die Jagd Erdmanns nach den Mitgliedern der Widerstandsorganisation ohne ausreichende Ergebnisse. Es wurde darum eine Sonderkommission vom RSHA in Berlin angefordert. Die beiden Leiter der Kommission, nämlich Reinhardt Ortmann, heute kaufmännischer Angestellter in Frankfurt/M. und Erwin Brandt, kaufmännischer Angestellter in Düsseldorf, erschienen als Zeugen vor Gericht. Beide litten offensichtlich an Gedächtnisschwund.

Ortmann leitete die Kommission von März bis September 1944. Er umriß seinen Auftrag im KZ Sachsenhausen vor Gericht damit, daß er "die kommunistischen Umtriebe" im Lager habe feststellen müssen. Es habe sich um eine ernstzunehmende politische Gruppe gehandelt, die durch Flugblätter Nachrichten über die politische Lage bis in die Ausländerkommandos vertrieben habe. Ketten an den Raupenfahrzeugen seien zerschlagen worden und im Heinkelwerk Kabelisolierungen bloßgelegt.

Trotz des Spitzelapparates und brutaler Vernehmungen war die SS-Führung auch mit Ortmanns Arbeit nicht zufrieden. Mit welchen Methoden Ortmann arbeitete, schilderte er freimütig dem Gericht: "Die verschärften Vernehmungen wurden im Krematorium durchgeführt, wo der Bock stand." Blutig geschlagen kehrten die Häftlinge von dort zurück.

An Einzelheiten und an die Ergebnisse seiner Untersuchungen kann sich Herr Ortmann natürlich nicht mehr erinnern.

Aus Berlin wurde nun der Kriminalrat Brandt geschickt, mit dem Auftrag, die Untersuchungen in 14 Tagen abzuschließen, weil man bei dem bisherigen Aufklärungstempo mit einem Aufstand im Lager habe rechnen müssen.

Alle Verdächtigen und "Gefährlichen" wurden nun in Block 58 in die Isolierung gesteckt, insgesamt etwa 176 Häftlinge, vorwiegend politische Häftlinge und Funktionäre der Häftlingsselbstverwaltung. 27 von ihnen wurden am 11.10.1944 abgeholt und erschossen.

Brandt leugnete jede Verantwortung. Er habe nur acht zur Verhandlung vor dem Volksgerichtshof vorgeschlagen; sonst kann er sich an nichts entsinnen. Wahrscheinlich habe Müller vom RSHA alles veranlaßt. Müller habe ihm das Abschlußdokument über diese Aktion gegeben und er habe es ungelesen (!) unterschrieben. Auch weitere Schreiben, die ihm das Gericht vorlegte und die bewiesen, daß er aktiv an den Ermordungen beteiligt gewesen ist, bestreitet er zu kennen, obwohl er seine eigene Unterschrift bestätigen muß.

Während alle SS-Verantwortlichen aus Sachsenhausen, die heute noch frei herumlaufen, alle Schuld von sich geschoben haben und sich in entscheidenden Fragen gegenseitig decken und an nichts erinnern konnten, sagten zwei Zeugen interessante Tatsachen aus. Beide wurden wegen ihrer Verbrechen in Sachsenhausen verurteilt und sind aus der Haft vorgeführt worden. Es sind der Rapportführer Otto Böhm und der ehemalige Lagerleiter August Höhn.

Böhm und Höhn sagen aus

Höhn bekundet, daß die Liste mit den 27 Todeskandidaten vor ihrer Vernichtung von Wessel vorgelesen wurde. Anwesend seien auch Erdmann und weitere Offiziere des Stabes gewesen.

Die Kameraden wurden, an Händen und Füßen gefesselt, ans Tor gestellt, wo Lkw standen, um einen Transport vorzutäuschen. Dann brachte man sie ins Krematorium, wo sie erschossen wurden. Als Höhn zum Krematorium kam, standen dort Kaindl, Wessel (!), Lauer, Rossner u.a.

Höhn: "Erschossene lagen bereits da. Wessel machte sich am Ofen zu schaffen. Er wußte damit Bescheid."

Höhn macht auch die klarsten Angaben über die Massenexekutionen vom 31.1. bis zum 1.2.1945, und seine Aussagen stimmen hier mit denen anderer Zeugen überein.

Als die sowjetische Front immer näherrückte, wurde der Plan "Scharnhorst" ausgearbeitet. Er bestand aus drei Stufen: Flut, Hochwasser und Dammbruch. Die Lagerführung erwog eine Reihe von Maßnahmen, um zu verhindern, daß Häftlinge in die Hände der sowjetischen Befreiungsarmee fielen. So plante man beispielsweise, die kriminellen Häftlinge den Amerikanern entgegenzuführen. Man erwog auch den Gedanken, das Lager mit seinen Insassen in die Luft zu sprengen oder zu bombardieren. In allen Fällen aber sollten die politischen Häftlinge ausnahmslos liquidiert werden.

Allein der schnelle Vormarsch der Roten Armee machte die Durchführung dieser Pläne zunichte.

Der Beginn dieser Aktion waren die Erschießungen am Morgen des 1. Februar 1945. Dazu war eine Liste aufgestellt mit 230 Namen, darunter viele Offiziere der Roten Armee und Luxemburger. Erdmann und Böhm versahen die Liste mit den Häftlingsnummern. Wessel sagte dem Böhm, daß ab Lagertor der von Auschwitz gekommene Mordspezialist des Krematoriums, Moll, alles übernehme.

Aber noch während die Häftlinge durch eine Postenkette zum Krematorium getrieben wurden, flüchtete einer der Häftlinge. Es gab eine wilde Schießerei, bei der ein SS-Mann getroffen wurde. 82 Häftlinge waren bereits erschossen, da wurde wegen dieses Tumults das Massenmorden eingestellt. Den Rest der Todeskandidaten schickte Höhn nach Bergen-Belsen, aber Wessel erkundigte sich später nach dem Verbleib. (Wollte er die Aktion zu Ende führen?) Wessel wurde von Böhm weiter schwer belastet, als er aussagte, daß er ihn nach den Erschießungen im Krematorium gesehen habe.

Der politische Leiter Erdmann aber kann sich an nichts erinnern, obwohl er zugeben muß, die Häftlingsnummern der zu Liquidierenden mit ausgesucht zu haben.

Er versucht, seinen Kopf aus der Schlinge zu ziehen, indem er behauptet: "Mein Erinnerungsvermögen hat nachgelassen. Die Totenscheine müssen mir nach und nach zur Unterschrift vorgelegt worden sein, damit ich nicht stutzig wurde."

Lächerliche Bestrafung Wessels

Bereits im Plädoyer des Staatsanwaltes Krause zeigte sich, daß Wessel und seine Kumpanen mit ihrer Taktik des Leugnens und Nichterinnerns Erfolg gehabt haben. Dennoch konnte Wessel die Beteiligung an der Ermordung von mindestens 200 Menschen nachgewiesen werden. Er beantragte dafür nur acht Jahre Zuchthaus (!).

Das Gericht blieb sogar noch unter dem Strafantrag und verurteilte Wessel zu nur siebeneinhalb Jahren Zuchthaus und fünf Jahren Ehrenverlust. (13 1/2 Tage für einen Mord.)

Der Prozeß gegen Wessel ist zu Ende, die Verbrechen von Sachsenhausen aber sind noch nicht gesühnt.

Staatsanwalt Krause mußte zugeben, daß man zu dem Kern der Taten nicht vorgedrungen sei. Und in der Urteilsbegründung erklärte der Vorsitzende des Gerichts: "Die hier vernommenen ehemaligen SS-Angehörigen haben eine Mauer des Schweigens aufgerichtet."

Um der Gerechtigkeit willen kommt es darauf an, diese von der SS errichtete Mauer des Schweigens zu durchbrechen und die Mörder, die heute noch unter uns leben, der gerechten Strafe zuzuführen.

Weitere zwanzig Jahre sind inzwischen vergangen. Die meisten dieser Mörder beschließen ihren Lebensabend als Normalbürger ungestraft.

Die Schuld bleibt ungesühnt!

3.3. WEITERE BEISPIELE FÜR DIE VERGANGENHEITSBEWÄLTIGUNG IN DER BRD

Ähnlich wie die Verbrechen in Sachsenhausen, blieben auch die anderen SS-Morde weitgehend ungesühnt. Kam es dennoch zu Prozessen, so wurden in vielen Fällen die begangenen Freveltaten von der Justiz eher als Kavaliersdelikte betrachtet.

Bitterkeit und Zorn entfährt einem zurecht, wenn man sich nur einige Prozessergebnisse ansieht. Da ist der Fall Fleischmann, der Fall Bradfisch, der Fall Koppe, der Fall Pillich und der Fall Scheu, um nur einige zu nennen. Sie zeigen nur zu deutlich die personelle, institutionelle und inhaltliche Kontinuität, die Nichtbewältigung faschistischer Vergangenheit.

- Da ist der Fall des 55-jährigen Kriminalrates Dr. Georg Fleischmann aus Ludwigshafen am Rhein. Familienvater. Ein "ordentliches Familienmitglied der bundesrepublikanischen Gesellschaft". Ein Kriminalrat ohne "Fehl und Tadel". Im Jahre 1962. Damals, vor 1945 war er SS-Hauptsturmführer. Damals nahm das "Ausheben der Gruben den größten Teil seiner Zeit in Anspruch, während das Erschießen selbst sehr schnell ging: 100 Mann in 40 Minuten".

Er war als Zeuge im Berliner Filber-Prozeß. Den Hauptangeklagten, dem ehemaligen SS-Obersturmbannführer und Chef des Einsatzkommandos IX, Dr. jur. Alfred Filbert, wurde die Ermordung von mindestens 11.000 meist jüdischen Zivilisten in der Sowjetunion vorgeworfen. Dabei passierte es. Er hatte sich einen Moment vergessen, der Herr Fleischmann. Er hob die Hand zum Hitlergruß.

"Ein Hitlergruß unterlief am Mittwoch einem Zeugen im Berliner Prozeß gegen sechs ehemalige Führer des Einsatzkommandos IX, denen die heimtückische Tötung von mindestens 11.000 meist jüdischen Zivilisten im zweiten Weltkrieg vorgeworfen wird. Als der 55jährige Kriminalrat Dr. Georg Fleischmann aus Ludwigshafen, der im Kriege den Dienstrang eines SS-Hauptsturmführers bekleidet hatte, seine Aussagen beeiden sollte, riß er seinen Arm hoch und hielt seine ausgestreckte Hand in Augenhöhe. Erst nach ein oder zwei Sekunden bemerkte er seinen Irrtum, wackelte mit den Fingern und klappte dann die nicht zum Eid benötigten Finger rasch zusammen."

(Die Andere Zeitung v. 21. Juni 1962)

- Der fünfzehntausendfache Massenmörder Dr. Otto Bradfisch, damals SS-Sturmbannführer und Kommandeur der Einsatzgruppe VIII, ward zu zehn Jahren Zuchthaus verurteilt. Für jedes auf seinen Befehl und durch seine eigene Hand getötete jüdische Kind, für jede auf seinen Befehl erschossene jüdische Mutter, für jeden durch seine eigene Hand ermordeten jüdischen Vater erhielt der Jurist und Regierungsrat Dr. Bradfisch volle 6 Stunden Zuchthaus: weil er "nach 1945 als ordentliches Mitglied der Gesellschaft" gelebt!.... 6 Stunden Zuchthaus für den Mord an der kleinen ermordeten Riwka; 6 Stunden Zuchthaus für den Mord an dem kleinen ermordeten Hersz!

- Wilhelm Koppe, unter dem Verdacht des 350.000-fachen Mordes verhaftet, damals SS-Obergruppenführer und Polizeichef von Posen, ward gegen eine Kaution von 50.000 Mark (von einer bundesrepublikanischen Bank geleistet) aus der Untersuchungshaft entlassen. Für jede ermordete jüdische

Mutter, für jeden ermordeten jüdischen Greis hat die deutsche Bank nun 15 deutsche Pfennige hinterlegt! 15 deutsche Pfennige...

- Der 162fache Massenmörder Theodor Pillich, damals SA-Obertruppführer, "alter Kämpfer", Träger des Goldenen Parteiabzeichens, freiwillig zur "Judenvertilgung" sich einst meldend, ward zu 3 Jahren und 3 Monaten Zuchthaus verurteilt, "weil er sich nicht mit der Tat identifiziert und das Geschehen aus tiefstem Herzen abgelehnt" hätte... "Diese Brut muß vernichtet werden!" hatte er beim Anblick der zusammengetriebenen jüdischen Kinder, Frauen und Männer gebrüllt. Während er einmal nicht selbst auf die jüdischen Kinder, Frauen und Männer schoß, machte er gierig Aufnahmen von dem Massaker...

7 Tage Zuchthaus für den Mord an Lajser, jenem jüdischen Gelehrten; 7 Tage Zuchthaus für den Mord an Rachel, jenem kleinen hilflosen Mädchen von Ostrow-Mazewieck!

- Der 220fache Massenmörder Dr. Theodor Werner Scheu, Amtsarzt im Nordseebad Borkum, Eigentümer eines Kindersanatoriums und eines privaten Kinderheims mit Namen "Mövennest" - damals SS-Reitersturmführer - ermordete in Litauen im Juni des Jahres 1941 durch Genickschuß 220 jüdische Männer im Alter zwischen 14 und 60 Jahren. Befehl hatte er keinen für diese Mordaktion. - Der 220fache Massenmörder und Eigentümer des Kinderheims "Mövennest" ward zu sechs Jahren Zuchthaus verurteilt: 10 Tage Zuchthaus für den Mord an David, der, 15jährig, am Sederabend beim Ma-Nischtano-Gebet mit fragender Stimme gesungen hatte "manischtano halailoh hase mikol halelos - wodurch zeichnet sich diese Nacht besonders aus vor allen anderen Nächten?" ... Zehn Tage Zuchthaus für den kaltblütigen Mord an David!

Neun Massenmörder haben zusammen eine halbe Million Menschen erstochen, erdrosselt, erschossen, erhängt. Keiner von ihnen mußte lebenslänglich ins Zuchthaus.

Warum sollte der Herr Kriminalrat eigentlich nicht mit dem Hitlergruß grüßen, wo doch jedes ermordete jüdische Kind des SS-Mörders Otto Bradfisch 6 Stunden Zuchthaus "wert" ist? Warum sollte er eigentlich nicht des "Führers" gedenken.

... Ja, warum sollte er nicht versehentlich mit dem Hitlergruß zu schwören versuchen, dieser ehemalige SS-Hauptsturmführer aus Ludwigshafen am Rhein, nachdem es ihm doch in diesem Staat gestattet ist, Kriminalrat zu sein? - Daß er sich nun nicht mehr an seinen Berliner Hitlergruß erinnern will: ja, ist denn das verwunderlich in einer Zeit der totalen Vergeßlichkeit? Wenn immer wieder die mächtigsten und perfektesten SS-Einsatzgruppen-Mörder an Gedächtnisschwund leiden, wenn keiner der Genickschuß-Spezialisten damals "dabei" gewesen - : warum sollte dann der Ludwigshafener Kriminalrat ein Gedächtnis haben?

In diesem Zusammenhang klingt die Äußerung des damaligen Bundespräsidenten Lübke mehr als zynisch, wenn er sagte: "Wir sind erfüllt von tiefer Scham, daß Mitglieder unseres Volkes sich an solchen Verbrechen beteiligen konnten." Das ist die Aussage eines Mannes gewesen, der vor 1945 als Baumeister Pläne für Konzentrationslager auf dem Reißbrett entworfen hat. Bundesrepublikanische Wirklichkeit und Kontinuität bis in die obersten Staatsorgane.

4. OPFER VERHÖHNT - MÖRDER BELOHNT

16. Mai 1957 - "Im Namen des deutschen Volkes" wird der Anspruch des Widerstandskämpfers und politisch Verfolgten Karl Jannasch auf Entschädigung (1) vom Landgericht Berlin abgelehnt.
Grund der Ablehnung: Karl Jannasch hatte die in West-Berlin legal erscheinende Zeitschrift "Die Wahrheit" verteilt. Das Gericht aber war der Meinung, "Die Wahrheit" sei eine gegen den Staat gerichtete Schrift, und Karl Jannasch wurde wegen deren Verbreitung ein "kämpferischer Einsatz für die gewaltherrschaftlichen Ziele der SED" vorgeworfen. (2)
Erschwerend kommt für das Landgericht Berlin hinzu, "daß für den Beklagten die kämpferische Verbreitung von Flugblättern nichts Neues ist. Er hat dies schon früher als eine Tätigkeit zur Bekämpfung des Nationalsozialismus angesehen." (3)
1962: Ein der SPD nahestehender Betriebsrat aus Bremen wird zu sieben Monaten Gefängnis verurteilt.
Er hatte auf Einladung des FDGB an einer gesamtdeutschen Metallarbeiterkonferenz teilgenommen und dort u.a. gesagt: "Wer auf den Zusammenbruch der DDR wartet, kann auf den Sankt-Nimmerleins-Tag warten. Wer Frieden und sozialen Wohlstand in der Bundesrepublik will, muß mit der DDR zusammenarbeiten, ob es ihm paßt oder nicht." (4)
Nicht diese Deutlichkeit, aber doch der Grundgedanke dieser Aussage sollte nur wenige Jahre später Bestandteil sozial-demokratischer Regierungspolitik sein. 1962 aber brachte sie diesem mutigen Betriebsrat sieben Monate Gefängnis wegen "verfassungsfeindlicher Beziehungen in Tateinheit mit Zuwiderhandlungen gegen das KPD-Verbot". Der Betriebsrat hatte nach Ansicht des Gerichts durch sein Auftreten auf der Metallarbeiterkonferenz die "hinter dem Kongreß stehende Gesamtorganisation, die auch die illegale KPD umfaßt", unterstützt. (5)
Aber: Das Gericht erkannte als strafmildernd an, daß der Angeklagte während des 2. Weltkrieges seine "Pflicht getan habe. Diese Pflichterfüllung bestand darin, daß er als Angehöriger der Waffen-SS 'am Rußlandfeldzug teilgenommen' habe." (6)

Zwei Urteile, die mehr aussagen über die bundesdeutsche und West-Berliner Geschichte, über den Zustand der Demokratie, über die Verarbeitung der faschistischen Vergangenheit als Dutzende von Schulbüchern.
Was da erschwerend und umgekehrt strafmildernd hinzukommt, ist Zeugnis einer erschreckenden Kontinuität deutscher Geschichte. Wer beginnt da nicht zu zweifeln, ob sich die Maßstäbe für das, was Recht und Unrecht ist, wirklich geändert haben?
Zwei Urteile aber auch, die etwas von der Tragik derer zeigen, die dem NS-Regime Widerstand entgegensetzten und das Glück hatten zu überleben. Derer, die immer noch nicht gebrochen sind - oder gelernt haben aus der Vergangenheit und sich entgegen staatlicher Politik gegen Wiederaufrüstung und für friedliche Koexistenz einsetzen.
"Im Namen des Volkes" ging also die Praxis der Verfolgung und Entrechtung derer weiter, die in den KZs gelitten hatten, gefoltert wurden, die halb verhungert, krank und zu Krüppeln geschlagen in die Freiheit entlassen wurden:

Oskar Reissing:
Unter Hitler zwölf Jahre lang verfolgt und allein über vier Jahre im KZ Sachsenhausen. Sein Anspruch auf Entschädigung wurde 1955 vom Kammergericht Berlin abgelehnt, weil er Mitglied der SED (7) und Vorstandsmitglied der VVN - Vereinigung der Verfolgten des Naziregimes, nach Ansicht des Gerichts eine Unterorganisation der SED, war und als SED-Mitglied für die Bezirksverordnetenversammlung kandidierte.

Das Gericht stellte unter der Rubrik "Tatbestand" fest, daß Oskar Reissind vor 1933 Mitglied der KPD, der Baugewerkschaft, der "Roten Hilfe" und des Arbeitersportvereins "Fichte" war, und fährt fort: "Nach der Machtergreifung Hitlers war er weiterhin illegal tätig." (8)

Daß die genannten Organisationen bei deutschen Gerichten niemals sehr beliebt waren, ist bekannt, illegal waren sie jedoch vor 1933 nicht! Illegal ist es höchstens, wenn 1955 eine derartige Aussage unangefochten als "Tatbestand" in einem Gerichtsprozeß möglich ist!

Oskar Reissing jedenfalls bekam keine Entschädigung, sondern hatte die Verfahrenskosten zu tragen.

Max Burghausen:
Wird im Januar 1945 wegen seiner politischen Einstellung und "Polenfreundlicher Gesinnung" in das KZ Sachsenhausen gebracht, Ende Februar mit anderen Häftlingen von Sachsenhausen in das KZ Neuengamme und Ende April mit 10.000 Häftlingen aus Neuengamme auf Schiffe verladen, die mit den Häftlingen versenkt werden sollten. Am 3. Mai werden diese Schiffe von britischen Jagdbombern bombardiert. Die "Cap Arcona" gerät in Brand, die "Thielbek" versinkt. Von fast 7000 Häftlingen auf diesen beiden Schiffen überleben 356. (9) Max Burghause ist nicht bei den Überlebenden.

1958 wird der Witwe des Antifaschisten Max Burghause vom Kammergericht Berlin jedes Recht auf Rente und Entschädigung für den Verlust ihres Mannes abgesprochen. Max Burghause wird zwar als Gegner des Nationalsozialismus anerkannt, aber, so die ablehnende Begründung des Kammergerichts, "diese Gegnerschaft führte... nicht zum Einschreiten der Gestapo. Nur...sein Verkehr mit Polen und die diesen gewährte Hilfe (Besorgung von Lebensmitteln) waren für die Gestapo maßgebend, um ihn festzunehmen... Der verstorbene Ehemann der Klägerin ist auch nicht aus Gründen der Weltanschauung verfolgt worden. Sein Verkehr mit Polen und seine Hilfeleistungen für diese werden sicherlich aus ethischen Gesichtspunkten heraus erfolgt sein. Für die Maßnahmen gegen ihn waren aber nicht diese, sondern...militärische und abwehrmäßige Überlegungen maßgebend." (10) Als Kronzeuge für diese Ungeheuerlichkeit zog der LGD Weber den bestraften oder vorzeitig entlassenen KZ-Lagerführer von Sachsenhausen, Höhn, heran!

Hunderte solcher und ähnlicher Beispiele ließen sich anführen. In der Mehrzahl der Fälle stützten sich die Gerichte auf den § 6 BEG (Bundesentschädigungsgesetz) bzw. auf den § 2 Abs. 3 des West-Berliner Gesetzes über die Entschädigung der Opfer des Nationalsozialismus, in denen es heißt, daß "Anhänger eines totalitären System", Personen die die "demokratische Staatsform" bzw. die "freiheitlich-demokratische Grundordnung" bekämpfen, von den Entschädigungen ausgeschlossen sind. (11)

Während die Widerstandskämpfer und Verfolgten um ihre Entschädigungen und Renten kämpfen mußten - was oft gleichbedeutend mit einem

Kampf um die nackte Existenz war - und zumeist als Verlierer daraus hervorgingen, wurden ehemals hohen NS-Funktionären auf Grundlage des 131er Gesetzes "Entschädigungsleistungen" gewährt. (12)

Zum Beispiel Arnold Strippel, ehemaliger SS-Obersturmführer, 1949 wegen 21-fachen Mordes an Häftlingen des Konzentrationslagers Buchenwald zu 21 mal lebenslangem Zuchthaus verurteilt. Bereits 1969 erfolgte seine Haftentlassung. In einem Wiederaufnahmeverfahren erreichte Strippel die Aufhebung des Urteils von 1949. Das neue Urteil lautet: 6 Jahre Zuchthaus wegen "Beihilfe zur Ermordung von 21 jüdischen Häftlingen". Strippel erhielt eine "Entschädigung" in Höhe von 150.000,- DM ausgezahlt. (13)

Ganz anders erging es Emil Ackermann:

1934 verhaftet wegen Vorbereitung zum Hochverrat, verurteilt zu drei Jahren Zuchthaus. Anschließend vom Zuchthaus Luckau überwiesen in das KZ Sachsenhausen.

Emil Ackermanns Antrag auf Entschädigung wurde 1956 vom Entschädigungsamt Berlin abgelehnt, weil er "als Anhänger eines totalitären Systems die demokratische Staatsform bekämpft" - so das Entschädigungsamt. Zwölf Jahre später wird seine Klage vom Landgericht Berlin auf Anerkennung als politisch-rassisch-Verfolgter (PrV) wieder abgewiesen.

Der vom Gericht geschilderte "Tatbestand" beginnt ebenso wie die ablehnende Begründung des Entschädigungsamtes mit der Feststellung, daß Emil Ackermann vor 1933 der KPD angehörte. (14) Was hat diese Feststellung 1956 und 1968 eigentlich in amtlichen "Tatbeständen" zu suchen? Soll das heißen: Wiederholungstäter? Trotz KZ nichts gelernt?!

In den Entscheidungsgründen des Gerichts heißt es u.a.:

"Der Kläger ist ... Mitglied des Kreisvorstandes der VVN in Tempelhof und als solcher Mitglied des Gesamtvorstandes der VVN Westberlin. Die VVN ist eine Unterorganisation der SED in West-Berlin. Dies ist einerseits allgemein bekannt... (mit derart laxen Begründungen kann jedes Gericht jede beliebige Person hinter Gitter bringen, denn was ist nicht alles 'allgemein bekannt'!)... die Kammer konnte sich darüber hinaus auch anhand des von dieser Organisation herausgegebenen Blattes 'Der Mahnruf' selbst überzeugen." (15) Von welchen staatsgefährdenden Inhalten sich die Kammer bei der Lektüre des "Mahnrufs" überzeugen konnte, wird aus den Entscheidungsgründen nicht mehr ersichtlich!

Weiter im Text: "Die VVN sieht ihre Aufgabe keineswegs nur in der sozialen, menschlichen Betreuung ihrer Mitglieder, sondern sie bekämpft unter dem Vorwand, antifaschistische Gedanken zu vertreten, die freiheitlich-demokratische Grundordnung in West-Berlin, nämlich das hier herrschende Gesellschaftssystem, das auf dem Schutz des Eigentums des einzelnen... beruht." (16)

Man kann das, was in dieser Aussage des Landgerichts steckt auch anders sehen: Wer will es einem Antifaschisten, der einmal erlebt hat, wie schnell eine bürgerlich-demokratische Ordnung von einer faschistischen abgelöst wurde, verdenken, daß er sich nicht nur auf die soziale und menschliche Betreuung der Mitglieder beschränkt?

Wen wundert es, daß der, der erkannt hat, daß hinter der politischen Fassade immer dieselben wirtschaftlichen Mächte standen und stehen, eine andere Republik will, als die bestehende?

Kann einer, der Jahre seines Lebens im faschistischen KZ zugebracht hat, eine Ordnung billigen, in der die Verantwortlichen für die Zeit des Terrors wieder in Amt und Würden sind?

Unzweifelhaft beruht "das hier herrschende Gesellschaftssystem... auf dem Schutz des Eigentums" - dies ist zumindest die derzeitige Praxis. Ebenso unzweifelhaft existiert aber auch der Artikel 15, Grundgesetz, der die Möglichkeit der Vergesellschaftung von Grund und Boden, Naturschätzen und Produktionsmitteln einräumt. Und waren sich 1945 nicht alle demokratischen Parteien einig in der Auffassung, daß gerade die Zusammenballung und Ausnutzung wirtschaftlicher Macht verantwortlich war für Faschismus und Krieg?

Emil Ackermann ist einer von denen, auf deren Rücken deutsche Politik seit mehr als einem halben Jahrhundert ausgetragen wird. Während seine Kameraden aus Frankreich, Dänemark, Norwegen, den Niederlanden, der UdSSR und vielen anderen Ländern, mit denen zusammen er das KZ Sachsenhausen überlebte, in ihren Ländern geehrt werden, mußte er 20 Jahre lang für eine Entschädigung kämpfen, und bekam dann, anders als SS-Obersturmführer Strippel, keine 150.000,- DM Entschädigung, sondern eine Rente, die unter dem Existenzminimum liegt!

Emil Ackermann ist aber auch einer von denen, die die Hoffnung auf eine andere Welt nicht verloren haben und der - heute 82-jährig - noch immer dafür arbeitet.

Was wäre diese Stadt, was die Bundesrepublik Deutschland ohne solche Menschen?

ANMERKUNGEN

(1) Es handelt sich hier um eine Entschädigung für Opfer des Nationalsozialismus, für Schaden an Körper und Gesundheit, Freiheit, Vermögen und im beruflichen und wirtschaftlichen Fortkommen (vgl. Anhang).
(2) Aus den Entscheidungsgründen des Landgerichts Berlin, Geschäfts-Nr. 191 O. Entsch. 79/57
(3) ebenda
(4) zit. nach: H. Hannover, Klassenherrschaft und politische Justiz, Hamburg 1978, S. 14
(5) ebende
(6) ebenda, S. 15
(7) Die heutige SEW trug bis 1969 den Namen SED (West-Berlin)
(8) Urteil des Kammergerichts Berlin vom 24. Nov. 1955 - 17 U Entsch. 1907.55 - 194 O Entsch. 33.55
(9) vgl. Detlef Garbe (Hg.), Die vergessenen KZs?, Bornheim-Merten 1983, S. 47 f
(10) Urteil des Kammergerichts Berlin vom 14.6.1958 - 13 U Entsch. 1566.57 - 191 O Entsch. 504.56
(11) vgl. Anhang A und B
(12) vgl. Anhang C
(13) vgl. § 6 - Schluß mit dem Kalten Krieg in der Wiedergutmachung Hrsg. VVN, 6 Frankfurt, o.J., S. 12 f

(14) Bescheid des Entschädigungsamtes Berlin vom 5.7.1956. Urteil des Landgerichts Berlin vom 19.7.1968 - 196.0 Entsch. 2054.66
(15) Urteil des Landgerichts Berlin v. 19.7.1968
(16) ebenda

ANHANG

Aus dem Gesetz über die Entschädigung der Opfer des Nationalsozialismus vom 10. Januar 1951 - Sonderdruck aus dem Verordnungsblatt Berlin:
§ 1
"Personen, die in der Zeit vom 30. Januar 1933 bis 8. Mai 1945 aus Gründen der Rasse, Religion, Weltanschauung oder politischen Gegnerschaft gegen den Nationalsozialismus durch nationalsozialistische Maßnahmen an Gesundheit, Freiheit, Vermögen oder wirtschaftlichem Fortkommen Schaden erlitten haben, steht ein Anspruch auf Entschädigung nach Maßgabe dieses Gesetzes zu."
§ 2
"(1) Von der Entschädigung sind ausgeschlossen:
1. Ehemalige Mitglieder oder Anwärter der NSDAP oder ihrer Gliederungen, offen erklärte Anhänger, Förderer oder Nutznießer des Nationalsozialismus oder Militarismus,
2. Personen, die Beihilfe zur Bestrafung oder Verfolgung des durch dieses Gesetz begünstigten Personenkreises während der nationalsozialistischen Herrschaft geleistet haben.
3. Personen, die als Anhänger eines totalitären Systems die demokratische Staatsform bekämpfen."

Zusatzfragebogen

für Anspruchsteller nach dem Gesetz über die Entschädigung der Opfer des Nationalsozialismus

A. Haben Sie am Tage des Inkrafttretens des Gesetzes (9. 2. 1951) einer der nachstehend aufgeführten Parteien, Vereine oder Einrichtungen als Mitglied angehört? Antworten Sie mit ja oder nein!
(Striche gelten nicht als Beantwortung)

1. Sozialistische Einheitspartei
2. Kommunistische Partei Deutschlands
3. Demokratischer Frauenbund (DFB)
4. Freie Deutsche Jugend (FDJ)
5. Kulturbund zur demokratischen Erneuerung Deutschlands
6. Vereinigung der gegenseitigen Bauernhilfe (VdgB) nebst Bauernsekretariat
7. Volkskongreß
8. Volksrat
9. Sozialhilfe
10. Ausschuß für Einheit und gerechten Frieden

bitte wenden

Entsprechend heißt es im § 6, BEG:
"Von der Entschädigung ausgeschlossen ist, wer nach dem 23.5.1949 die freiheitlich-demokratische Grundordnung im Sinne des Grundgesetzes bekämpft hat..."

Auf der anderen Seite ist festgelegt:

Artikel 131 GG
"Die Rechtsverhältnisse von Personen einschließlich der Flüchtlinge und Vertriebenen, die am 8. Mai 1945 im öffentlichen Dienst standen, aus anderen als beamten- und tarifrechtlichen Gründen ausgeschieden sind und bisher nicht oder nicht ihrer früheren Stellung entsprechend verwendet werden, sind durch Bundesgesetz zu regeln..."

Bundesgesetzblatt, Jahrgang 1965
§ 67 (1)
"Beamte, Angestellte und Arbeiter, Berufssoldaten, berufsmäßige Angehörige des früheren Reichsarbeitsdienstes sowie Militär- und sonstige Versorgungsanwärter, die
1. an eine Dienststelle der früheren Geheimen Staatspolizei
2. zur früheren Waffen-SS
von Amts wegen versetzt worden waren und dort bis zum 8. Mai 1945 im Dienst geblieben oder in den Ruhestand getreten sind, werden hinsichtlich ihres Rechtsstandes so behandelt, wie wenn sie bis zu diesem Zeitpunkt noch in ihrer früheren Stellung verblieben und aus ihr nach diesem Gesetz in den Ruhestand getreten, zur Wiederverwendung gestellt oder entlassen worden wären;..."

---

11. S. ... .

12. G.......... für d... d..sowjetische Freundschaft ....

13. Gesamtdeutscher Arbeitskreis für Land- und Forstwirtschaft ......

14. Komitee der Kämpfer für den Frieden ....

15. Komitee der jungen Friedenskämpfer ....

16. Vereinigung der Verfolgten des Naziregimes ....

17. Sozialistische Reichspartei ....

18. sogenannte „Schwarze Front" (Otto-Strasser-Bewegung) ....

19. „Nationale Front" (Dachorganisation) ....

B. Haben Sie am Tage des Inkrafttretens des Gesetzes (9. 2. 1951) als Funktionär dem Freien Deutschen Gewerkschaftsbund oder seinen Gliederungen oder Einrichtungen angehört? ....

C. Haben Sie sich seit dem 8. 2. 1951 kommunistisch betätigt oder haben Sie die Zwecke der kommunistischen oder sonstiger sogenannter „volksdemokratischer" Organisationen in irgendeiner Weise gefördert oder einer solchen Organisation angehört? ....

..........., den 1951
(Ort)

(Unterschrift)

Rainer Venzke

Außenlager des KZ Sachsenhausen auf dem heutigen Territorium von Berlin (West)

Das Konzentrationslager Sachsenhausen als eines der vier Stammkonzentrationslager der deutschen Faschisten (Buchenwald, Dachau, Ravensbrück, Sachsenhausen) verfügte über eine Vielzahl sogenannter Außenlager sowie kleinerer Außenkommandos. Auf dem Gebiet des heutigen Berlin (West) befanden sich naturgemäß zahlreiche solcher Lager und Kommandos, da die Konzentrationslager in der Regel in relativ abgelegenen Orten in der Nähe großer Städte errichtet wurden. Die Riesenanlagen der Stammlager wurden so weit entfernt von den dichtbesiedelten Ballungszentren des Deutschen Reichs angelegt, daß KZ-Häftlinge die Industriebetriebe in den Randzonen der großen Städte mit relativ geringem Zeitaufwand erreichen konnten, andererseits aber ein möglichst geringer Teil der städtischen Bevölkerung und damit der Öffentlichkeit genauere Kenntnis vom tatsächlichen Charakter der KZs erlangen konnte.

Für die Standortwahl des KZ Sachsenhausen war die räumliche Nähe zu einer Reihe kriegswichtiger Konzernbetriebe im Raum Oranienburg und im Norden Berlins ausschlaggebend. Hinzu kam die räumliche Nähe zu den zentralen Dienststellen des staatlichen Repressionsapparats (Gestapo, SS...) in der Reichshauptstadt.

In der Vorbereitungsphase des Krieges entstand unter Leitung der 1934 bei der SS installierten "Inspektion der Konzentrationslager" ein Standortraster der Konzentrationslager und SS-Totenkopfstandarten, das an den erwarteten Erfordernissen des imperialistischen Krieges ausgerichtet war.
Das gesamte Deutsche Reich, und später dann die von der faschistischen Wehrmacht besetzten Territorien, wurden mit einem Netz von Konzentrationslagern und Außenlagern überzogen.

Im Laufe des Kriegs - vor allem im Zusammenahng mit den sich häufenden militärischen Rückschlägen und Niederlagen der faschistischen Wehrmacht - verstärkte sich die Nachfrage nach Kriegsgerät, und in der Folge schob sich das ökonomische Interesse an der Ausplünderung von Zwangsarbeitern immer stärker in den Vordergrund gegenüber der politischen Funktion des KZ-Systems im Unterdrückungsapparat des faschistischen Deutschland.

Pohl, SS-Obergruppenführer und Chef des Wirtschaftsverwaltungshauptamtes der SS (WVHA), sagte dazu im Prozeß gegen die Hauptkriegsverbrecher in Nürnberg: "Der Krieg hat eine sichtbare Strukturveränderung der Konzentrationslager gebracht und ihre Aufgaben hinsichtlich des Häftlingseinsatzes grundsätzlich geändert. Die Mobilisierung aller Häftlingskräfte, zunächst für Kriegsaufgaben und später für Friedensaufgaben, schiebt sich immer mehr in den Vordergrund!" (IMT, Bd. III, S. 515 f.)

Aus den Unterlagen im Archiv der Mahn- und Gedenkstätte Sachsenhausen in der DDR geht hervor, daß dieses KZ über ca. 100 Außenlager bzw. kleinere Außenkommandos verfügte, die sich fast über das gesamte Reichsgebiet bzw. die besetzten Länder verteilten, ihre Standorte reichten von Kiev im Osten bis Paderborn im Westen und Landshut im Süden!

Seit dem Sommer 1982 arbeitet eine Arbeitsgruppe des Sachsenkommitee Westberlin daran, sich einen Überblick über Außenlager und kleinere, zeitweilige Außenkommandos zu verschaffen, die sich auf dem Gebiet des heutigen Berlin (West) befanden.

Der folgende Überblick spiegelt den gegenwärtigen Kenntnisstand über Außenlager/Außenkommandos auf dem Gebiet des heutigen Berlin (West) wider. Er stützt sich auf eigene Befragungen von Augenzeugen, Unterlagen der Mahn- und Gedenkstätte Sachsenhausen in der DDR, Zusammenstellungen aus den Ermittlungen des Internationalen Militär-Tribunals in Nürnberg, Unterlagen des Roten Kreuzes sowie einzelne Gerichtsakten.

In den ersten Kriegsjahren gab es zunächst nur Außenkommandos, d.h. kleinere Gruppen von Häftlingen, die täglich vom Stammlager Sachsenhausen zu ihren Einsatzorten hin- und zurückgefahren wurden. Von Januar 1941 bis November 1944 sind solche - ausschließlich aus männlichen Häftlingen bestehenden - Kommandos in Lichterfelde mit der Errichtung bzw. Instandhaltung von Baulichkeiten der SS befaßt gewesen.

Bekannt ist insbesondere die Existenz von vier solchen Kommandos ausschließlich deutscher politischer und krimineller Häftlinge, die gute Handwerker sein mußten und später auch noch die Bedingung erfüllen mußten, nicht aus Berlin zu kommen und dort keine Verwandten zu haben. Die letztgenannte Bedingung ließ sich in der Praxis kaum kontrollieren.

Es waren die Kommandos:
1. SS-WVHA, Unter den Eichen (30-60 Gefangene)
2. SS-Reichssicherheitshauptamt (RSHA, Prinz Albrecht Str. (25-30 Gefangene)
3. SD-Hauptamt, (?) (25-30 Gefangene)
4. Kommandant der Waffen-SS-Kastanienallee (30-150 Gefangene)

Die Kommandos 1 und 4 wurden bald so groß, daß ein täglicher Transport nicht mehr für sinnvoll erachtet wurde und die Gefangenen deshalb in Barakken oder Kellern des Arbeitskommandos Unter den Eichen untergebracht wurden, was gewisse Erleichterungen aber auch Unbequemlichkeiten mit sich brachte. Die Kommandos 2 und 3 fuhren weiterhin täglich nach Berlin und zurück. Der Transport und die Bewachung wurden zentral durch die SS sichergestellt, während lediglich ein Kommandoführer vom Kommandantur-Stab des KZ Sachsenhausen gestellt wurde.

Seit Anfang Mai 1942 war bekannt, daß für diese wie weitere geplante Arbeitskommandos ein Außenlager in Lichterfelde gebaut wurde, das am

KZ Sachsenhausen, Außenlager Lichterfelde, Wismarer Straße.
Das Foto der SS-Bauleitung (Juli/August 1942) zeigt links im Eingang der Baracke den damaligen Lagerältesten Rudolf Wunderlich.

23. Juni fertiggestellt war. Dieses Lager in der Wismarer Str. und längs des Teltowkanals - hinter einer Wohnsiedlung der SS-Leibstandarte - bestand zunächst nur aus zwei Häftlingsbaracken und je einer Baracke für die SS und die Küche sowie einem Schuppen; sie wurde später um zwei Baracken für die SS-Bauleitung "Reich-Nord" und vier bis fünf Baracken für Werkstätten und Baumateriallagerung erweitert. In der ersten Jahreshälfte 1943 kamen noch drei Häftlingsbaracken und eine Krankenbaracke hinzu. Ab diesem Zeitpunkt wurden auch Häftlinge anderer Nationalitäten in dieses Außenlager verlegt. Dieses diente dann zum Einsatz von mindestens 50 verschiedenen Außenkommandos, die nun täglich, in der Regel im Süden Berlins, eingesetzt wurden.

Die Verpflegung war relativ gut, denn in der Mehrzahl der Kommandos gab es - legal oder illegal - die Möglichkeit, aus den Küchen der SS zusätzliches Essen zu bekommen. Auch der Krankenstand war gering, nicht zuletzt wegen des Vorhandenseins der o.g. Krankenbaracke (mit 15-20 Betten), die von den Häftlingen mit, aus dem SS-Sanitäts-Hauptamt gestohlenen, Ausrüstungen, Verbandsmaterial und Medikamenten eingerichtet war. 1942 befanden sich in diesem Außenlager 500 bis 700 Häftlinge, 1943 waren es ca. 1.500; von den Arbeitskommandos waren die wichtigsten im heutigen Berlin (West):

- RSHA, Prinz Albrecht Str.
- RSHS, Amt IV (Schellenberg), Berkaer Str.
- SS-WVHA (Pohl), Unter den Eichen
- SS-Führungs-Hauptamt, (?)
- SS-Personal-Hauptamt, (?)
- Parteikanzlei der NSdAP (Bormann), Wilhelmstr.
- SS-Lebensmittellager Südende, Spandau und Gleimstr.
- Spinnstoffwerke Zehlendorf
- SS-Rasse- und Siedlungs-Hauptamt, (?)
- "Nordland-Verlag" (der SS) am Anhalter Bahnhof
- Volksdeutsche Mittelstelle ("VOMI"), (?)
- SS-Leibstandarte "Adolf Hitler", Lichterfelde
- SS-Kleiderkasse, Kaiserallee

Hinzu kamen verschiedene sehr kleine Kommandos in Wohnhäusern hoher SS-, SD-, Gestapo- oder NSDAP-Führer sowie in einigen SS-Garagen und anderen Dienststellen. Die Gefangenen wurden in erster Linie für Neubauten, Umbauten, Aufräumungsarbeiten nach Bombenangriffen und Wiederinstandsetzungsarbeiten verwendet. Das Arbeitstempo war hoch, und es wurde einwandfreie handwerkliche Qualität verlangt.

Von Anfang Januar bis Anfang Juli 1943 befand sich ein Außenlager für männliche Häftlinge in Wilmersdorf, dessen genauer Standort noch nicht ermittelt ist; es ist nicht bekannt, ob und ggf. in welchen Betrieben die Häftlinge dieses Lagers eingesetzt waren und wieviele Häftlinge dieses Lager umfaßte.

Seit Mitte des Jahres 1943 existierte ein reines Frauenlager im Ortsteil Hakenfelde von Spandau. Die Frauen - ihre genaue Zahl ist nicht bekannt - mußten Zwangsarbeit in dem rüstungswichtigen Luftfahrtgerätewerk Hakenfelde leisten.

Im Sommer 1943 wurde mithilfe eines ersten Transports von etwa 150 Häftlingen aus Sachsenhausen mit der Errichtung eines Außenlagers in Marienfelde, Nahmitzer Damm (früher: Lichterfelder Weg) begonnen. Dieses erste Kommando wurde kurze Zeit später durch etwa 450 Häftlinge aus dem KZ-Majdanek - vorwiegend Sowjetbürger und Polen - verstärkt. Spätestens Ende September 1943 war die Errichtung dieses Lagers abgeschlossen, dessen Insassen hauptsächlich zum Bau von Feuerlöschteichen und Luftschutzbunkern, aber auch zu Enttrümmerungsarbeiten nach Bombenangriffen auf Berlin und zur Beseitigung von Blindgängern eingesetzt wurden. Nach einem dieser Luftangriffe wurde das Lager zerstört. Die Baracken brannten völlig aus. Als die Häftlinge das Lager verlassen wollten, um in Gräben Schutz zu suchen, richtete die Wachmannschaft unter den Gefangenen ein Blutbad an. Der ehemalige Häftling Henryk Ciermachewski, dessen Aussage von anderen Zeugen bestätigt wurde, gab zu diesem Vorgang folgendes zu Protokoll:

"Am 21. bzw. 22. August 1943 wurde während eines Luftangriffs durch englische Flugzeuge auf Berlin unser Nebenlager stark bombardiert. Durch die Bombenabwürfe standen die Lagergebäude in Flammen. Da die auf dem Gelände des Nebenlagers ausgeschachteten Gräben, die als Schutz gegen Luftangriffe dienen sollten, die Gefangenen nicht genügend schützten, drängten sie sich in der Panik zum Lagertor, um Schutz außerhalb des Lagerterrains zu suchen. Die Belegschaft des Nebenlagers (gemeint ist die Wachmannschaft, AK) hatte ihre Luftschutzunterstände außerhalb des Geländes des Nebenlagers in der Nähe der Zäune. Während dieses Luftangriffs hielten sich die Mitglieder dieser Belegschaft in diesen Luftschutzbunkern auf. In dem Moment, als sich die Gefangenen zum Lager vordrängten, begannen die Belegschaftsmitglieder des Nebenlagers aus den Luftschutzunterständen, in denen sie sich befanden, in Richtung der Gefangenen zu schießen. Während dieses Luftangriffes kamen ungefähr 36 Gefangene ums Leben, wobei meiner Meinung nach die Mehrheit dieser Gefangenen - über 20 Personen - an den Folgen der Schüsse durch die Belegschaftsmitglieder des Nebenlagers gestorben sind."

Etwa Ende April 1944 wurde dieses Außenlager letztmals in den Akten erwähnt und schließlich mit Lichtenrade, Biesingstr. (früher Wilhelmstr.) verlegt.

Mitte April 1944 wurde im Stammlager-Sachsenhausen die sog. Baubrigade II mit drei Kommandos - insgesamt 500 Mann - aufgestellt, deren dritte Abteilung in Lichterfelde eingesetzt war, aber bald aufgelöst wurde.

Seit Sommer 1944 existierte ein Außenlager mit ca. 500 männlichen und weiblichen Häftlingen in Zehlendorf. Die Insassen dieses Lagers mußten in der Spinnstoffabrik Zehlendorf (sog. "Spinne") in der Fallschirmproduktion arbeiten. Dieses Lager fand letztmals Ende 1944 in den Akten Erwähnung; knapp die Hälfte der Häftlinge wurde bereits Anfang Oktober 1944 in das Außenlager Niederschöneweide verlegt, wo sie bei der Fa. Pertrix Elektrobatterien produzieren mußten.

Die restlichen Häftlinge wurden am 17. April 1945 zum Stammlager Sachsenhausen evakuiert, um am 20. April auf den berüchtigten "Todesmarsch" geschickt zu werden: Etwa 33.000 Lagerinsassen wurden in Marschkolonnen zu je 500 in Richtung Wittstock-Ostsee in Marsch gesetzt, um mit einem Schiff versenkt zu werden. Dieser Todesmarsch forderte etwa 6.000 Tote, während ca. 22.000 Lagerinsassen in anderen Konzentrationslagern überstellt wurden und etwa 3.000 im Lager verblieben.

Ein weiteres Außenlager befand sich ab Sommer 1944 in Spandau. Die 1.100 weiblichen Häftlinge mußten in den Deutschen Industriewerken Munition herstellen.

Im Ortsteil Siemensstadt-Haselhorst in der Nähe des S-Bahnhof Gartenfeld wurde im Juli 1944 von 300 Sachsenhausen-Häftlingen ein Außenlager errichtet, in dem dann ab Ende August/Anfang September etwa 1.400 Männer und 700 Frauen untergebracht wurden. Sie mußten im wesentlichen in den Abteilungen für Kabelproduktion der Siemens-Schuckert-Werke, die eineinhalb km entfernt lagen, Zwangsarbeit leisten und waren dort vornehmlich mit der Herstellung von Flugzeugteilen beschäftigt.

Der in Schöneberg lebende Rentner Gerhard Birkholz - Überlebender des KZ-Haselhorst - schilderte in einem Interview der Jugendzeitschrift "signal" im Jahre 1980 folgendes: "Im August 1944 haben die Faschisten mich nach Haselhorst gebracht... Fünf Baracken gab es da, drei für Männer, zwei für

KZ Sachsenhausen, Außenlager Lichtenrade

Frauen... Geschuftet haben wir im Siemens-Kabelwerk, das ja heute noch existiert. Wir waren in Schichten eingeteilt und mußten auch nachts arbeiten. Zwanzig Minuten sind wir vom Lager zur Arbeit marschiert - streng bewacht von SS... Geld habe ich für meine Arbeit nicht gesehen. Das Einzige, was Siemens uns gab, war täglich eine dünne Wassersuppe. So wurden wir ausgebeutet, und der Profit floß den Siemens-Aktionären in die Taschen... In Haselhorst waren verschleppte Frauen aus Jugoslawien (meist Frauen von Partisanen), Frankreich und Polen, Männer aus der Sowjetunion, Norwegen, Polen und Frankreich... 'Seid froh, daß ihr hier arbeiten könnt, sonst schicken wir euch wieder nach Sachsenhausen!' Oft mußten wir das von den SS-Bestien hören. Wer sich im KZ oder bei der Arbeit etwas zuschulden kommen ließ, wurde zurücktransportiert nach Sachsenhausen. Das bedeutete fast immer den sicheren Tod."

Der Zeuge Fritz Eikemeier äußerte sich im Sachsenhausen-Prozeß 1947 als ehemaliger Lagerinsasse wie folgt: "Das Lager selbst war in zwei Hälften geteilt, und zwar ein Männer- und ein Frauenlager. Es waren Baracken, wo weder ein Fußboden noch eine Zwischendecke eingezogen war. In jeder dieser durch eine Zwischenwand geteilten Baracken waren mehr als 200 Bretterverschläge, die als Betten dienen sollten, so daß sich in den Mittelgängen kaum ein Mensch hindurchzwängen konnte. Für 200 Häftlinge kamen 20 Schränkchen für die Unterbringung ihrer Eßschüsseln oder anderer Sachen in Frage. Schlafdecken waren kaum oder nur sehr wenige vorhanden. Die Waschgelegenheit befand sich mitten auf dem Appellplatz. Ob Sommer oder Winter - jeder mußte sich, selbst bei der grimmigsten Kälte im Freien, nackt bis zum Gürtel, waschen. So besagte es die Lagerordnung, und wer diese Anordnung nicht befolgte, der bekam schon am frühen Morgen Prügel mit dem Gummiknüppel. Die Toilettenanlage, eine Wellblechbude mit einigen Sitzen, befand sich ebenfalls mitten auf dem Appellplatz... Monatelang gab es nichts weiter als gefrorene und verfaulte Kohlrüben mit wenig oder gar keinen Kartoffeln und ohne Salz. Das war die Hauptmahlzeit der Häftlinge für zwölf Stunden Fronarbeit. Und wie jämmerlich sahen erst Bekleidung und Schuhwerk aus!"

Der Arbeitstag der Sklavenarbeiter sah wie folgt aus:
4.15 Uhr: Wecken
5.00 Uhr: Antreten zum Appell
6.00 Uhr: Abmarsch zum Werk
6.30 Uhr: Arbeitsbeginn
18.30 Uhr: Rückmarsch ins Lager

Bei einem Luftangriff am 28. März 1945 wurde das gesamte Außenlager Haselhorst zerstört, wobei 40 Menschen den Tod fanden, die am 2. April auf dem Friedhof Spandau beerdigt wurden. Die überlebenden Häftlinge wurden nach Sachsenhausen zurückgeführt.

Der Siemens-Konzern verfügte nachweislich noch auf dem Gebiet des heutigen Berlin(-West) über das sog. "Siemens-Gemeinschaftslager" in der Kommandantenstr. in Berlin SW 68 (heute: Lichterfelde), dessen genaue Größe unbekannt ist. Von dort wurden im Zuge der sog. "Industrieaktion" am 27. Februar 1943 - wie aus zahlreichen anderen Lagern - die jüdischen Zwangsarbeiter aus Berliner Betrieben nach Auschwitz deportiert, um dort ermordet zu werden.

In Neukölln, in dem heute von Sonnenallee, Thiemannstr. und Weserstr. umgrenzten Block (früher: Braunauer Str.), befand sich seit August/September 1944 ein Außenlager, in dem ca. 500 aus Polen verschleppte jüdische Frauen untergebracht waren. Sie wurden nach der Auflösung des Ghettos Lodz und kurzem Zwischenaufenthalt in Auschwitz dem Stammlager-Sachsenhausen unterstellt. Sie kamen in das Neuköllner Außenlager zur Zwangsarbeit in dem direkt daneben liegenden Werk der Registrierkassengesellschaft Krupp (später: NCR-National-Registrier-Kassen; heute: Auer). Sie hatten einen zwölfstündigen Arbeitsrhythmus; eine so extensive Ausbeutung der menschlichen Arbeitskraft erforderte zwangsläufig die unmittelbare räumliche Nähe des Außenlagers. Die Häftlinge wurden von zivilen Werksangehörigen des Krupp-Konzerns und einigen weiblichen SS-Aufseherinnen bewacht und mußten Flugzeugteile und Munition herstellen.

Das mit einem Stacheldrahtzaun umgebene, nach außen durch Flechtwerk und Matten gegen Einblick geschützte Lager bestand aus mindestens drei Häftlingsbaracken aus Holz sowie der außerhalb der Umzäunung liegenden Küchenbaracke und den Unterkünften für das Bewachungspersonal. Die Küche wurde von zivilen Fremdarbeitern mit der vom Werk gestellten Verpflegung betrieben. In einer Häftlingsbaracke befand sich ein allen Häftlingen zugänglicher Wasch- und Baderaum mit mehreren Wannen und Brausen. Außerdem gab es eine Krankenstube mit Isolierstation, die von zwei Häftlingsärztinnen und einer Häftlingsapothekerin betreut wurde.

Der Krupp-Konzern, dessen Produktionsstätte in der Thiemannstr. in Neukölln das Außenlager zugeordnet war, war seinerzeit einer der bedeu-

tendsten Rüstungskonzerne Deutschlands.
Alfried Krupp von Bohlen und Halbach, Vorstandsvorsitzender der Friedrich Krupp AG, Essen, stellte folgerichtig im April 1933 gegenüber Hitler, dem er im Namen des Reichsverbandes der Deutschen Industrie (RDI) einen Plan für die Neugestaltung der deutschen Wirtschaft vorlegte, fest, daß "die Wendung der politischen Ereignisse den Wünschen entspricht, die ich selbst und der Vorstand schon seit langem gehegt haben".

Krupp gehörte dann auch - zusammen mit anderen Großindustriellen - zu denen, die die Nazis mithilfe der "Adolf-Hitler-Spende der Deutschen Wirtschaft" in den Jahren von 1933 bis 1945 mit jährlich über 60 Mio. RM finanzierten und die von dem hemmungslosen faschistischen Aufrüstungsprogramm in ungeahntem Maße profitierten.

Der ehemalige Krupp-Direktor Hans-Günther Sohl - später in der Bundesrepublik u.a. Vizepräsident des Bundesverbandes der Deutschen Industrie (BDI) (Nachfolgeorganisation des RDI), Vorstandsvorsitzender der August-Thyssen-Hütte sowie Aufsichtsratsvorsitzender in zahlreichen Großkonzernen - führte seinerzeit im Reichsministerium für Rüstung und Kriegsproduktion (dem sog. Speer-Ministerium) mit zahlreichen Wehrwirtschaftsführern Beratungen über den Einsatz von Menschen und Material aus den von der faschistischen Wehrmacht eroberten Gebieten.

Im Ergebnis verfügten sämtliche Krupp-Betriebe über insgesamt 97.952 Zwangsarbeiter, deren Lage vor dem Internationalen Militär-Gerichtshof in Nürnberg wie folgt beschrieben wurde:

"Das...Kriegsgefangenenlager...war durch einen Luftangriff zerstört worden, und die Insassen wurden für fast ein halbes Jahr in Hundehütten, Pissoiren und alten Backöfen untergebracht. Die Hundehütten waren 1 m hoch, 3 m lang und 2 m breit. Fünf Mann schliefen in einer jeden Hütte. Die Gefangenen mußten auf allen Vieren in diese Hundehütten hineinkriechen. In diesem Lager gab es keine Tische, Stühle oder Schränke. Es waren auch nicht genügend Decken vorhanden. Im ganzen Lager gab es kein Wasser. Die ärztlichen Untersuchungen, die stattfanden, mußten im Freien vorgenommen werden." (IMT, Bd. III, S. 497)

"Der Versorgungsplan sah eine kleine Menge Fleisch pro Woche vor. Dafür durfte nur Freibankfleisch verwendet werden, welches entweder pferdetuberkulöses oder vom Tierarzt verworfenes Fleisch war...Flecktyphus war auch unter diesen Arbeitern verbreitet. Läuse, die Träger dieser Krankheit, zusammen mit unzähligen Flöhen, Wanzen und anderem Ungeziefer plagten die Insassen dieser Lager. Als Ergebnis der schmutzigen Zustände in diesen Lagern hatten fast alle Ostarbeiter Hautkrankheiten. Die mangelnde Ernährung verursachte Fälle von Hunger-Ödem, Nephritis und Shigekruse." (IMT, Bd. III, S. 495)

In Neukölln soll es noch weitere Zwangsarbeiterlager in der Mierstr./Mittelbuschweg, in den ehemaligen Abrißhäusern in der Siegfriedstr. sowie bei den sog. Pennerwiesen in der Nähe der Grenzallee-Brücke am Osthafen gegeben haben.

Ob diese Lager den Status von Außenlagern des KZ Sachsenhausen hatten ist allerdings nicht bekannt, ebensowenig, wie viele Häftlinge jeweils dort konzentriert waren. Nach Augenzeugenberichten sollen die dort inhaftierten Zwangsarbeiter weitgehend zur Trümmerbeseitigung eingesetzt gewesen sein.

Seit Ende August 1944 gab es ein Außenlager für 800 Frauen in Reinickendorf, dessen Häftlinge bei den Argus-Werken Zwangsarbeit leisten mußten. Die Produktionsstätten dieses Betriebes befanden sich z.T. auch im Ortsteil Schönholz (heute zum Bezirk Wedding in Berlin (West) und zum Bezirk Pankow in Berlin (DDR) gehörig). Dieses Außenlager findet seine letzte Erwähnung in den Akten am 20. April 1945.

Auch in Tegel gab es seit November 1944 ein kleines Außenlager für ca. 50 männliche Häftlinge, die in den Borsig-Werken hauptsächlich zur Suche nach Bomben und Blindgängern eingesetzt waren. Dieses Außenlager wurde im Februar 1945 aufgelöst.

Weitere Außenlager, über die aber keine weitergehenden Angaben verfügbar sind, bestanden in:
- Grundewald für 800 Männer im Reichsbahn-Ausbesserungswerk;
- Halensee, Johann-Georg-Str. 19, dem DEMAG-Konzern zugeordnet;
- Mariendorf, wo 650 weibliche Häftlinge bei Maschinenbau-Henschel eingesetzt waren;
- Tempelhof, Bessemerstr., ein Frauenlager

In den Nürnberger Prozessen gegen die Hauptkriegsverbrecher kamen eine Reihe von Außenkommandos zur Kenntnis der Öffentlichkeit; die auf dem Gebiet des heutigen Berlin (West) befindlichen seien hier - der Vollständigkeit halber - noch erwähnt:
- Untersuchungsgefängnis Alt-Moabit;
- Gestapogefängnis Atlantikhaus, (?)
- Untersuchungsgefängnis Charlottenburg;
- " Lichterfelde;
- Gestapogefängnis Albrechtstraße;
- " Lehrter Straße;
- " Kaiserdamm;
- " Seidlitzstraße;
- Strafgefängnis Plötzensee;
- " Tegel;
- Gestapogefängnis Frohnau.

Die Nationale Mahn- und Gedenkstätte Sachsenhausen

Am 23. April 1961 wurde auf dem ehemaligen Gelände des KZ Sachsenhausen die "Nationale Mahn- und Gedenkstätte Sachsenhausen" eingeweiht. Sie bewahrt das Andenken an die Kämpfer gegen Faschismus und Krieg und ist ein würdiges Mahnmal für die Opfer des Terrors im ehemaligen Lager.

Im Original erhalten wurden nur die Gebäude, die zur Darstellung der Lagergeschichte notwendig waren, alles andere wurde abgerissen.

Es stehen jetzt noch die Lagermauern mit ihren Wachtürmen, ein Flügel des ehemaligen Zellenbaus, die Pathologie mit dem Leichenkeller und zwei Revierbaracken. Zwei Häftlingsbaracken wurden aus Originalteilen rekonstruiert.

Auf dem Gelände befindet sich ein Lagermuseum, das die Geschichte des Lagers mit umfangreichem Material wiedergibt.

Erhöhte Bedeutung erhält die Gedenkstätte durch das "Museum des Antifaschistischen Widerstandskampfes europäischer Völker". Achtzehn europäische Länder stellen ihren Anteil am antifaschistischen Widerstandskampf und an der Zerschlagung des deutschen Faschismus dar.

Seit der Eröffnung der Gedenkstätte besuchten über 2 Millionen Menschen unterschiedlicher Nationen diesen Ort. Vor allem jüngen Menschen wurde in Begleitung von ehemaligen Häftlingen das damals Geschehene lebendig. Viele entschlossen sich, das Vermächtnis des antifaschistischen Widerstands fortzusetzen.

Regina Szepansky

Ein Besuch in der Mahn- und Gedenkstätte Sachsenhausen

Meine Fahrt zur Mahn- und Gedenkstätte des KZ Sachsenhausen ist von etwas unsicheren Erwartungen geprägt.
Wie werde ich mir, die ich als junger Mensch die damaligen Ereignisse gefühlsmäßig nur schwer nachvollziehen kann, diese Stätte des Grauens, der Unmenschlichkeit, die auch mein Vater am eigenen Leib zu spüren bekommen hat, bewußtmachen, wie mit ihr fertig werden, welche Konsequenzen aus dem Gesehenen ziehen?
Der nun folgende Aufenthalt von zwei Tagen in der Mahn- und Gedenkstätte und die damit verbundene detaillierte Auseinandersetzung mit dem Geschehenen gibt mir über alles Erwarten viel. Die bei einer ausführlichen Führung durch das Lager gesammelten Eindrücke sind interessant, erschütternd, mahnend.
Da ist die Geschichte des sowjetischen Fliegers, dem die Flucht aus dem Lager gelang; da sind die Baracken, die Fotos bis auf die Knochen ausgezehrter Menschen, die Gesichter von unzähligen Unschuldigen, die den Tod fanden; da sind auch die Gesichter der Mörder, die zu einem großen Teil ihrer Strafe bis heute entgangen sind; da sind die Pathologie und der Leichenkeller, Orte nicht vorzustellender Unmenschlichkeit; da ist die Station Z, Gaskammer, Genickschußanlage und Krematorium beinhaltend, Endstation des Lebens vieler Menschen.
Aber da ist auch unser siebzigjähriger Begleiter durch die Gedenkstätte, der keine Mühe scheut, uns die hier geschehenen Dinge nahezubringen. Denn da ist nicht nur von den Greueltaten der Faschisten zu berichten, sondern auch von der Solidarität und dem Zusammenhalt zwischen den Häftlingen, der vielen das Leben rettete und die Verhältnisse im Lager erträglicher gemacht hat.
Angesichts dessen empfindet man für einen antifaschistischen Widerstandskämpfer wie ihn tiefe Achtung und Respekt, für den unglaublichen Mut, den zu erbringen in solchen Situationen nötig war, für die Leben, die er vielleicht gerettet hat, es hätte auch das meines Vaters sein können, und für den Widerstand allgemein, den er dem barbarischen Faschismus entgegengesetzt hat.
Durch das dort durchgeführte Seminar über den Zusammenhang zwischen Industrie und Faschismus werden die gefühlsmäßig erfaßten Eindrücke mit der verstandesmäßigen verbunden und ergeben so ein abgerundetes Bild. Dieses läßt mich die Konsequenz ziehen:
Den Kampf gegen Faschismus und Krieg gemeinsam mit unseren alten Freunden und für sie mit aller Kraft weiterzuführen, damit nicht noch einmal Menschen Menschen morden, damit nicht noch einmal eine solche Stätte errichtet werden kann.

Nachwort

Der Arbeitskreis Sachsenhausenkomitee Berlin (West) dankt dem Internationalen Sachsenhausenkomitee (ISK) für die Unterstützung bei der Sammlung der einzelnen Berichte.

Das ISK kommt seit mehr als drei Jahrzehnten in jeweils einem anderen Land Europas zusammen. Es sind die Delegierten aus achtzehn nationalen Lagergemeinschaften, ehemalige Häftlinge des KZ Sachsenhausen.

Sie betrachten es als ihre Aufgabe, das Vermächtnis ihrer ermordeten Kameraden zu erfüllen. Sie berichten über ihre Aktivitäten für Frieden und Verhinderung eines neuen Faschismus in ihrem Lande. Sie fassen gemeinsame Beschlüsse zu Gegenwartsfragen.

Niemals vergessen sie die Solidarität, die sie im Lager erlebten. Sie, die Kampfgewohnten, rufen den nachfolgenden Generationen zu: lernt aus der Geschichte, an Euch liegt es, den Krieg zu dulden oder nicht zu dulden. Kämpft, um das Leben auf der Erde zu erhalten!

Zeittafel

des Konzentrationslagers Oranienburg (Brauerei) und des Konzentrationslagers Sachsenhausen (Kreis Oranienburg).

1933
Sommer - Das Konzentrationslager Oranienburg (Brauerei) wird eingerichtet.
1934
SS löst unter Androhung von Gewalt die SA-Bewachung des Lagers ab.
1935
Das Konzentrationslager Oranienburg wird aufgelöst.
1936
Juli - 50 Gefangene aus dem Konzentrationslager Esterwegen beginnen mit dem Aufbau des Lagers Sachsenhausen.
September - 900 weitere Gefangene des Konzentrationslagers Esterwegen treffen in Sachsenhausen ein. Erste Transporte der Gestapo treffen ein. Lagerkommandant ist Standartenführer Koch.
Oktober - 200 Gefangene aus dem Konzentrationslager Lichtenburg treffen ein.
31. Dezember - Lagerstärke: 2.000 Gefangene.
1937
Mai - Der erste Ring - 18 Baracken - ist fertiggestellt. Häftlinge des Gestapo-Hauptquartiers Prinz-Albrecht-Straße und des Konzentrationslagers "Columbia-Haus" werden im Zellenbau eingeliefert.
Juli - Standartenführer Koch wird Kommandant des Konzentrationslagers Buchenwald und erhält 150 Gefangene zum Lageraufbau.
Dezember - Mit 51 Baracken ist der Aufbau des Lagers vorerst beendet.
1938
Januar - Lagerkommandant wird SS-Oberführer Baranowski ("Vierkant").
März - Bauarbeiten an Schießstand und "Klinkerwerk" beginnen.
Juni - 6.000 Gefangene der "Asozialen-Aktion" werden eingeliefert.
Statt 146 werden bis zu 400 Gefangene in eine Baracke eingewiesen.
August - 20 Österreicher, Mitglieder der SPÖ und KPÖ, werden eingeliefert, aber bald nach Dachau abtransportiert.
November - Erweiterung des Lagers auf 68 Baracken. Etwa 6.000 Juden werden eingeliefert und z.T. mißhandelt. Ein Arbeitskommando baut das Frauen-Konzentrationslager Ravensbrück auf.
31. Dezember - Lagerstärke: 8.309 Gefangene.
1939
20. April - 250 bis 300 politische und 900 bis 950 andere Gefangene werden entlassen.

Juni - Strafaktion an politischen Gefangenen wegen Teilnahme an Totenehrung für den im Zellenbau gestorbenen Reichstagsabgeordneten Lambert Horn.
August - Stirnseiten der Baracken werden beschriftet: "Es gibt einen Weg zur Freiheit! Seine Meilensteine heißen: Gehorsam, Fleiß, Ehrlichkeit, Ordnung, Sauberkeit, Nüchternheit, Wahrhaftigkeit, Opfersinn und Liebe zum Vaterlande". Gefangene aus dem Zellenbau werden gefesselt nach Oppeln und Gleiwitz gebracht, durch Giftspritzen getötet, in polnische Uniformen gesteckt und während des vorgetäuschten Überfalls auf den Sender Gleiwitz und das Zollhaus Hohenlinden als Opfer zurückgelassen.
September - Von den aus Anlaß der Entfesselung des II. Weltkrieges Verhafteten werden etwa 500 in das Lager eingeliefert. 900 großenteils junge jüdische Bürger, die in Berlin und Umgebung wohnten, werden eingeliefert. Lagerführer SS-Sturmbannführer Eisfeld wird für den erkrankten Baranowski Kommandant des Lagers. Öffentliche Exekution auf dem Appellplatz.
Oktober - Von 2.500 Gefangenen des Arbeitskommandos "Klinkerwerk" sterben täglich 30 bis 40 Gefangene.
November - 500 polnische Gefangene kommen in das Lager. 250 deutsche Soldaten werden als "SAW-Häftlinge" (Sonder-Abteilung Wehrmacht) eingeliefert. 1.200 Studenten und 500 weitere Bürger der ČSR werden eingeliefert.
Dezember - SS-Hauptsturmführer Höss wird 1. Lagerführer. Weitere 1.000 ČSR- und polnische Bürger werden eingeliefert. Die Brotrationen werden um 20 Prozent gekürzt. Trotz Frost ist das Tragen von Winterkleidung verboten. "Aktion Sorge": Funktionäre der KPD werden grausam mißhandelt und in die Strafkompanie des "Klinkerwerks" überführt.
31. Dezember - Lagerstärke: 12.168 Gefangene.
1940
Januar - 52 Österreicher werden eingeliefert, nur wenige bleiben am Leben. 800 Arbeitsunfähige müssen bei minus 26,5 Grad stundenlang im Freien stehen, 430 von ihnen sterben. Die Lagerführung richtet "Hungerblocks" ein. Kranke und Arbeitsunfähige erhalten nur die Hälfte der ohnehin unzureichenden Rationen - in diesem Monat sterben 702 Gefangene. SS-Oberführer Loritz wird Lagerkommandant.
April - Die ersten zum Bergen von Blindgängern eingesetzten Kommandos aus Gefangenen werden in Berlin und Umgebung eingesetzt. Das erste Lagerkrematorium wird in Betrieb genommen. Das Krankenrevier wird von zwei auf sechs Baracken erweitert.
Mai - Der Blockführer des Strafblocks, Bugdalle, läßt täglich zehn bis fünfzehn Gefangene erschlagen, hängen, ertränken oder verhungern.
August - Himmler besichtigt mit einer Gruppe spanischer Faschistenführer das Lager.
September - In den letzten Monaten wurden 17.000, hauptsächlich polnische, Gefangene eingeliefert. SS und sadistische kriminelle Häftlinge töteten viele von ihnen. Der Rest wird in die Lager Flossenbürg, Dachau, Groß Rosen und Neuengamme verlegt.
November - 33 polnische Gefangene, die letzten Überlebenden von 320, werden als "Geiseln" erschossen.
Dezember - 527 polnische Geistliche werden ins Konzentrationslager Dachau abtransportiert.

31. Dezember - Lagersträke 10.577 Gefangene.

1941
Januar - Erstmals werden Gefangene in der Rüstungsindustrie eingesetzt.
April - Die opferreichen Bombensuchkommandos werden nur noch aus politischen Gefangenen zusammengestellt. Das Kommando "Klinkerwerk" wird "Außenlager".
Juni - Transport "S": 269 Gefangene werden im Rahmen der Euthanasie-Aktion ermordet. 244 französische Bergarbeiter werden wegen Streikteilnahme eingeliefert. Auf dem Transport starben 26 von ihnen. Die politischen Häftlinge helfen den Eingelieferten sofort solidarisch.
August - "Industriehof"-Baracke zur Massenvernichtung wird aufgestellt. Drei fahrbare Krematoriumsöfen mit Ölfeuerung werden eingesetzt. Die gesamte Strafkompanie wird ins Klinkerwerk verlegt.
September - Sowjetische Kriegsgefangene werden in die Baracken der Strafkompanie eingewiesen. Solidaritätsaktionen der politischen Gefangenen aller Nationalitäten.
Oktober - Ein Vergasungsauto wird mit sowjetischen Kriegsgefangenen ausprobiert. In sechs Baracken wird ein sowjetisches Kriegsgefangenen-Arbeitslager eingerichtet. 21 Gefangene aus Norwegen treffen ein. Flecktyphus-Epidemie fordert viele Kranke und Tote, insbesondere bei den sowjetischen Kriegsgefangenen.
November - 18.000 sowjetische Kriegsgefangene werden ermordet, davon 13.000 durch Erschießen. Etwa 2.500 überleben
31. Dezember - Gesamtzugänge: 8.662 Gefangene. Lagerstärke: 10.709 Gefangene.

1942
Januar - Bau der "Station Z" wird begonnen. Brand in der Häftlingskammer. Die dort beschäftigten Gefangenen werden trotz starkem Frost an Pfähle gehängt und danach zur Strafe ins Konzentrationslager Groß Rosen abtransportiert.
März - SS-Scharführer Schubert tötet zwei sowjetische Offiziere durch Pistolenschüsse vom Fenster der Blockführerstube aus.
Mai - 81 holländische Geistliche werden erschossen. Ein Gefangener wird wegen Fluchtversuchs auf dem Appellplatz öffentlich erhängt. Große Transporte norwegischer Gefangener treffen ein. Die Mörder der 18.000 sowjetischen Kriegsgefangenen fahren zur "Erholung" nach Capri (Italien). Beamte des Reichs-Sicherheits-Haupt-Amtes (RSHA) besichtigen die "Station Z", 96 jüdische Häftlinge werden als "Vergeltung" für die Aktion der Herbert-Baum-Gruppe in der Antisowjet-Ausstellung im Berliner Lustgarten im Lager ermordet. In Baracke 18 (später 19) werden Häftlinge gezwungen, Falschgeld in einer technisch gut ausgerüsteten Fälscherwerkstatt herzustellen.
August - Sieben sowjetische Kriegsgefangene werden auf dem Appellplatz öffentlich erhängt. SS-Sturmbannführer Kaindl wird Lagerkommandant. Eine Vernichtungsaktion im Klinkerwerk fordert 200 Tote. SS-Lagerarzt Dr. Schmitz führt medizinische Versuche mit schnellwirkenden tödlichen Giften durch.
Oktober - Prämienscheine werden eingeführt. Besitz von Bargeld gilt als Vorbereitung der Flucht. Achtzehn deutsche Kommunisten werden wegen "organisierten Widerstandes" in den Zellenbau eingeliefert.

November - Achtzehn politische Häftlinge werden zur Liquidierung in das Konzentrationslager Flossenbürg transportiert.
31. Dezember - Gesamtzugänge: 16.590 Gefangene. Lagerstärke: 16.577 Gefangene.

1943
März - In die Vernichtungsstation 'Z' wird eine Gaskammer eingebaut.
Juni - Wecken 4.30 Uhr, Tagesschluß 22.00 Uhr bedeutet 12 bis 14 Stunden Anmarsch- und Arbeitszeit beim Arbeitseinsatz. 2.000 Franzosen treffen im Lager ein.
August - 30 Widerstandskämpfer werden erschossen. Acht Mitglieder der Familie Beutke werden ermordet. Elf jüdische Kinder sterben nach Versuchen im Krankenbau. Nur wenige werden in der Lagerstatistik geführt.
November - Im Lager befinden sich 200 Jugendliche unter 16 Jahren. Das Reichskriminalpolizeiamt (RKPA) unter Leitung von SS-Obersturmführer Cornely baut einen Spitzelapparat auf.
Dezember - 3.000 Gefangene werden zur Vernichtung nach Majdanek transportiert. 378 Norweger werden eingeliefert.
31. Dezember - Gesamtzugänge: 20.031. Lagerstärke: 28.224.

1944
Februar - Sonderkommando des RKPA nimmt an Gefangenen Vernehmungen verschärften Grades vor.
März - Luftangriff auf Oranienburg und das Konzentrationslager Sachsenhausen. RKPA entdeckt Rundfunk-Abhörstelle und antifaschistische Flugblätter. Um die Widerstandsgruppe zu zerschlagen, entfernt die Sonderkommission fast alle politischen Häftlinge aus ihren Lagerfunktionen.
April - Bombenangriff auf Heinkel-Flugzeugwerke bei Oranienburg tötet 230 Gefangene.
Juli - Baracke 58 wird Isolierbaracke des Gestapo-Sonderkommandos. Unter verstärkten Sicherheitsmaßnahmen werden Teilnehmer der Offiziersverschwörung vom 20. Juli eingeliefert.
August - 80 deutsche, französische, polnische und sowjetische Gefangene werden in Isolierbaracke 58 eingeliefert. Gesamtzahl: 165 Isolier-Häftlinge.
Oktober - 24 deutsche und drei französische Antifaschisten (darunter Ernst Schneller, Matthias Thesen und Gustl Sandtner) werden im Industriehof erschossen. 102 deutsche, tschechische, luxemburgische Gefangene und sowjetische Kriegsgefangene werden strafweise ins Konzentrationslager Mauthausen überführt.
31. Dezember - Gesamtzugänge: 50.560 Gefangene. Lagerstärke: 47.709 Gefangene.

1945
Januar - Laufend treffen Transporte aus anderen Konzentrationslagern und Nebenlagern ein. 300 Gefangene werden zur Vernichtung in das Konzentrationslager Bergen-Belsen transportiert.
Februar - 178 Gefangene, darunter 60 sowjetische Offiziere, werden von SS erschossen. 4.000 Gefangene werden in Station "Z" ermordet. SS beginnt Akten und Dokumente zu vernichten.
März - Die Auerwerke in Oranienburg werden bombardiert. Die dort beschäftigten weiblichen Gefangenen werden in das Konzentrationslager Sachsenhausen eingeliefert. Wasser- und Stromversorgung sind tagelang unterbro-

chen. Das Schwedische Rote Kreuz übernimmt dänische und norwegische Gefangene.
April - Bombenangriff auf das Außenlager "Klinkerwerk". 250 Häftlinge werden getötet. 33.000 Lagerinsassen werden in Marschkolonnen in Richtung Ostsee in Marsch gebracht, um mit einem Schiff versenkt zu werden. Der Marsch fordert etwa 6.000 Tote. Im Lager verbleiben etwa 3.000 Gefangene, fast ausschließlich Kranke, darunter 1.400 Frauen und Kinder. Eine Vorausabteilung der 47. sowjetischen Armee befreit am 22. April die im Lager verbliebenen Gefangenen.
Mai - Im Raum Zechlin/Zechliner Hütte und Rabensteinfeld werden Marschkolonnen der Häftlinge von sowjetischen Truppen befreit. Im Raum Ludwigslust-Schwerin erreichen die Marschkolonnen die amerikanische Armee.

1947
Oktober - Der öffentliche Prozeß gegen die ehemaligen Leiter und die Mitverantwortlichen für die Foltern und Morde im Konzentrationslager Sachsenhausen wird vom 23. Oktober bis zum 1. November durchgeführt. Die Angeklagten Anton Kaindl, August Höhn, Michael Körner, Kurt Eccarius, Heinz Baumkötter, Ludwig Rehn, Heinrich Fressemann, Gustav Sorge, Wilhelm Schubert, Martin Knittler, Fritz Ficker, Horst Hempel, Menne Saathoff, Paul Sakowski, Ernst Brennscheidt, Karl Zander, erhalten die ihren Verbrechen angemessene Strafe.

1961
April - Feierliche Eröffnung der Nationalen Mahn- und Gedenkstätte Sachsenhausen durch die Regierung der Deutschen Demokratischen Republik.

1967
Oktober - Enthüllung eines Gedenksteines auf dem Gelände des Nebenlagers Falkensee.

1970
Mai - Ausgrabung von mehr als 500 sterblichen Überresten ehemaliger Häftlinge des Nebenlagers Lieberose.

1971
September - Enthüllung eines Gedenksteines für die im November 1941 ermordeten 18.000 sowjetischen Kriegsgefangenen im Lager.

1972
April - Enthüllung einer Gedenktafel an der Erschießungsstelle für die erschossenen Patrioten aus den Niederlanden.

1973
Mai - Enthüllung eines Gedenksteines für die ermordeten Häftlinge des Nebenlagers Lieberose an der Stätte des Verbrechens.

1974
April - Enthüllung eines Gedenksteines für die Opfer des Nebenlagers Heinkel-Flugzeugwerke in Germendorf bei Oranienburg. Enthüllung eines Gedenksteines für die Opfer des Frauen-Nebenlagers Auerwerke in Oranienburg.
Oktober - Enthüllung eines Gedenksteines für die am 11. Oktober 1944 ermordeten 24 deutschen und drei französischen antifaschistischen Widerstandskämpfer.

1975
April - Enthüllung eines Gedenksteines für die Opfer des Außenlagers "Klinkerwerk" an der Straße nach Bernau.

1976
Juni/Juli - Markierung der Todesmarschstrecke Sachsenhausen-Schwerin durch Gedenktafeln mit Detailangaben.
1977
November - Enthüllung einer Gedenktafel im Erschießungsgraben für die am 9. November 1940 ermordeten polnischen Patrioten.
1981
Mai - Eröffnung eines Museums im Belower Wald, das den Opfern der Todesmärsche gewidmet ist, die von Sachsenhausen und Ravensbrück aus in Marsch gesetzt worden waren.

HEINZ BERGSCHICKER

DEUTSCHE CHRONIK
ALLTAG IM FASCHISMUS 1933-1945

ELEFANTEN PRESS

Heinz Bergschicker EP 92
DEUTSCHE CHRONIK 1933–1945
ALLTAG IM FASCHISMUS
582 Seiten, 1400 Abbildungen, Leinen mit Schutzumschlag, 20,5 x 24,8 cm.
Layout: Heinz Bergschicker

Mit 1400 Fotos, 500 Dokumenten, 100 Chroniken, Schautafeln, einführenden Texten und einer umfassenden Bildkommentierung wird ein informatives und plastisches Bild von 12 Jahren deutschem Faschismus, Krieg und Widerstand gezeichnet. Vom Aufstieg, der auf totaler Unterdrückung beruhte, über den Alltag seiner Herrschaft bis zur Niederlage wird der Faschismus mit Tätern, Nutznießern im Hintergrund, Mitläufern und dem Widerstand dokumentiert.

Bitte fordern Sie kostenlos und unverbindlich den ELEFANTEN EXPRESS mit Informationen über uns und unser Programm an.
ElefantenPressVerlag
Zossener Straße 32
1000 Berlin 61

Frauen unterm Hakenkreuz

ELEFANTEN PRESS

EP 94 · DM 19,80
224 Seiten, 184 Abbildungen, broschiert,
14 x 20 cm, dreifarbiger Umschlag
Beiträge von:
Gisela Bock, Gabi Dietz, Gabriele Huster,
Brigitte Kather, Peggy Parnass,
Sylvia Rogge, Maruta Schmidt,
Annemarie Tröger

Mit Fotos, Texten und Dokumenten wird ein umfassendes Bild vom Alltag der Frauen im deutschen Faschismus gezeichnet: vom offiziellen Frauen- und Mutterbild, vom BDM und N.S.-Frauenschaften, der Rolle der Frauen in der Kriegsproduktion und an der Heimatfront – und von Terror und Vernichtung in den KZ, sowie vom Widerstand, den Frauen gegen den Faschismus geleistet haben.

antifaschistisches magazin
Der Mahnruf

Hier schreiben Menschen, die Widerstand gegen das Naziregime leisteten oder aus politischen, rassischen oder religiösen Gründen verfolgt wurden, sowie jüngere Antifaschisten, die sich gemeinsam mit den Widerstandskämpfern für eine antifaschistische, demokratische Entwicklung in Westberlin einsetzen.

In dem 20 Seiten umfassenden Magazin schreiben Lehrer über ihre Erfahrungen, werden antifaschistische Lieder vorgestellt, es wird an die von den Nazis ermordeten Antifaschisten erinnert, auf neofaschistische Provokationen hingewiesen. Es werden Tips zum Besuch von Gedenkstätten gegeben und über Veranstaltungen in der 'Galerie Olga Benario' berichtet.

Das Magazin erscheint vierteljährlich, Einzelpreis DM 1,-, Abonnements und Bestellungen beim Herausgeber:	VVN Westberlin / Verband der Antifaschisten, Boddinstr. 64, 1000 Berlin 44, Telefon 030 / 686 60 06

Ausstellungen, Gespräche, Kaffee, Bücher, Veranstaltungen, Filme, Musik, auch für Gastgruppen . . .

GALERIE OLGA BENARIO

Öffnungszeiten:
Mo: 16 - 20 Uhr
Mi: ab 18 Uhr
Fr: 11 - 14 Uhr
und nach Vereinbarung

Boddinstraße 61, 1 Berlin 44
U-Bhf. Rathaus Neukölln, Buslinie 4
Telefon 686 60 06